Informatik – Fachberichte

Band 1: Programmiersprachen. GI-Fachtagung 1976. Herausgegeben von H.-J. Schneider und M. Nagl. (vergriffen)

Band 2: Betrieb von Rechenzentren. Workshop der Gesellschaft für Informatik 1975. Herausgegeben von A. Schreiner. (vergriffen)

Band 3: Rechnernetze und Datenfernverarbeitung. Fachtagung der GI und NTG 1976. Herausgegeben von D. Haupt und H. Petersen. VI, 309 Seiten. 1976.

Band 4: Computer Architecture. Workshop of the Gesellschaft für Informatik 1975. Edited by W. Händler. VIII, 382 pages. 1976.

Band 5: GI – 6. Jahrestagung. Proceedings 1976. Herausgegeben von E. J. Neuhold. (vergriffen)

Band 6: B. Schmidt, GPSS-FORTRAN, Version II. Einführung in die Simulation diskreter Systeme mit Hilfe eines FORTRAN-Programmpaketes, 2. Auflage. XIII, 535 Seiten. 1978.

Band 7: GMR – GI – GfK. Fachtagung Prozessrechner 1977. Herausgegeben von G. Schmidt. (vergriffen)

Band 8: Digitale Bildverarbeitung/Digital Image Processing. GI/NTG Fachtagung, München, März 1977. Herausgegeben von H.-H. Nagel. (vergriffen)

Band 9: Modelle für Rechensysteme. Workshop 1977. Herausgegeben von P. P. Spies. VI, 297 Seiten. 1977.

Band 10: GI – 7. Jahrestagung. Proceedings 1977. Herausgegeben von H. J. Schneider. IX, 214 Seiten. 1977.

Band 11: Methoden der Informatik für Rechnerunterstütztes Entwerfen und Konstruieren, GI-Fachtagung, München, 1977. Herausgegeben von R. Gnatz und K. Samelson. VIII, 327 Seiten. 1977.

Band 12: Programmiersprachen. 5. Fachtagung der GI, Braunschweig, 1978. Herausgegeben von K. Alber. VI, 179 Seiten. 1978.

Band 13: W. Steinmüller, L. Ermer, W. Schimmel: Datenschutz bei riskanten Systemen. Eine Konzeption entwickelt am Beispiel eines medizinischen Informationssystems. X, 244 Seiten. 1978.

Band 14: Datenbanken in Rechnernetzen mit Kleinrechnern. Fachtagung der GI, Karlsruhe, 1978. Herausgegeben von W. Stucky und E. Holler. (vergriffen)

Band 15: Organisation von Rechenzentren. Workshop der Gesellschaft für Informatik, Göttingen, 1977. Herausgegeben von D. Wall. X, 310 Seiten. 1978.

Band 16: GI – 8. Jahrestagung, Proceedings 1978. Herausgegeben von S. Schindler und W. K. Giloi. VI, 394 Seiten. 1978.

Band 17: Bildverarbeitung und Mustererkennung. DAGM Symposium, Oberpfaffenhofen, 1978. Herausgegeben von E. Triendl. XIII, 385 Seiten. 1978.

Band 18: Virtuelle Maschinen. Nachbildung und Vervielfachung maschinenorientierter Schnittstellen. GI-Arbeitsseminar. München 1979. Herausgegeben von H. J. Siegert. X, 230 Seiten. 1979.

Band 19: GI – 9. Jahrestagung. Herausgegeben von K. H. Böhling und P. P. Spies. (vergriffen)

Band 20: Angewandte Szenenanalyse. DAGM Symposium, Karlsruhe 1979. Herausgegeben von J. P. Foith. XIII, 362 Seiten. 1979.

Band 21: Formale Modelle für Informationssysteme. Fachtagung der GI, Tutzing 1979. Herausgegeben von H. C. Mayr und B. E. Meyer. VI, 265 Seiten. 1979.

Band 22: Kommunikation in verteilten Systemen. Workshop der Gesellschaft für Informatik e.V.. Herausgegeben von S. Schindler und J. C. W. Schröder. VIII, 338 Seiten. 1979.

Band 23: K.-H. Hauer, Portable Methodenmonitore zur Steuerung von Methodenbanken: Softwarete und Effizienzanalyse. XI, 209 Seiten. 1980.

Band 24: N. Ryska, S. Herda, Kryptographische Datenverarbeitung. V, 401 Seiten. 1980.

Band 25: Programmiersprachen und Program Fachtagung, Darmstadt, 1980. Herausgegeben mann. VI. 236 Seiten. 1980

Band 26: F. Gaffal, Datenverarbeitung im Hoch USA. Stand und Entwicklungstendenzen. IX, 199

Band 27: GI-NTG Fachtagung, Struktur und Bet systemen. Kiel, März 1980. Herausgegeben von IX, 286 Seiten. 1980.

Band 28: Online-Systeme im Finanz- und F Anwendergespräch, Berlin, April 1980. Herau Stahlknecht. X, 547 Seiten, 1980.

Band 29: Erzeugung und Analyse von Bilderr DGaO – DAGM Tagung, Essen, Mai 1980. He S. J. Pöppl und H. Platzer. VII, 215 Seiten. 1980.

Band 30: Textverarbeitung und Informatik. Fa Bayreuth, Mai 1980. Herausgegeben von P. I 362 Seiten. 1980.

Band 31: Firmware Engineering. Seminar ver gemeinsamen Fachgruppe „Mikroprogrammieru ausschusses 3/4 und des NTG-Fachausschuss März 1980 in Berlin. Herausgegeben von W. K. Gil 1980.

Band 32: M. Kühn, CAD Arbeitssituation. Unters Auswirkungen von CAD sowie zur menschenger von CAD-Systemen. VII, 215 Seiten. 1980.

Band 33: GI – 10. Jahrestagung. Herausgegebe XV, 563 Seiten. 1980.

Band 34: CAD-Fachgespräch. GI - 10. Jahre gegeben von R. Wilhelm. VI, 184 Seiten. 1980.

Band 35: B. Buchberger, F. Lichtenberger: Ma matiker I. Die Methode der Mathematik. XI, 315 S

Band 36: The Use of Formal Specification of Juni 1979. Edited by H. K. Berg and W. K. Giloi. V

Band 37: Entwicklungstendenzen wissensch zentren. Kolloquium, Göttingen, Juni 1980. He D. Wall. VII, 163 Seiten. 1980.

Band 38: Datenverarbeitung im Marketing. He R. Thome. VIII, 377 pages. 1981.

Band 39: Fachtagung Prozeßrechner 1981. Mü Herausgegeben von R. Baumann. XVI, 476 Seit

Band 40: Kommunikation in verteilten Systeme von S. Schindler und J.C.W. Schröder. IX, 459 S

Band 41: Messung, Modellierung und Bewert systemen. GI-NTG Fachtagung. Jülich, Febru gegeben von B. Mertens. VIII, 368 Seiten. 1981.

Band 42: W. Kilian, Personalinformationssyst Großunternehmen. XV, 352 Seiten. 1981.

Band 43: G. Goos, Werkzeuge der Programmiert tagung. Proceedings, Karlsruhe, März 1981. VI,

Informatik-Fachberichte

Herausgegeben von W. Brauer
im Auftrag der Gesellschaft für Informatik (GI)

70

W. E. Fischer

Datenbanksystem für CAD-Arbeitsplätze

Springer-Verlag
Berlin Heidelberg New York Tokyo 1983

Autor

W. E. Fischer
Philips GmbH Forschungslaboratorium Hamburg
Vogt-Kölln-Straße 30, 2000 Hamburg 54

Dissertation,
genehmigt von der Fakultät für Maschinenbau der Universität Karlsruhe

CR Subject Classifications (1982): H.2.1, H.2.2, H.3.2, H.3.3, I.3.6, J.2, J.6

ISBN-13: 978-3-540-12325-5 e-ISBN-13: 978-3-642-69035-8
DOI: 10.107/978-3-642-69035-8

CIP-Kurztitelaufnahme der Deutschen Bibliothek
Fischer, Wolf E.:
Datenbanksystem für CAD-Arbeitsplätze / W. E. Fischer. - Berlin; Heidelberg;
New York; Tokyo: Springer, 1983.
(Informatik-Fachberichte; 70)
ISBN 3-540-12325-3 (Berlin, Heidelberg, New York, Tokyo)
ISBN 0-387-12325-3 (New York, Berlin, Heidelberg, Tokyo)
NE: GT

Druck- und Bindearbeiten: Weihert-Druck GmbH, Darmstadt
2145/3140 – 5 4 3 2 1 0

VORWORT

Diese Dissertation entstand im Philips Forschungslaboratorium Hamburg im Rahmen einer teilweise vom Bundesministerium für Forschung und Technologie geförderten CAD-Querschnittsaufgabe.

Herrn Professor Dr.-Ing. H. Grabowski, Leiter des Instituts für Rechneranwendung in Planung und Konstruktion an der Universität Karlsruhe, danke ich für die schon lange bestehende gute Zusammenarbeit und für die Förderung dieser Arbeit.

Bei Herrn Professor Dr.rer.nat. J.W. Schmidt vom Fachbereich Informatik der Universität Hamburg möchte ich mich für die konstruktive Betreuung bedanken.

Außer meiner Familie danke ich insbesondere Herrn Dr.-Ing. P. Blume, der dieser Arbeit einen Freiraum im Tagesgeschehen verschaffte, und Herrn H. Gappisch, der fast alle Programme geschrieben und miteinander integriert hat. Frau M.L. Sester von der Abteilung Informationssysteme danke ich für die Durchsicht des Manuskripts, Frau U. Zacher und Frau H. Bürckel für die Gestaltung von Text und Bildern.

W. E. Fischer

INHALTSVERZEICHNIS Seite

1 EINLEITUNG

CAD ist die Kurzbezeichnung für Computer-Aided Design. Sie dient heute als Sammelbegriff für die schrittweise Rationalisierung der technischen Büroarbeit mit Hilfe von Rechnern. Zur technischen Büroarbeit zählen so anspruchsvolle Ingenieuraufgaben wie die Entwicklung und Konstruktion neuer Produkte und die Bereitstellung der für ihre Fertigung benötigten Unterlagen; nicht jedoch eine möglicherweise ebenfalls von Rechnern gesteuerte oder von Robotern ausgeführte Fertigung der Produkte selbst. Ein großer Teil der Unterlagen für ein neues Produkt wurde bislang mit großem Zeitaufwand und altbekannten Hilfsmitteln wie Bleistift und Zeichenbrett hergestellt.

Diese Situation ändert sich zunehmend. Von einer großen Zahl von Herstellern wurden in den letzten Jahren schlüsselfertige CAD-Systeme für den Maschinenbau, den Schiffbau, die Architektur von Gebäuden, den Rohrleitungsbau, den Entwurf elektrischer Schaltungen, die Luftfahrtindustrie und noch viele andere Ingenieurdisziplinen entwickelt. Der Benutzer solcher CAD-Systeme kann sich darauf beschränken, die Bedienung der Geräte an einem vom Hersteller eingerichteten CAD-Arbeitsplatz zu erlernen und die an dem Arbeitsplatz ausgeführten Aufgaben organisatorisch in den Gesamtablauf der technischen Büroarbeit zu integrieren. Vor allem Systeme für den Entwurf von Leiterplatten sowie schematischer und technischer Zeichnungen werden zunehmend eingesetzt. Ihre Verkopplung mit vor- und nachgeschalteten Aufgaben wie der NC-Programmierung von Werkzeugmaschinen ist ebenfalls möglich, wenn die dafür benötigten Programme mit dem System mitgeliefert wurden.

Die hier angesprochenen interaktiven CAD-Systeme stellen hohe Anforderungen an die Dialogfähigkeit der für den Arbeitsplatz ausgewählten graphischen Ein- und Ausgabegeräte. Wegen der Bedeutung, die der Arbeitsplatz für diese Systeme hat, soll der typische Aufbau eines CAD-Arbeitsplatzes an einem Beispiel erläutert werden.

1.1 CAD-Arbeitsplatz

Wie in Bild 1.1 gezeigt, besteht ein CAD-Arbeitsplatz aus folgenden Elementen:

- Einem oder mehreren großformatigen Bildschirmen zur graphischen Darstellung von technischen Objekten, Kommentaren und Kommandoworten.
- Einem oder mehreren graphischen Eingabegeräten wie Lichtstift, Steuerknüppel und Datentablett, die die Reaktionen des Benutzers aufnehmen.

Bild 1.1: Ein Arbeitsplatz des CAD-Systems PHILIKON.

Durch eine flächenmäßige Aufteilung der Bildschirme in Darstellungsbereiche wird die angebotene Information für den Benutzer geordnet. Der Hauptbildschirm zeigt hier in einem Arbeitsfeld den Ausschnitt einer technischen Zeichnung. Kommentare werden oberhalb und Kommandoworte in den drei anderen Kreissegmenten außerhalb des Arbeitsfeldes zur Ansicht gebracht.

Mit dem Lichtgriffel kann eines der vielen dargestellten Objekte, das weiter ausgearbeitet werden soll, identifiziert werden. Dazu wird - wie im Bild zu sehen - der Lichtstift auf die zu identifizierende Einzelheit gesetzt und ein Fingerkontakt betätigt. Diese typische Handbewegung wird allgemein "picken" genannt. Die Funktion, graphisch dargestellte Einzelheiten zu identifizieren, kann auch mit anderen Eingabegeräten simuliert werden, indem z.B. statt des Lichtstiftes eine mit dem Steuerknüppel oder Datentablett gelenkte Marke entsprechend eindeutig auf dem Objekt positioniert wird.

Die Kommandos sind zu einem Auswahlmenü aufgelistet. Ihre Zusammenstellung kann schnell einer neuen Situation angepaßt werden. Mit den gleichen graphischen Eingabegeräten, die das Identifizieren von Objekten ermöglichen, kann aus den Kommandolisten ein Kommando ausgewählt werden. Auf diese Weise werden CAD-Programme initialisiert, mit denen das dargestellte Objekt in der vom Kommando bezeichneten Art weiter detailliert wird. Nach jeder abgeschlossenen Operation zeigt der Bildschirm den neuen Status an, in dem sich das Objekt befindet.

Da die Zeichnungsformate in vielen Anwendungen größer sind als die Formate graphischer Bildschirme, muß mit schnell veränderbaren Ausschnitten und Bildtransformationen gearbeitet werden. Um dem Benutzer die Übersicht zu erleichtern, setzt man gelegentlich einen zusätzlichen Bildschirm ein, der aufgrund einer anderen Technologie zwar weniger schnell auf Veränderungen des Bildes reagiert, dafür aber mehr graphische Informationen zeichnen kann. Man kann den zweiten Bildschirm aber auch - wie im Bild gezeigt - zur gleichzeitigen Darstellung einer perspektivischen Übersicht oder anderer Zusatzinformationen nutzen.

Eine Hauptaufgabe der CAD-Systeme ist es, die vielen, an einem Arbeitsplatz anfallenden, verschiedenartigen Daten über neue, in die Konstruktion einbezogene oder veränderte Produkte zu verwalten. Für diesen Zweck wurden in den letzten Jahren spezielle arbeitsplatzorientierte Datenverwaltungssysteme entwickelt, die noch eine Reihe von Schwachstellen besitzen. Deshalb werden - wie im kommerziellen Bereich - auch für interaktive CAD-Anwendungen ähnlich universelle Lösungen für die Datenverwaltung dringend benötigt.

1.2 Datenbanksysteme

Ein universelles Datenbanksystem besteht - hier zunächst nur kurz zusammengefaßt - aus folgenden Komponenten:

- Aus einer zu verwaltenden Datenbank. Sie beinhaltet alle gespeicherten Daten einer Anwendung.
- Aus einem Datenbankmanagementsystem (DBMS), das alle von der Art der Anwendung unabhängigen Verwaltungsprogramme enthält.
- Aus einem Datenkatalog, in dem die anwendungsabhängigen Informationen über die Art der Datenbank gespeichert sind. Die Informationen werden mit einer Datenbeschreibungssprache (data description language; DDL) eingegeben.
- Aus einer Datenmanipulationssprache (data manipulation language; DML) für die Speicherung und den Zugriff auf die Daten entsprechend den Definitionen im Datenkatalog.

Weiterhin sind universelle Datenbanksysteme dadurch gekennzeichnet, daß ihre Benutzerschnittstellen anwendungsunabhängig entworfen und Gegenstand von Normungsaktivitäten sind.

1.3 Die Probleme mit den Datenbanksystemen der CAD-Arbeitsplätze

Solange einem Benutzer schlüsselfertiger Systeme alle Anforderungen erfüllt werden, spielt es keine Rolle, wie die Datenverwaltung vom Hersteller gelöst wurde. Einige - auch große - Hersteller haben jedoch erkannt, daß sie nicht jedem ihrer Kunden eine schlüsselfertige Lösung anbieten können. Deshalb werden, wenn auch zögernd, die internen Schnittstellen der eigenen Datenverwaltung offengelegt, damit der Kunde fehlende Programme zur weiteren Verwertung der bereits gespeicherten Produktmodelle einfügen kann. Diese nachträgliche Öffnung der CAD-Systeme erfolgt jedoch nicht in konzeptionell gesicherten Bahnen. Auf die Gefahren, die aus der Benutzung oder gar Erweiterung der angebotenen Schnittstellen resultieren können, wird deshalb später besonders eingegangen werden.

Die Übernahme bestehender Konzepte universeller Datenbanksysteme für CAD-Anwendungen ist bisher daran gescheitert, daß sich die angebotenen Systeme nicht für den Einsatz in CAD-Arbeitsplätzen eignen. Zwar ließ sich mit unterschiedlich bewerteten Schwierigkeiten ein Datenkatalog für Produktdaten aufstellen; das Laufzeitverhalten des Gesamtsystems war jedoch in vielen inzwischen bekannt gewordenen Fällen so schlecht, daß diese Systeme nicht mit anderen CAD-Systemen konkurrieren können.

1.4 Ziel und Weg der Arbeit

Die Ursachen für das in CAD-Anwendungen ungünstige Verhalten der Datenbanksysteme sollen hier erkundet und Konzepte gefunden und realisiert werden, die für viele graphische CAD-Anwendungen geeignet sind.

Im Hinblick auf den neuen Anwendungsbereich sollen deshalb zunächst die für einen Dialog mit einem Datenbanksystem wichtigen Funktionen graphischer Bildschirmgeräte untersucht werden.

Die besonderen Eigenschaften der bisher für CAD-Arbeitsplätze eingesetzten Datenverwaltungssysteme werden dann aus der Sicht der Datenbanktechnik verdeutlicht. Eine Bewertung der Konzepte von Datenbanksystemen soll die allgemeinen Vorteile dieser universellen Bausteine aufzeigen. Danach werden Konzepte entwickelt, wie die bei der Bewertung ebenfalls aufgedeckten Nachteile aus der Sicht von CAD-Anwendungen so zu beheben sind, daß Datenbanksysteme auch für CAD-Arbeitsplätze eingesetzt werden können.

Die Konsequenzen für die Implementation werden anhand eines realisierten Datenbankmanagementsystems für CAD-Anwendungen mit Namen PHIDAS vorgestellt. Das Verhalten des Systems mit dem im Bild vorgestellten CAD-Arbeitsplatz wird so beschrieben, daß aus den Daten der Pilotanwendung auf das voraussichtliche Laufzeitverhalten des Systems in anderen CAD-Anwendungen und auf die Bedeutung von Datenbanksystemen für die zukünftige Entwicklung von CAD-Systemen geschlossen werden kann.

2 DAS GRAPHISCHE FENSTER ZUR DATENBANK

Die graphischen Aus- und Eingabegeräte eines CAD-Arbeitsplatzes bilden die Schnittstelle zwischen Mensch und Rechner. Ein Bildschirmbenutzer kann nur über die Funktionen dieser Schnittstelle auf die Datenbank zugreifen. Da die graphische Schnittstelle einen großen Teil der Anforderungen an das Datenbanksystem bestimmt, sollen vorab die wichtigsten Funktionen und die Art ihrer Verwendung in CAD-Dialogen aus einer an Datenbanken orientierten Sicht vorgestellt werden.

2.1 Die Funktionen geräteunabhängiger graphischer Systeme

Die Standardisierung graphischer Funktionen ist konzeptionell weit fortgeschritten. Bereits seit einiger Zeit gibt es Programmentwicklungen von graphischer Software, mit der mehr als nur ein bestimmtes Gerät betrieben werden kann [Woo71,ErNi75,CGHDB77]. Auf Aktivitäten dieser Art wurde die Normung der Funktionen graphischer Systeme aufgebaut [ACM78,EEKP79]. Die Unterschiede zwischen den konkurrierenden Normungsaktivitäten Graphisches Kernsystem GKS [GKS82] und ACM SIGGRAPH CORE [ACM78] sind aus der Sicht der Datenbanken nicht so gravierend, daß eine getrennte Behandlung notwendig wäre. Deshalb erfolgt hier eine Beschränkung auf das in der ISO-Normung weiter fortgeschrittene Graphische Kernsystem GKS.

2.1.1 Der GKS-Arbeitsplatz

Im Graphischen Kernsystem wurde das Konzept eines abstrakten graphischen Arbeitsplatzes gewählt, dessen Fähigkeiten für System und Anwendung in einer Beschreibungstabelle aufgelistet sind. Ein GKS-Arbeitsplatz

- hat mindestens eine Bildfläche;
- erlaubt die Auswahl von Teilen der Gesamtfläche als aktuelle Bildfläche;
- sichert zu, daß keine graphische Information außerhalb der angegebenen Teilfläche zur Ansicht gebracht wird;
- erlaubt die Ausgabe von Teilbildern mit verschiedenen Linienarten, Farben, Schriften, Schriftpositionen und -größen
- und besitzt meist ein oder mehrere - zu den aktuellen Bildflächen lokale - Eingabegeräte zur hardware-mäßigen Realisierung einer Klasse von Eingabe-Funktionen.

2.1.2 Die Segmentierung eines Bildes in identifizierbare Teilbilder

Das für den Zugriff auf Daten wichtigste Konzept graphischer Systeme ist die Strukturierung eines Bildes in unabhängig voneinander ansprechbare Teilbilder. Diese Teilbilder werden in GKS B i l d s e g m e n t e genannt. Ein Segment wird aus graphischen Ausgabe-Grundelementen aufgebaut und mit Attributen versehen.

Die Grundelemente graphischer Ausgabe in der Terminologie von GKS sind:

- POLYLINE

  Eine Polyline ist eine Folge von zwei oder mehr Punkten, die durch Geraden miteinander verbunden werden.

- POLYMARKER

  Der Polymarker kennzeichnet Punkte.

- STRING

  Der String dient zur Ausgabe von Zeichenketten an bestimmten Positionen.

OPEN- und CLOSE-Anweisungen fassen mehrere Ausgabeelemente zu einem Segment zusammen.

Auf einem abgeschlossenen Segment sind z.B. folgende Operationen definiert:

- TRANSFORM SEGMENT

  Mit der Transformation kann das Segment auf der Bildfläche skaliert, gedreht und verschoben werden.

- DELETE SEGMENT

  Mit dieser Operation wird ein vorhandenes Bildsegment wieder s e l e k t i v aus dem Gesamtbild herausgelöscht.

Die Zuordnung und Veränderung von Attributen einzelner Bildsegmente ist ein wichtiges Mittel zur Gestaltung von Bildschirmdialogen.

Die Selektion von Teilbildern ermöglicht die später ausführlicher beschriebene Eingabefunktion PICK. Für diese Selektion werden allen Teilbildern einer graphischen Darstellung eindeutige Segmentnamen zugeordnet. Die zur Verfügung gestellten Attribute SICHTBARKEIT, DETEKTIERBARKEIT und DYNAMISCHES HERVORHEBEN durch Blinken oder andere Farben, sind nur den Segmenten vorbehalten und können nicht den Grundelementen der

Ausgabe zugeordnet werden. Daraus folgt, daß dem Benutzer eines graphischen Bildschirmes nur der Zugriff auf Segmente z.B. durch Blinken quittiert werden kann.

Abhängig davon, was in einem Bild identifiziert werden soll, kann eine Strukturierung in grobe oder sehr feine Teilbilder notwendig werden. Die graphischen Darstellungen von technischen Zeichnungen des Maschinenbaus entsprechen fast dem Extrem: ein Teilbild = ein Ausgabeelement. Die Anzahl der Segmente auf Zeichnungen der Größe DIN A1 erreicht vierstellige Werte. Die Auswahl einer geeigneten Kombination aus Hardware und Software für nicht triviale mechanische Anwendungen ist deshalb ein eigenes Problem [Vli81], das hier nicht behandelt werden soll.

2.1.3 Geräteunabhängige Eingabefunktionen

Einem graphischen Arbeitsplatz nach GKS können fünf, aus vielen Anwendungen abstrahierte Eingabefunktionen zugeordnet werden [Wal76,Fi76]. Eine Sonderrolle unter den fünf Funktionen nimmt die PICK-Funktion ein. Die Pickfunktion liefert einen eindeutigen, identifizierenden Namen für ein angesprochenes Segment. Diese Auswahl durch "Picken" z.B. mit Hilfe eines Lichtstiftes (light-pen) auf dem Bildschirm, kann für alle dargestellten Segmente erfolgen. Die Segmentattribute müssen auf DETEKTIERBAR gesetzt sein.

Weitere Eingabefunktionen sind:

- LOCATOR

  zur Eingabe von Ortsangaben innerhalb eines Koordinatensystems,

- VALUATOR

  zur Eingabe von REAL-Werten aus einem vom Anwender vorgegebenen Intervall,

- STRING

  für die Eingabe von Zeichenketten aus einem vom System vorgegebenen Alphabet und

- CHOICE

  zur 1 aus n Auswahl aus mehreren textlich, graphisch oder durch Tasten vorgegebenen Möglichkeiten.

Graphische Systeme bieten noch viele, nicht nur für CAD-Anwendungen geschaffene Möglichkeiten der Darstellung [Enc75,NeSp79,Eck80]. Anstatt diese alle aufzulisten, soll die hier wichtigere Anwendung der Eingabefunktionen PICK und CHOICE in CAD-Dialogen beschrieben werden.

2.2 Die Rolle der graphischen Eingabefunktionen in CAD-Dialogen

Die Eingabefunktionen PICK, CHOICE, LOCATOR, VALUATOR und STRING führen von der rein passiven Ausgabe von Bildern weg zu einem graphischen Dialog mit dem Benutzer. Die Funktionen PICK und CHOICE dienen der Dialogverzweigung. Mit den Funktionen LOCATOR, VALUATOR und STRING werden vom System angeforderte Werteingaben des Typs POSITION, REAL und CHARACTER ausgeführt. Die Eingabe von Werten hat für die Dialogführung eine untergeordnete Bedeutung.

2.2.1 Der Zugriff auf Daten mit der PICK-Funktion

Graphische Systeme, die für Anwendungen mit schnell zu verändernden Bildern und hoher Bildauflösung entwickelt worden sind, besitzen einen Bildsegmentspeicher, in dem alle Teilbilder einer graphischen Darstellung, inklusive all ihrer Attribute, in strukturierter Form abgelegt sind. Aus dem - evtl. zwischenzeitlich modifizierten - Segmentspeicher wird alle 20 ms ein neues Bild generiert. Deshalb sind dem Komplexitätsgrad der Strukturierung von Bilddaten Grenzen gesetzt. Es werden nur lineare oder leicht linearisierbare hierarchische Zusammenhänge zwischen Segmenten gespeichert. Selbst dann kann eine hohe Anzahl von Segmenten und Hierarchiestufen zu einem immer noch zu hohen Verwaltungsaufwand führen, der sich in langen Generierzeiten, flackernden Bildern oder störenden Totzeiten zwischen Eingabe und Antwort bemerkbar macht.

Mehr aus diesen technologischen Gründen denn aus der klaren Trennung zwischen einem Produktmodell und seiner graphischen Darstellung ging man frühzeitig dazu über, die komplizierter strukturierten Daten technischer Objekte von den Bilddaten für ihre graphische Darstellung zu trennen und in zusätzlichen Arbeitsdateien abzulegen. Die hierfür entwickelten Verknüpfungstechniken zwischen den einzelnen Datenfeldern sind die Anfänge eigenständiger Datenverwaltungssysteme für CAD-Anwendungen [RoFe68,GlEn72,CiNa76,East76b,Lei80,UM081]. Der Zugriff auf die Datenfelder der zusätzlich verwalteten "rechnerinternen" Darstellung erfolgte über die PICK-Funktion und brachte ein in der kommerziellen Datenverarbeitung unbekanntes Konzept des Datenbankzugriffs und der Namensvergabe mit sich. An einem Beispiel sollen die Zusammenhänge zwischen den beiden Darstellungen und die Verwendung der graphischen Funktionen gezeigt werden.

Das rechnerintern darzustellende Objekt soll eine ebene Fläche sein, die durch einen geschlossenen Polygonzug aus geraden Linien begrenzt wird (Bild 2.1). Die Linien sind ihrerseits durch Punkte begrenzt. Zwischen Linien und Punkten besteht die Beziehung, daß eine Linie durch ihre zwei Punkte definiert ist, zu jedem Punkt aber auch zwei aneinanderstoßende Linien gehören. Im Sinne eines Umlaufs um die Fläche kann jeder Punkt fallweise Anfangspunkt oder Endpunkt einer Linie sein. Mit einer in CAD-Datenverwaltungen und in kommerziellen Datenbanksystemen bekannten Ringstruktur läßt sich dieser Tatbestand durch eine Verkettung von Datenfeldern (Sätzen, physischen Records) rechnerintern darstellen. Die einzelnen Datenfelder sind in einer Datei oder einem anderen linearen Adreßraum, wie z.B. einem FORTRAN-Array ausreichender Größe, abgespeichert (Bild 2.2). Ein Feld repräsentiert die Fläche, je vier Felder der Linien bzw. Punkte, und acht Relationsfelder enthalten die Information, ob der betreffende Punkt für eine bestimmte Linie die Rolle des Anfangspunktes oder Endpunktes einnimmt. Die Linie-Rolle-Punkt-Beziehung ist strukturell identisch mit der Lieferant-Menge-Teil-Beziehung aus Beispielen kommerzieller Datenbanken.

Der zu dieser rechnerinternen Darstellung der Fläche gehörende Segmentspeicher kann sehr einfach sein und nur aus einem einzigen Bildsegment bestehen, das den Polygonzug als POLYLINE enthält. Will man aber jede Linie der rechnerinternen Darstellung einzeln mit der PICK-Funktion ansprechen, durch Zuordnung dynamischer Attribute selektiv hervorheben und gezielt löschen können, muß der Segmentspeicher vier Bildsegmente, für jede Linie ein eigenes, mit einer eindeutigen Segmentnummer enthalten (Bild 2.3)

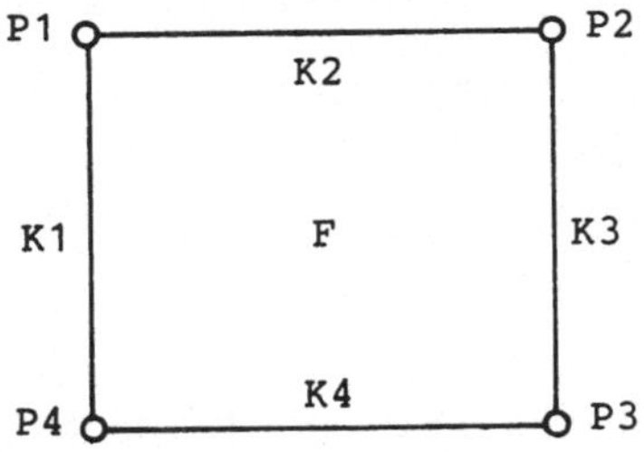

Bild 2.1: Eine durch vier Linien (K1 bis K4) begrenzte Fläche (F).

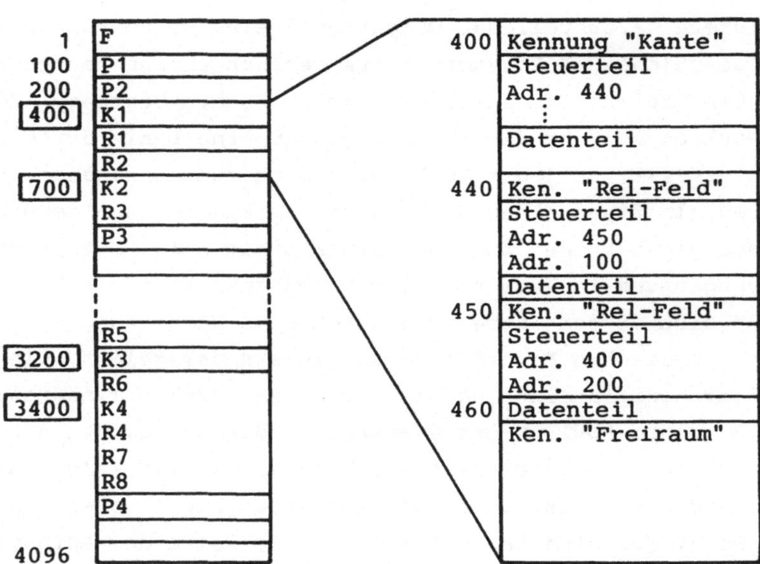

Bild 2.2: Rechnerinterne Darstellung der Fläche.

Bei einer Änderung der rechnerinternen Darstellung durch Reaktionen des Benutzers auf das Bild ist eine ständige Korrelation zwischen rechnerinterner und graphischer Darstellung zu gewährleisten.

Dazu muß eine Korrelation zwischen den Feldern der rechnerinternen und den Segmenten der graphischen Darstellung hergestellt und ein Änderungsprotokoll vereinbart werden.

Korrelationen zwischen Daten werden üblicherweise durch die Identität von Namen oder Nummern hergestellt. Im Zusammenhang mit der PICK-Funktion ist die Frage nach der Autorität, die in eindeutiger Weise die Namen vergibt, eine Schlüsselfrage zum Verständnis von CAD-Datenverwaltungen für Dialoganwendungen. Mögliche Autoritäten sind:

- Die Umwelt, in der das CAD-System eingesetzt ist
- Der Benutzer des CAD-Systems
- Die Verwaltungsprogramme der rechnerinternen Darstellung
- Das graphische System.

Für die Benutzung graphisch-interaktiver Bildschirmgeräte ist es geradezu typisch, daß weder der Benutzer noch die Umwelt bereits einen Namen für die soeben erst kreierten Einzelheiten eines neuen Produktes vergeben haben. Die Einzelheiten existieren per Kreation auch ohne Namen!

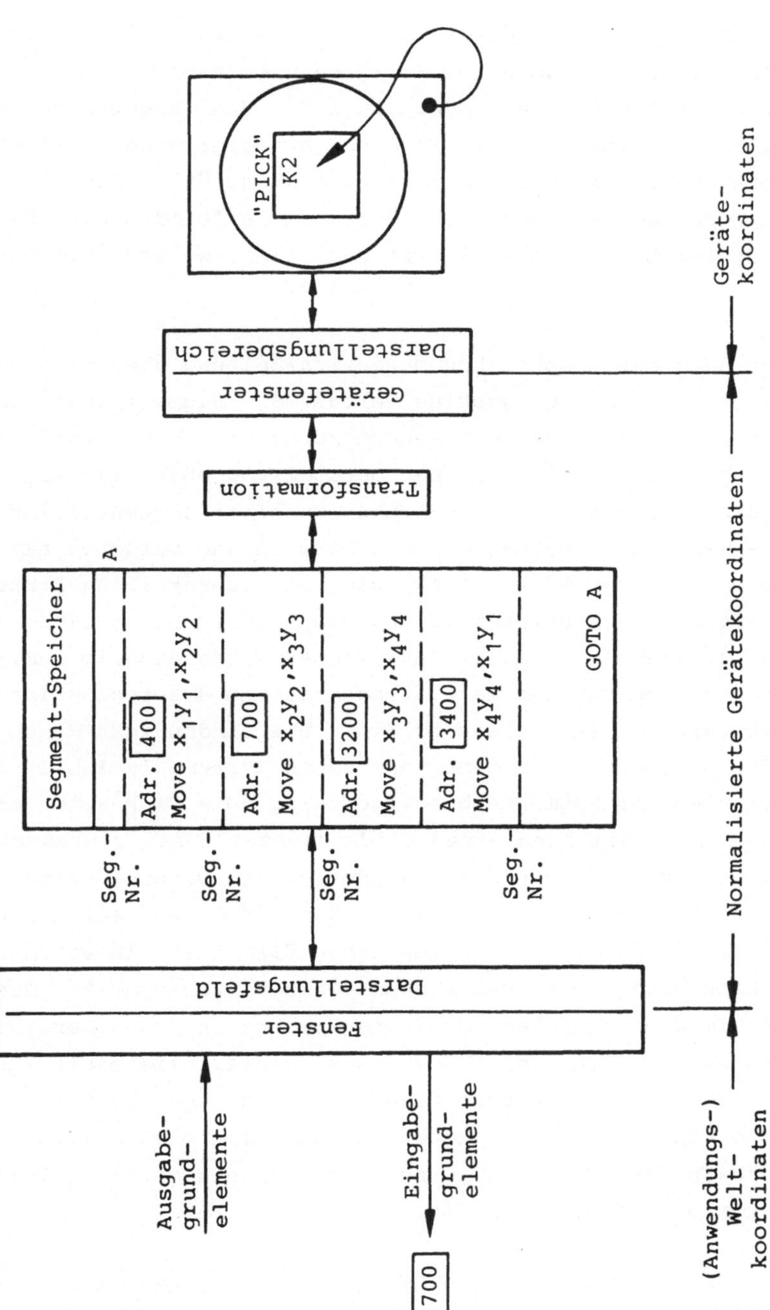

Bild 2.3: Inhalt des zugehörigen Bildsegmentspeichers und Korrelation zwischen den Feldern der rechnerinternen und den Segmenten der graphischen Darstellung.

Der Bildschirmbenutzer benötigt auch keine Namen (solange irgendein anderer Mechanismus die Namen vergibt), denn er setzt intuitiv den Lichtstift (light-pen) oder eine andere, von der Hand bewegte Marke auf die dargestellte Einzelheit seiner Wahl und betätigt eine am Stift befindliche Taste. Damit ist die PICK-Funktion ausgeführt. Das graphische System gibt den Segmentnamen des gepickten Teilbildes aus. Bei eindeutigen, dem System bekannten Namen ist dann klar, welches Element gemeint ist.

In den Anfängen der graphischen Datenverarbeitung übernahmen die graphischen Systeme auch die eindeutige Vergabe der Segmentnamen. Das brachte erhebliche Nachteile für die Anwendungsprogrammierung, weil die Verwaltungsprogramme der rechnerinternen Darstellung ebenfalls Namen (und zwar die physischen Adressen oder Indexnummern einer sequentiellen Datei) für die Daten-Felder der rechnerinternen Darstellung vergeben haben. Der Anwendungsprogrammierer war so gezwungen, eine zusätzliche Korrelationstabelle zwischen rechnerinterner und graphischer Darstellung anzulegen und selbst zu verwalten. In Dialogsystemen wurde deshalb damit begonnen, die Namen nur noch von den Verwaltungssystemen der rechnerinternen Darstellungen vergeben zu lassen [Fol76b]. Die eindeutigen Namen werden während der Bildgeneration dem graphischen System als Inhalt für die Namensvariablen der Segmente bereitgestellt. Die PICK-Funktion gibt den Inhalt der Namensvariablen eines Bildsegmentes - die systemvergebene physische Adresse des Datenfeldes - wieder an die Datenverwaltung zurück. Das ermöglicht einen sehr effizienten Zugriff direkt auf das nicht erst noch zu suchende Datenfeld des gepickten Elementes. Im vorangegangenen Beispiel kann direkt über das Picken eines Liniensegmentes das Linienfeld einer im Hauptspeicher gehaltenen rechnerinternen Darstellung adressiert werden. Von diesem schon sehr gezielt liegenden Einstiegspunkt aus sind in wenigen Schritten die zugehörigen Punkte, eine anschließende Linie oder die Fläche, auf der alle Linien liegen, über die Elementverkettungen gefunden. Dabei wird nur ein geringer Teil des gesamten Datenvolumens durchlaufen.

Voraussetzung für den korrekten Datenbankzugriff über die PICK-Funktion ist eine konsistente Abbildung zwischen rechnerinterner und graphischer Darstellung. Bei Änderungen muß deshalb das folgende Protokoll eingehalten werden:

Schritt 1 : Sperre die PICK-Funktion mit Beginn des Zugriffs auf die Datenbank, damit kein Bildsegment mehr gepickt werden kann, dessen Feld durch eine laufende Operation gelöscht werden könnte.

Schritt 2 : Quittiere den Pick durch Setzen geeigneter dynamischer Attribute für das getroffene graphische Segment.

Schritt 3 : Ändere die rechnerinterne Darstellung in den neuen Zustand.

Schritt 4 : Modifiziere die graphische Darstellung so, daß sie wieder ein korrektes Kontrollbild der rechnerinternen Darstellung ist.

Schritt 5 : Hebe die Sperre wieder auf.

Die Sperrschritte können entfallen, wenn ein PICK nur bei Bedarf (GKS: Request) angeboten wird.

Der Zugriff auf Daten mit der graphischen PICK-Funktion unterscheidet sich gravierend von alpha-numerisch geführten Dialogen, bei denen sich der Benutzer an die von ihm oder von seiner Umgebung vergebenen Namen erinnern muß, wie z.B. F1, L4 oder P3, um die Namen in einer das gewünschte Datenobjekt einkreisenden Frage an die Datenbank zu verwenden. Die später als "deiktisch" eingeführte Methode (Abs. 4.2.1), Gegenstände in einer Datenbank durch einfaches Zeigen zu identifizieren, ist die Wurzel der Unterschiede zwischen CAD-Datenverwaltungen und kommerziellen Datenbanksystemen, bei denen diese direkte Technik des Zugriffs, im ursprünglichen Sinne des Wortes, unbekannt oder nicht realisierbar ist.

2.2.2 Die Auswahl von Methoden mit der CHOICE-Funktion

Ein weiterer wichtiger Bestandteil graphischer Benutzerdialoge ist die Menütechnik. Von CAD-Arbeitsplätzen werden immer mehr Methoden zur Konstruktion eines Produktes angeboten. Die Methoden sind als Operationen programmiert, die die rechnerinterne Darstellung des Produktes lesen und verändern. Zu jeder Operation gibt es ein Kommando, mit dem der Benutzer den Ablauf der Operation veranlassen kann. Die Menge der benötigten Kommandoworte könnte sich ein Benutzer nur schwer merken. Mit der Menütechnik ist es jedoch möglich, sehr schnell nur die wenigen, jeweils relevanten Kommandoworte - zu einem sogenannten Menü zusammengestellt - auf dem Bildschirm erscheinen zu lassen. Die Folgeoperation wird dann aus den n angebotenen Kommandoworten des Menüs ausgewählt. Diese CHOICE-Funktion kann ebenfalls mit Hilfe eines Lichtstiftes realisiert sein, so daß der Benutzer sowohl auf die Einzelheiten der dargestellten Produkte als auch auf die von den Kommandoworten benannten Methoden zur Vervollständigung des Produktes zeigen kann.

Von den Anwendungsprogrammierern sind jedoch Vorkehrungen zu treffen, damit die für die Methodenauswahl (CHOICE) reservierten Identifikationsnummern nicht mit denen eines erfolgten Zugriffs auf die Daten des Produktmodells (PICK) verwechselt werden.

Zur Erleichterung der Programmierung von Dialogen sind an mehreren Stellen [Bau77,Det77,Dro80,Wel80] Systeme zur zentralen Verwaltung von Dialogen entstanden, die die Konzepte von Kommandosprachen und Zustandsgraphen auf CAD-Anwendungen ausgedehnt haben. Für jeden Zustand sind in einer vorab einzugebenden Definition des Graphen die zustandsabhängigen Parameter für folgende Programmschritte vorgegeben:

Schritt 1 : Ausgabe eines Kommentars für den Benutzer in Abhängigkeit von Muttersprache und Übungsgrad.

Schritt 2 : Angebot eines Menüs von Kommandoworten, deren Operationen zur Weiterarbeit an dem dargestellten Objekt geeignet und zulässig sind.

Schritt 3 : Quittung von PICK, CHOICE oder einer anderen Eingabe (z.B. durch das Setzen dynamischer Attribute).

Schritt 4 : Aktivierung einer neuen Operation oder Fortsetzung einer unterbrochenen Operation, die wieder auf einen von der Operation selbst berechneten Wartezustand läuft.

Aus der Sicht der Datenverwaltung rechnerinterner Darstellungen besitzen einige Dialogsysteme [Bau78] die interessante Möglichkeit, jede Aktion eines Bildschirmbenutzers zu protokollieren. Das war gedacht, um Dialoge zur wiederholten Eingabe ähnlicher Objekte abkürzen zu können. In der Wiederholung sollten dann lediglich mit den zuvor getätigten Funktionen LOCATOR, VALUATOR und STRING neue Werte eingegeben werden.

Diese Art der Dialogprotokollierung ist aber auch eine Alternative zu den später in Kapitel 4 beschriebenen viel aufwendigeren Mechanismen zur Sicherung eines Datenbestandes bei Systemfehlern. Deshalb soll an den entsprechenden Stellen auf die Protokollierung von Benutzeraktionen durch Dialogsysteme wieder zurückgegriffen werden.

3 ANFORDERUNGEN AN DAS ARBEITSPLATZEIGENE DATENVERWALTUNGSSYSTEM

Die Verwaltung der Daten von Produktmodellen hat sich, wie die graphische Datenverarbeitung, als eine Aufgabe für CAD-Systemspezialisten herauskristallisiert. Eine ähnliche Arbeitsteilung hat in kommerziell-administrativen Anwendungen zur Entwicklung universeller Datenverwaltungssysteme, den Datenbankmanagementsystemen geführt. In technischen Anwendungen ist der Einsatz dieser Systeme aber bisher auf die Verwaltung von Fabrikationsabläufen beschränkt geblieben. Für die lokale Datenverwaltung von CAD-Arbeitsplätzen werden weiterhin Speziallösungen entwickelt und eingesetzt.

Es fehlte nicht an Versuchen, Datenbankmanagementsysteme für die Verwaltung rechnerinterner Darstellungen [KoTe75] oder die Speicherung aufwendig generierter Bilder [Wil74,WiGi75,Wil77] einzusetzen. Die ersten lauffähigen Datenbanksysteme, die auf allgemeingültigeren Konzepten eines beginnenden wissenschaftlichen Interesses an diesem Thema aufgebaut waren [Rus74], hatten, im Vergleich zu dem heutigen Stand, noch einen sehr geringen Ausbau. Dies galt speziell für den konkurrierenden Zugriff, die Datensicherung, die Integrität und die Wiederherstellung der Datenbank nach Systemzusammenbrüchen. Deshalb waren die Laufzeitnachteile für Anwendungen anderer Zielrichtungen, wie z.B. CAD, noch nicht so offensichtlich.

Inzwischen sind die Systeme voll ausgebaut. Ein System wie z.B. IDMS, gegenüber dem 1975 nur Laufzeitbedenken [KoTe75] geäußert wurden, wird 1980 von ATKINSON für eine andere Anwendung vollständig abgelehnt [Atk80]. Bei einer Bereinigung des Systems um alle in CAD-Anwendungen nicht benötigten Eigenschaften, waren nur noch 10% des Programms zu durchlaufen. Andere Eigenschaften, die bereits in der Programmiersprache ALGOL68C vorhanden sind, fehlen dagegen. Beispiele sind eine Halde (heap) für alle Daten eines Objektes von momentanem Interesse oder effizient nutzbare Referenzen zwischen Unterstrukturen dieser Objekte [Atk80,Atk78,BrHi77]. Auch von Datenbanksystemen, die nach anderen "Datenmodellen" aufgebaut sind als IDMS, wird von Änderungen an den grundlegenden Konzepten [Wil74,Lor81] und von der Nichteignung verfügbarer Systeme berichtet [MaMä81,MaTa81].

Das sich momentan abzeichnende Ergebnis ist, daß Datenbankkonzepte gelegentlich für den Entwurf und die Dokumentation eingesetzt werden. Die Realisierung wird aber weiterhin, trotz vorhandener Implementationen moderner Konzepte, jedesmal wieder neu, nur speziell für eine Anwendung gelöst [East78,Eig80]. Um die Gründe für diese Situation zu erhellen, sollen die Besonderheiten implementierter Datenverwaltungen von CAD-Arbeitsplätzen in einer idealisierten Weise herausgearbeitet werden.

3.1 Die Besonderheiten der Datenverwaltung in CAD-Systemen

Die Besonderheiten basieren auf dem natürlichen Komplexitätsgrad der zu modellierenden technischen Objekte selbst, den Konventionen der Legitimation, Weitergabe und Archivierung von Änderungen und auf den Eigenarten der bereits beschriebenen Funktionen graphischer Bildschirme, die das Fenster zu den in der Datenbank verwalteten Produktmodellen abgeben. Mit unterschiedlichem Erfolg gehen die bisher realisierten Systeme auf die folgenden Eigenheiten der Anwendung ein.

a) Rechnerinterne Darstellungen technischer Objekte sind komplex strukturiert.

Technische Objekte von praktischer Bedeutung bestehen aus vielen Einzelheiten, die im Laufe der Konstruktion zu einer neuen Darstellung eines weiteren Objektes miteinander in Beziehung gesetzt worden sind (Beispiele aus mehreren CAD-Bereichen werden anschließend vorgestellt). Erhöht wird die Komplexität durch das wiederholte Einpassen von Unterstrukturen aus rechnerinternen Darstellungen vorkonstruierter oder standardmäßiger Teile, Teilegruppen oder Funktionsbausteinen. Da die Art ihrer Verwendung eine wesentliche Aussage über das zusammengesetzte Objekt ist, muß diese Information mit erfaßt werden.

b) Der Zugriff auf die rechnerinternen Darstellungen erfolgt - direkt und ohne Suche - über systemvergebene Schlüssel. Zugegriffen werden kann auf jede Einzelheit eines graphisch dargestellten Objektes, die mit der PICK-Funktion direkt identifiziert oder von einer identifizierten Einzelheit erreicht werden kann.

CAD-Anwendungen sind ein Paradebeispiel für die gezielte Navigation im Sinne von BACHMAN [Bac73]. Die für eine kurze Navigation unerläßliche gezielte Standortbestimmung kann, wie beschrieben, auf einfachste Weise mit der PICK-Funktion ausgeführt werden. Durch die Segmentnamen des Bildsegmentspeichers oder einer graphischen Korrelationstabelle ist eine aktuelle Datenmenge beschränkten Umfangs ausgewählt, die das Datenvolumen einer oder weniger rechnerinterner Darstellungen nicht überschreitet. Alle anderen Daten der Datenbank sind zwischenzeitlich evtl. für Stunden uninteressant. Der Zugriff auf alle übrigen Daten ist, außer über die PICK-Funktion, nur von den per CHOICE ausgewählten Anwenderprogrammen her möglich. Das ist eine fundamentale Begrenzung des aktuellen Datenvolumens, die für die Realisierung effizienter CAD-Datenverwaltungssysteme genutzt werden muß.

c) Rechnerinterne Darstellungen unterliegen der ständigen Änderung.

Es ist geradezu der Sinn eines Zugriffs auf die rechnerinterne Darstellung, diese Darstellung zu ändern in Richtung auf einen neuen Zustand, der den Zielvorstellungen des Entwicklers besser entspricht. Große Bereiche der rechnerinternen Darstellungen werden dadurch ständig geändert, verworfen und wieder neu aufgebaut. CAD-Datenverwaltungssysteme hatten deshalb schon sehr früh ausgefeilte dynamische Freiraumverwaltungen (garbage collection). Allein auf die Nutzung statischer Datenbestände ausgerichtete Konzepte sind für CAD-Anwendungen ungeeignet.

d) Das zu verwaltende Datenvolumen wächst ständig. Jeder CAD-Arbeitsplatz ist eine Datenquelle!

Trotz ständiger Transformation der rechnerinternen Darstellung kann ein Benutzer pro Tag zwischen 50-100 KByte an beständigeren Daten generieren [Phi81,SAGKLM77]. Deshalb werden flexible Methoden zur Bereitstellung von Datenträgern benötigt, die zur Laufzeit einen guten Kompromiß zwischen Laufzeit und Speicherverbrauch gewährleisten. So sind, um nur ein Beispiel zu nennen, Hash-Methoden für CAD-Anwendungen denkbar ungeeignet, da nicht vorhergesagt werden kann, wieviel Seiten (pages) an Daten in einer Woche zusammenkommen werden. Das lokale Datenvolumen in industriellen Anwendungen ist so groß, daß in neueren Installationen Plattenspeicher mit 300 MByte eingesetzt werden. Das entspricht sehr grob 3000 A1-Zeichnungen von Einzelteilen, wie in Bild 3.1 zu sehen, oder ebenso grob geschätzt 300 Zeichensätzen, z.B. von Schneidwerkzeugen für die Fertigung einfacher Stanzteile [FiDe79,BDD79].

e) Der Einfluß einer Änderung muß bis zu den zusammengesetzten Objekten verfolgbar sein.

Vom Zeitpunkt der Freigabe eines Produktes an sind nicht nur alle Änderungen an Einzelheiten des Objektes selbst zu protokollieren, sondern auch der Ort und die Art der Verwendung des Objektes. Zusätzlich erfolgt eine Prüfung unter vielen, nicht von einem CAD-System erfaßten Rand-

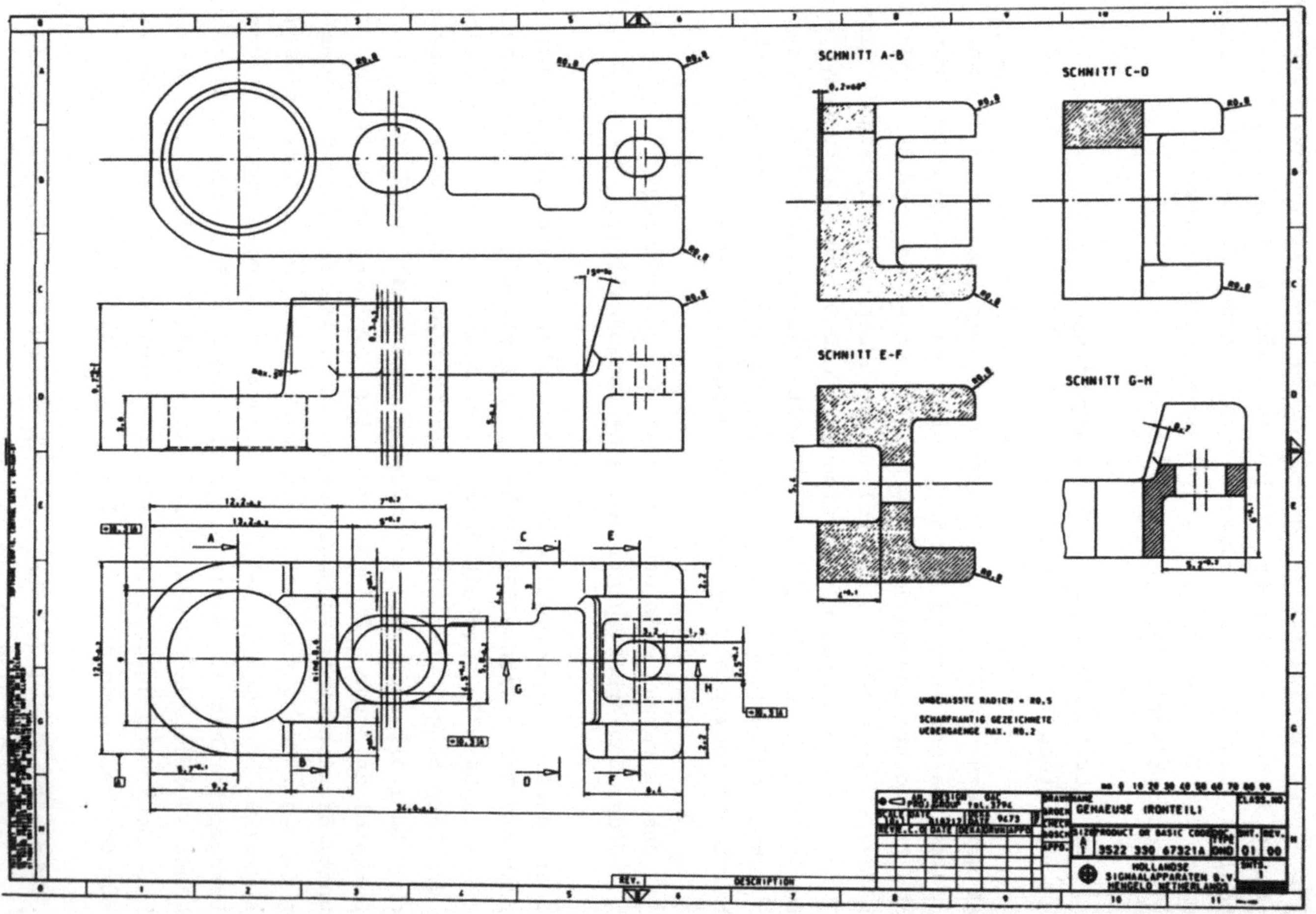
SCHNITT A-B
SCHNITT C-D
SCHNITT E-F
SCHNITT G-H
UNBEMASSTE RADIEN = R0,5
SCHARFKANTIG GEZEICHNETE
UEBERGAENGE MAX. R0,2
GEHAEUSE (ROHTEIL)
3522 330 67321A
HOLLANDSE
SIGNAALAPPARATEN B.V.
HENGELO NETHERLANDS
DESCRIPTION

bedingungen. Das Ergebnis kann sein, daß ein bereits verwendetes Objekt zwar weiter in beschränkter Anzahl eingesetzt, aber nie mehr verändert werden darf. Wird eine Änderung dagegen zugelassen, beginnt die Freigabeprozedur wieder von vorn. Es ist unzulässig, Änderungen automatisch ohne Freigabe durchzuführen. Trotzdem sollte über Verwendungsbeschreibungen eine kontrollierte, rechnerunterstützte Änderung betroffener Teile und Baugruppen möglich sein.

Einige Verwaltungssysteme für rechnerinterne Darstellungen sind meist aus Gründen ihrer Entwicklungsgeschichte nicht in der Lage, mehr als ein Objekt gleichzeitig zu bearbeiten. Objekte höherer Zusammensetzung werden durch zeitaufwendiges Ineinanderkopieren mehrerer rechnerinterner Darstellungen hergestellt. Das Ergebnis ist ein neues Objekt, bei dem die für Änderungen oder effizientere Algorithmen dringend benötigte Information über seine Entstehung aus anderen Objekten verlorengegangen ist.

f) Die Integrität rechnerinterner Darstellungen ist soweit wie möglich zu gewährleisten.

Der Programmierer kann nicht vorhersagen, welche der im Dialog angebotenen Methoden ein Benutzer per CHOICE auf der aktuellen Darstellung ablaufen lassen wird. Deshalb muß jede der angestoßenen Operationen auf rechnerinterne Darstellungen eine abgesprochene, "heile" Struktur hinterlassen. Damit bilden rechnerinterne Darstellungen, zusammen mit den auf ihnen ablaufenden Operationen, schon immer die Einheit, die heute auch im Zusammenhang mit Datenbanksystemen als ein abstrakter Datentyp diskutiert wird [Web78,Wed80]. Nur sind Datentypen in CAD-Systemen um Größenordnungen komplizierter [Fi80] als Keller (stack) oder Polygonzüge [Gil81].

Kompromisse werden dagegen bei der dynamischen Überprüfung der Konsistenz im Sinne einer Aufgabenerfüllung konstruktiver oder geometrischer Art gemacht. Durch den Einsatz graphischer Bildschirme kann die Konsistenz durch den Fachmann schnell erfaßt werden. Ein ganz anderer Punkt ist, daß eine permanente dynamische Konsistenzprüfung einen Dialog häufig wegen Inkonsistenz unterbrechen würde. Die zwischenzeitliche Inkonsistenz ist durch den Vorgang der Konstruktion bedingt. Ein in sich konstruktiv konsistentes Produkt ist das Ziel der Arbeit; es liegt nicht in jedem Zwischenstadium vor! Trotzdem sollte mit Hilfe der aufgebauten Strukturen eine abschließende Konsistenzprüfung im Rahmen einer Freigabe möglich sein. Die Balance zwischen notwendiger Integrität und übertriebener Konsistenz zu finden, ist eines der schwierigsten und interessantesten Probleme in der Entwicklung datenbankorientierter Dialogsysteme.

g) Die im Dialog vorgenommenen Modifikationen rechnerinterner Darstellungen sind laufzeitaufwendig. Die Antwortzeiten am Bildschirm müssen trotzdem kurz sein.

Wartezeiten im Dialog sind echte Verlustzeiten für den Benutzer, weil sie ihn durch das Fehlen benötigter Zwischenergebnisse daran hindern, mit der Lösung eines Problems fortzufahren. Um die Wartezeiten kurz zu halten, werden - wenn möglich - alle Daten des aktuellen Objektes im Hauptspeicher gehalten. Außerdem wird in einigen Fällen mit Makro-Assemblersprachen programmiert. Task- bzw. Prozeß-Wechsel zwischen den Programmen werden vermieden. In einem auf diese Weise realisierten Datenverwaltungssystem, mit einer weiter unten beschriebenen Ringstruktur ASP, wurden 60 µs gemessen, um von einem Element der Darstellung zu einem nächsten zu gelangen [Blu74]. In der gemessenen Zeit nicht eingeschlossen war der Aufruf der Operation in einem FORTRAN-Programm, der, je nach Rechner, noch einmal bei 20 bis 90 µs lag. Trotzdem ist es nicht immer möglich, innerhalb prinzipiell anerkannter Maximalzeiten für

- lexikalische (50 ms),
- syntaktische (1 s) und
- semantische (10 s) Operationen [Fol76] zu verbleiben.

Eine lexikalische Operation ist z.B. der Zugriff auf eine dargestellte Einzelheit über die PICK-Funktion, der quittiert wird durch das Setzen aller dynamischen Attribute solcher Bildsegmente, die aufgrund des Datenbankinhaltes zur Einzelheit gehören. Zu den syntaktischen Operationen gehört das Abrunden einer Ecke. Im Endeffekt werden für fast alle Änderungen technischer Zeichnungen Antwortzeiten nur bis zu 1 s akzeptiert. Semantische Operationen, wie z.B. die Änderungen an dreidimensionalen geometrischen Modellen, liegen dann gleich im Minutenbereich und sind einer Modellierung im Dialog noch schwerer zugänglich.

Wegen dieser Zeitanforderungen an Dialogsysteme werden universellen Lösungen der Datenverwaltung in CAD-Arbeitsplätzen nur eine geringe Chance eingeräumt. Bei einer folgenden Untersuchung gehen aber trotzdem viele CAD-Datenverwaltungen Kompromisse in der möglichen Effizienz ein, indem sie sich - aus Gründen der einfacheren Anpaßbarkeit der Verwaltungsprogramme - auf zum Teil assoziative Einheitsstrukturen für alle Verknüpfungen gespeicherter Elemente beschränken.

h) Der Zugriff hat über möglichst standardisierte Schnittstellen auf verbindlich definierte Strukturen zu erfolgen.

Hier liegt das gleiche Ziel einer langlebigen Anwender-Software vor, mit dem auch schon die graphische Schnittstelle motiviert wurde. Bei CAD-Anwendungen ist aber zusätzlich zu beachten, daß selbst verwandte Anwendungen unterschiedliche Strukturen in ihren rechnerinternen Darstellungen voraussetzen. Eine Normung der operationalen Schnittstelle ist nicht ausreichend. Sie muß um eine verbindliche Strukturbeschreibung einer Klasse von technischen Produkten erweitert werden, um zu größeren Integrationsgraden von CAD-Systemen zu gelangen. Verbindliche, von einem Rechner interpretierbare Strukturbeschreibungen werden außerdem von universelleren Systemen zum Austausch von Daten zwischen Datenbanken vorausgesetzt [Fry81]. Wieweit es in CAD gelingt, in der Entwicklung und Normung eigene, anwendungsabhängige Wege zu gehen [NBK80], bleibt abzuwarten.

i) Eine Langzeitverwendbarkeit rechnerinterner Darstellungen muß möglich sein.

Diese Forderung besagt, daß rechnerinterne Darstellungen oder andere mit erheblichem Aufwand zusammengetragene technische Daten auch noch nach Jahrzehnten maschinell lesbar sein müssen. Bei konventionellen, mikroverfilmten technischen Zeichnungen ist die lange Lesbarkeit von Dokumenten durch den Menschen eine Selbstverständlichkeit. Um das für rechnerinterne Darstellungen auch noch nach Systemwechseln zu ermöglichen, müssen den Daten die Gesetze, nach denen sie ursprünglich abgelegt worden sind, in Form eines Datenkataloges mitgegeben werden. Eine Technik, die bisher nur für kommerzielle Datenbanken diskutiert wird [BCS77].

Die Benutzer "schlüsselfertiger" CAD-Systeme stehen diesen von ihnen noch nicht erkannten Problemen unvorbereitet gegenüber; eine Tatsache, die den noch verschwindend geringen industriellen Einsatz dieser Systeme am besten demonstriert.

3.2 Die Strukturen technischer Objekte

Beim Entwurf rechnerinterner Darstellungen für eine Klasse von Produkten, die mit einem CAD-System konstruiert werden sollen, müssen geeignete Elemente und Regeln der Zusammensetzung gefunden werden, mit denen die neuen Produkte auf flexible Weise dargestellt werden können. Der Vorgang der Abstraktion geeigneter Elemente und Regeln für die rechnerunterstützte Konstruktion ist selbst nicht automatisierbar. Genutzt wird die Fähigkeit des menschlichen Geistes, in der Vielfalt möglicher Elemente und den Regeln ihrer Zusammensetzung eine Gesetzmäßigkeit zu entdecken. Mathematisch formale Hilfsmittel der Informatik dienen der Aufbereitung der Ergebnisse zum Zwecke einer konstruktiveren Kritik durch die Anwendung [Sen75,Wed79].

3.2.1 Klassifizierung gefundener Elemente und Beziehungen

Das Ergebnis einer Abstraktion geeigneter Elemente, die Elementzusammensetzung und die mit jeder Vorstellung neuer Konzepte einhergehende Zuordnung von Namen, werde z.B. in der mechanischen Konstruktion häufig an Element-Zuordnungsgraphen demonstriert [Lac72,Blu76,Fi79c]. Wegen der großen Elementanzahl praktisch relevanter Objekte kann die gefundene Struktur mechanischer Objekte nur an exemplarischen Vereinfachungen - wie an einem Würfel - gezeigt werden. Bereits an diesem einfachen Objekt lassen sich aber wesentliche Merkmale technischer Datenstrukturen veranschaulichen (Bild 3.2).

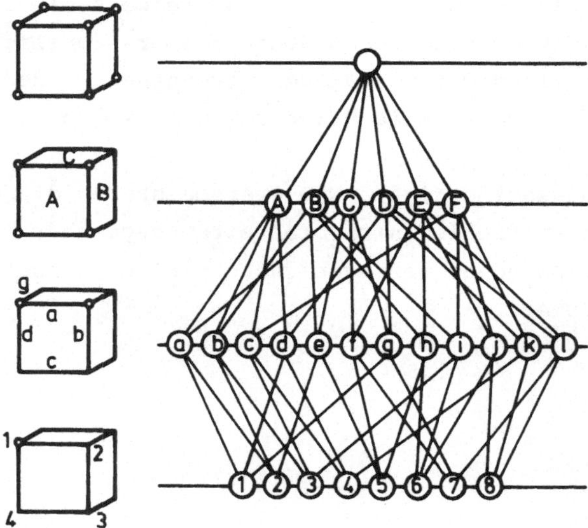

Bild 3.2: Der Elementzuordnungsgraph für Polyeder, gezeigt an einem Würfel.

Danach wird ein Würfel oder ein anderes zu den Polyedern gehörendes Objekt durch eine Hierarchie von untereinander in Beziehung stehenden Objekten dargestellt. Die Elemente lassen sich wie folgt klassifizieren:

KÖRPER - die Klasse der dreidimensionalen Objekte.
FLÄCHEN - die Klasse der zweidimensionalen Objekte.
KANTEN - die Klasse der eindimensionalen Objekte.
PUNKTE - die Klasse der Elemente ohne geometrische Ausdehnung.

Alle Elemente einer Klasse sind äquivalent in dem Sinn, daß sie entsprechend der auf den Namen folgenden Definition zur gleichen Klasse gehören. Jede Definition muß die Äquivalenz-Entscheidung ermöglichen. Die Beziehung aufgrund der Klassenzugehörigkeit (Äquivalenz-Relation) ist durch waagerechte Striche markiert.

Auf der obersten der gezeichneten Hierarchie-Stufen ist es ausreichend, von einem Körper-Element der Art Würfel mit der Kantenlänge des Würfels und seiner Lage im Raum zu sprechen. Für bekannte Grundkörper wie Würfel, Zylinder usw. ist ein Element mit wenigen Parametern eine ausreichende rechnerinterne Darstellung. Will man aber beliebige Polyeder darstellen, sind einfache Volumenelemente allein nicht ausreichend. Dann müssen die den Polyeder umschließenden Flächen angegeben werden. Im Spezialfall des Würfels sind das die Flächen A bis F. Sie haben aber nicht die in der Geometrie angenommene endlose Ausdehnung, sondern eine Begrenzung durch Kanten, die wiederum selbst das Ergebnis aus einem Schnitt zweier Flächen sind. Von den Kanten können dann wieder drei einem gemeinsamen Schnittpunkt mehrerer Flächen zugeordnet werden (Bild 3.3).

Von den möglichen Beziehungen zwischen den Einzelheiten eines einfachen Würfels [BEH79] sind in dem Element-Zuordnungsgraphen von Bild 3.2 nur wenige für die rechnerinterne Darstellung übernommen worden. Für integrierte CAD-Systeme muß deshalb in den Verwaltungsregeln für rechnerinterne Darstellungen festgelegt werden, auf welche Elemente und Beziehungen zwischen den Elementen ein Nachfolgeprogramm bauen kann.

An der einfachen Objektdarstellung eines Polyeders können noch weitere Beobachtungen gemacht werden:

- Bis auf den Punkt wird keine Einzelheit des Würfels durch ein Element und seine möglichen Parameter allein beschrieben.

- In den meisten Fällen gehören andere Elemente, zu denen natürliche Beziehungen bestehen, unverzichtbar zu einer rechnerinternen Darstellung mit hinzu.
- Die zugehörigen Elemente vertreten ihrerseits wiederum andere Einzelheiten.
- Zu jedem Element kann ein Umfeld angegeben werden, das alle Elemente und Beziehungen enthält, die notwendig sind, um eine Einzelheit vollständig darzustellen.
- Innerhalb des Umfeldes sind Redundanzen in der Darstellung eines Sachverhaltes unter verschiedenen Gesichtspunkten möglich. Die Kantenlänge eines Würfels ist redundant zum Abstand der Punkte einer Kante; die Redundanz kann ausdrücklich gewünscht oder ein Fehler im Entwurf der Darstellung sein.
- Die Umfelder überlappen sich aufgrund wechselseitiger Beziehungen der Elemente.
- Wegen der Überlappungen ist es schwierig, weitere Einzelheiten in eine Darstellung einzubringen, weil nach Abschluß der Operation auch alle überlappenden Umfelder wieder korrekt sein müssen.

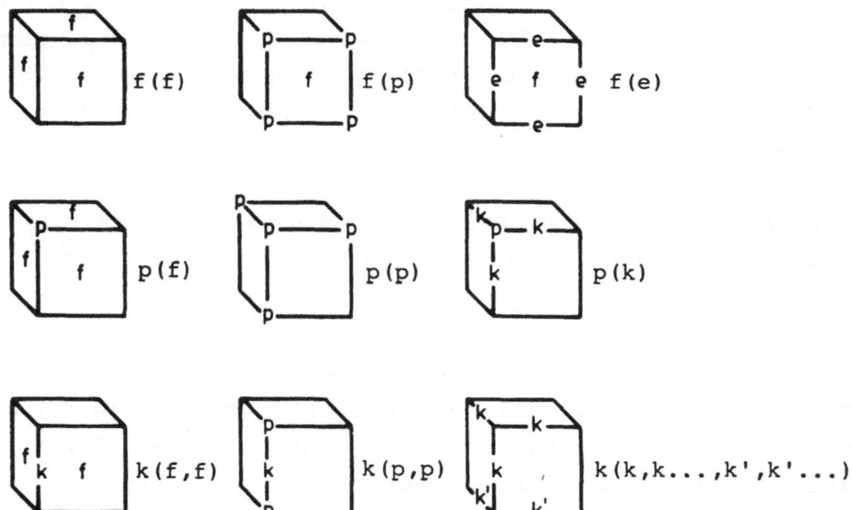

Bild 3.3: Die möglichen Zuordnungen der Elemente eines Polyeders zueinander [BEH79].

ROSS [Ros61] nannte diese Strukturen "plexe" und führte den Begriff des "plex processing" ein, wobei unter plex = plexus nach WEBSTER "an interwoven combination of parts in a structure; - a n e t w o r k -" verstanden wurde. Das strukturelle Objekt von EIGNER [Eig80], bestehend aus seinem semantischen Netz mit einem ausgezeichneten Wurzelelement, ist ein spezieller p l e x , bei dem sich nur die Umfelder nicht überlappen.

3.2.2 Ein vereinfachtes graphisches Darstellungsverfahren für die Strukturen technischer Objekte.

Die Möglichkeiten, komplexe Strukturen mit Zuordnungsgraphen zu definieren, sind begrenzt. Deshalb werden von einigen Autoren [East78,Blu76, Yas80,DHU80] BACHMAN-Diagramme [Bac69] eingesetzt. Da mit diesen Diagrammen heute eine spezielle Realisierung mit CODASYL-Datenbanksystemen [DBTG71] assoziiert wird, soll eine neutralere, aber ebenso einfache graphische Notation eingeführt werden. Sie entspricht weitgehend den üblichen Techniken zur Veranschaulichung von Mengen und Mengen-Relationen. Von dieser Darstellung ist ein leichter Übergang zu Datenmodellen universeller Datenbanksysteme möglich. Die in CAD-Anwendungen gefundenen Strukturen sollen dann in der einheitlichen Notation vorgestellt werden.

Eine Klasse ist eine Menge von unterscheidbaren Elementen, die in Äquivalenz-Relation entsprechend einer für die Klasse anzugebenden Klassifizierung stehen. Es soll angenommen werden, daß ein Satz von anwendungsbezogenen Klassifizierungen gefunden werden kann, der zu disjunkten Mengen führt. Zwischen den Elementen zweier Klassen - oder auch den Elementen einer Klasse - sind Beziehungen definiert, genannt binäre Relationen. Eine binäre Relation zwischen den Elementen der Klasse K1 und den Elementen der Klasse K2 ist eine Menge von Element-Paaren, die angibt, welches Element der einen Klasse mit welchem Element der anderen Klasse in Beziehung steht ($R \subset K1 \times K2$). Das kann in Tabellenform oder als Pfeildiagramm dargestellt werden (Bild 3.4). Im Pfeildiagramm kann auf eine Namensgebung der Elemente verzichtet werden, weil die graphische Darstellung ausreichend eindeutig ist.

Im allgemeinen Fall stehen beliebig viele Elemente der einen Klasse mit beliebig vielen Elementen der anderen Klasse in wechselseitiger Beziehung. Man spricht auch von einer n:m-Beziehung. Unter den binären Relationen gibt es eine wichtige Teilmenge, die einer Einschränkung unterworfen ist. Dies sind die rechts- oder links-eindeutigen binären Relationen. Sie werden Funktionen oder Abbildungen genannt.

Diese Art der Beziehung zwischen den Elementen zweier beteiligter Klassen ist als 1:n- oder n:1-Beziehung bekannt. Wird für n = 1 vorgegeben, so ist das eine Abbildung besonderer Art, die genau einem Element der einen Klasse ein Element der anderen Klasse zuordnet.

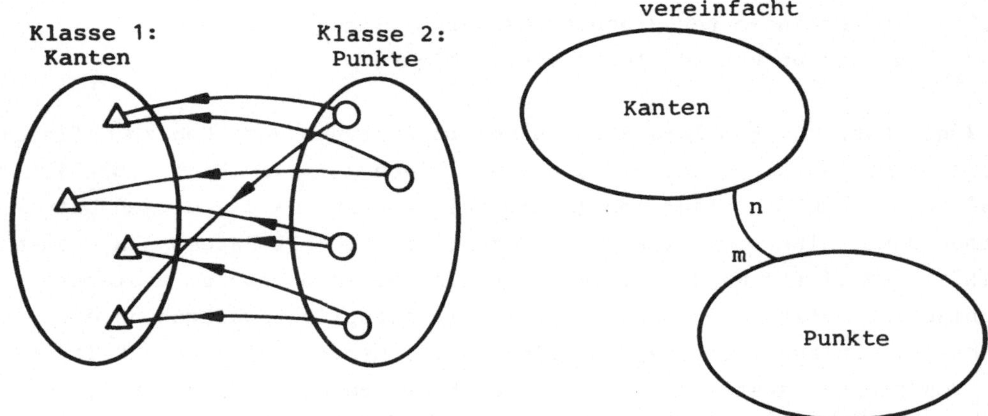

Bild 3.4: Vereinfachte Darstellung von Klassenstrukturen.

(Eine Relation F ist eine Funktion, wenn gilt: für alle x,y,z: ist (x,y) ein Element aus F und (x,z) ein Element aus F, dann ist y=z.)

Für eine Übersicht unterschiedlicher rechnerinterner Darstellungen ist es ausreichend, sich auf Klassen und binäre Relationen zwischen Klassen zu beschränken. Auf die Eigenheiten, die zur Klassifizierung sowohl von Elementen als auch Beziehungen herangezogen wurden, wird nur bei Bedarf im Text eingegangen, um die Graphen einfach zu halten.

Eine Klasse wird graphisch durch einen Knoten mit dem Klassennamen symbolisiert. Das Symbol für eine binäre Relation zwischen Klassen ist eine Kante, die die (oder den) Knoten verbindet. An der Kante wird die Art der binären Relation so vermerkt, daß ersichtlich ist, auf welcher Seite die Relation gegebenenfalls eindeutig ist. Die allgemeine Klassenstruktur von Polyedern, also nicht nur von einem Würfel, ist in Bild 3.5 dargestellt.

Diese Graphen dienen allein der Dokumentation. Eine Übereinstimmung zwischen der Klassenstruktur und einer gespeicherten rechnerinternen Darstellung wird von CAD-Datenverwaltungssystemen nicht erzwungen. Damit besteht auch keine Garantie der Übereinstimmung zwischen einer Dokumentation und der programmierten Realität. Diese Übereinstimmung für bestehende CAD-Systeme nachträglich herbeizuführen, ist ein leider nicht immer zu lösendes Problem.

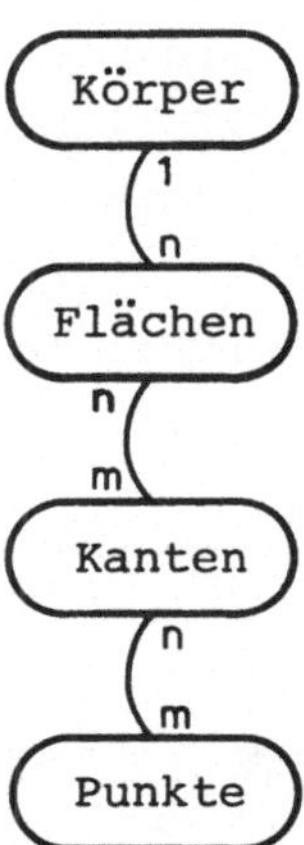

Bild 3.5: Klassenstruktur von Polyedern.

3.2.3 Die Strukturen mechanischer Werkstücke

Eine große Klasse von mechanischen Werkstücken wird auf Werkzeugmaschinen wie Dreh- und Fräsbänken hergestellt und unter Berücksichtigung dieser Verfahren konstruiert. Durch die Regelmäßigkeiten im Fertigungsverfahren läßt sich der Beschreibungsaufwand für diese Einzelteile in annehmbaren Grenzen halten. Die den Körper begrenzenden Flächen können mit wenigen Parametern als Oberflächen geometrisch einfacher Grundkörper wie Quader, Zylinder oder Kegel beschrieben werden. Von dieser Erkenntnis machen viele geometrische Modellierer für die formalsprachliche Beschreibung von Werkstücken Gebrauch [BEH79,CAM-I79]. Jedes dieser Systeme basiert auf seiner eigenen Klassifizierung der rechnerinternen Werkstückinformation. Man spricht vereinfachend von dem einem Modellierer eigenen "Werkstück-Modell", womit die Klassenstruktur aller zugelassenen rechnerinternen Darstellungen von Werkstücken gemeint ist.

3.2.3.1 Das Werkstückmodell von COMPAC

Das System COMPAC [Kra79] ist ein geometrischer Modellierer, der an der Universität Berlin entwickelt wird. Die zur Diskussion benutzte Struktur ist aus mehreren Arbeiten zusammengetragen worden [Gau77,Faux80,FGP78].

Das System COMPAC unterscheidet äußerlich zwischen fünf Klassen, die in einer Übersicht in Bild 3.6 gezeigt werden. In der Klassenstruktur (Bild 3.7) werden nur noch vier Klassen unterschieden, weil die Baugruppenelemente mit einer besonderen Kennung als Parameter, den Volumen als zusammengesetzte Volumen äquivalent gesetzt sind. Auch sind die Mittelpunkte nicht in der Klasse der Punkte als Elemente zu finden, sondern sind, zusammen mit Hilfspunkten, Parameter in der Klasse der Konturelemente. Daraus ist zu ersehen, daß sich die Zuordnung von Elementen zu einer Klasse nicht allein durch intuitive Interpretation der Klassennamen allein nachvollziehen läßt. Eindeutige Klassifizierungen ergeben sich erst aus der Analyse der Anwenderprogramme, da die Kreation von Elementen und die Zerlegung ihrer Datenteile in Parameter dem Anwendungsprogrammierer überlassen ist.

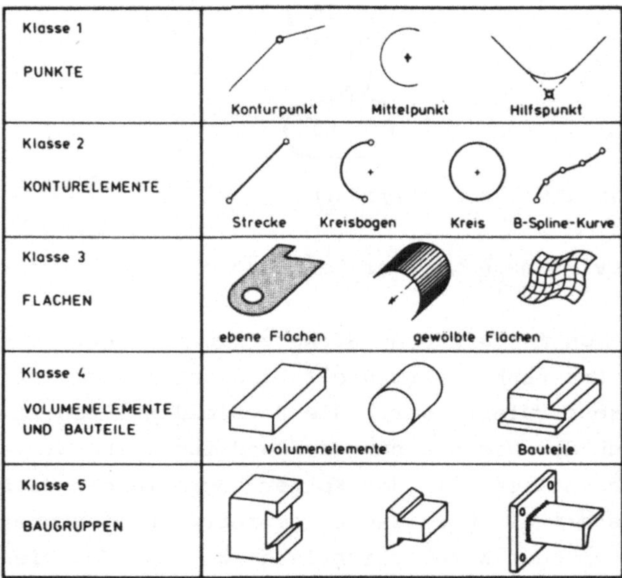

Bild 3.6: Die von außen sichtbaren Klassen des geometrischen Modellierers COMPAC.

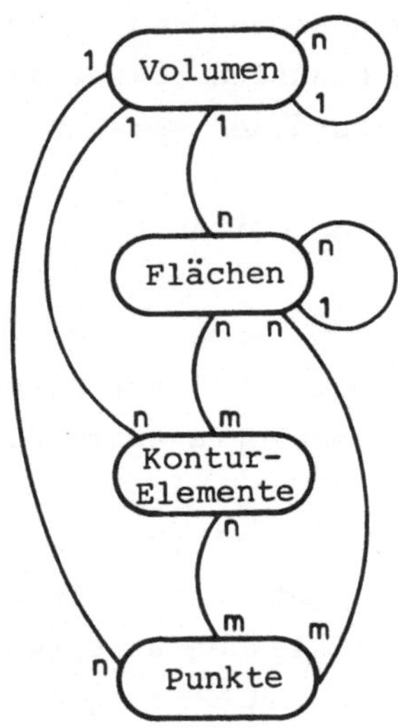

Bild 3.7: Die Klassenstruktur von COMPAC.

Die Klasse der VOLUMEN:

Außer einer anwendervergebenen Volumen-Nummer und einer Kennung der Art des Grundvolumens hat ein Volumenelement keine weiteren Parameter. Es wird somit fast ausschließlich durch die Elemente anderer Klassen beschrieben, wie das bei Plexen üblich ist. Der Wertebereich der möglichen Kennungen umfaßt ausschließlich Profil- und Rotationskörper, aber auch alle aus ihnen zusammengesetzte Körper. Eine Beziehung zwischen Volumenelementen - außer der Äquivalenzrelation - gibt es nicht. Nach dem Ablauf der Verschmelzungsoperationen geht die Information über die an der Entstehung beteiligten Grundkörper und ihre ursprünglichen Beziehungen zueinander wieder verloren.

Die Klasse der FLÄCHEN:

Zu den Flächen gehören ebene Flächen, Kegel-, Zylinder- und Teiltorus-Flächen. Andere Flächen werden durch B-Spline-Flächen angenähert. Die Begrenzung der Flächen erfolgt durch Beziehungen zu den die Flächen berandenden Konturelementen. Als weitere Eigenheiten sind einer Fläche bei Bedarf Vektoren für die Flächennormale und die Rotationsachse, ein Hilfspunkt und ein Radius- oder Winkelparameter zugeordnet. Diese werden zusätzlich benötigt, wenn die der Fläche zugeordneten Konturzüge zur eindeutigen Flächenbeschreibung nicht ausreichen. Redundanzen werden in vielen Modellierern bewußt in Kauf genommen.

Die Klasse der KONTURELEMENTE:

Zur Klasse der Konturelemente gehören, wiederum durch Kennungsparameter unterschieden, die gerade Strecke, der Kreis und der Kreisbogen, die Ellipse und der Ellipsenbogen, aber auch B-Spline-Kurven. Weitere Eigenheiten eines Konturelementes in COMPAC sind die Kreismittelpunkte und Kreishilfspunkte zur eindeutigen Positionierung eines Kreises im Raum. Somit gehören nicht alle Punkte zur Klasse der Punkte. Dies ist eine Maßnahme, die mit der Effizienz geometrischer Algorithmen [Gau77] begründet wird.

Die Klasse der PUNKTE:

Zur Klasse der Punkte gehören nur die Punkte, die auf flächenbegrenzenden Konturzügen liegen sowie die Hilfspunkte der durch Splines beschriebenen Freiflächen.

Die Klassenstruktur zeigt, daß ein Werkstück durch eine Hierarchie von untereinander in Beziehung stehenden Elementen der Klassen VOLUMEN,

FLÄCHEN, KONTURELEMENTE und PUNKTE beschrieben wird. Eine Beziehung, die das Überspringen einer Hierarchiestufe ermöglichen würde, gibt es nicht. Diese Hierarchie, die trotz allgemeiner n:m-Beziehungen besteht, ist lediglich durch die zeichnerische Anordnung ausgedrückt.

Die zusätzlichen Beziehungen zwischen Flächen selbst sind aufgrund nachfolgender Konvention notwendig. Flächen können in COMPAC nur von äußeren Konturzügen begrenzt werden. Die allgemeinere Fläche, mit Löchern und anderen Durchbrüchen innerhalb der Flächen-Außenumrandung, wird durch die funktionale Abhängigkeit zwischen der Hauptfläche und den Neben-(Loch-)Flächen hergestellt. Die Art der Fläche ist durch getrennte Wertebereiche mit der Flächenkennung in einem Parameter überlagert. Weitere Informationen sind in der Reihenfolge der Verkettung von Konturelementen mit den Flächen gespeichert. Die Ordnung gibt den Umlaufsinn an und damit die Richtung vom Material weg (im Sinne der Rechtsschraubenregel). Die Beziehung zwischen den Volumen besteht nur zum Zeitpunkt der Verschmelzung und steht nachher aus Speicherplatzgründen nicht mehr zur Verfügung.

3.2.3.2 Eine Konsistenzprüfung am Beispiel ROMULUS

ROMULUS ist ein geometrischer Modellierer, der seinen Ursprung in den Arbeiten von BRAID [Brai73] und dem Forschungssystem BUILD der Universität Cambridge hat. Das Auffallendste an der Klassenstruktur ist eine gegenüber COMPAC und anderen Modellierern [BEH79] unterschiedliche Hierarchie der Elementklassen und die Überlagerung dieser Struktur mit geometrisch höher bewerteten Elementen, die als "Euler-Punkte, -Kanten" usw. zur Konsistenzprüfung der mechanischen Werkstücke herangezogen werden. Unter Beibehaltung der bisherigen graphischen Notation ist die von FAUX [Faux80] zusammengetragene Struktur des Werkstückmodells in Bild 3.8 beschrieben.

Die Überstruktur dient der logischen Konsistenzprüfung nach der "Euler-Regel" [Brai79]. Diese wohl bekannteste Konsistenzregel prüft die Volumen von Polyedern über die Kardinalität der an der rechnerinternen Darstellung beteiligten Elemente der Klassen Fläche, Kante und Punkt. Es gilt die Regel:

$$\text{Flächen} + \text{Punkte} - \text{Kanten} = 2$$
$$(\text{Beim Würfel:}\quad 6 + 8 - 12 = 2)\quad .$$

Für das Abzählverfahren sind die Romulus-Kanten und -Punkte wegen ihres redundanten Auftretens ungeeignet. Die Redundanz ist eine Folge der

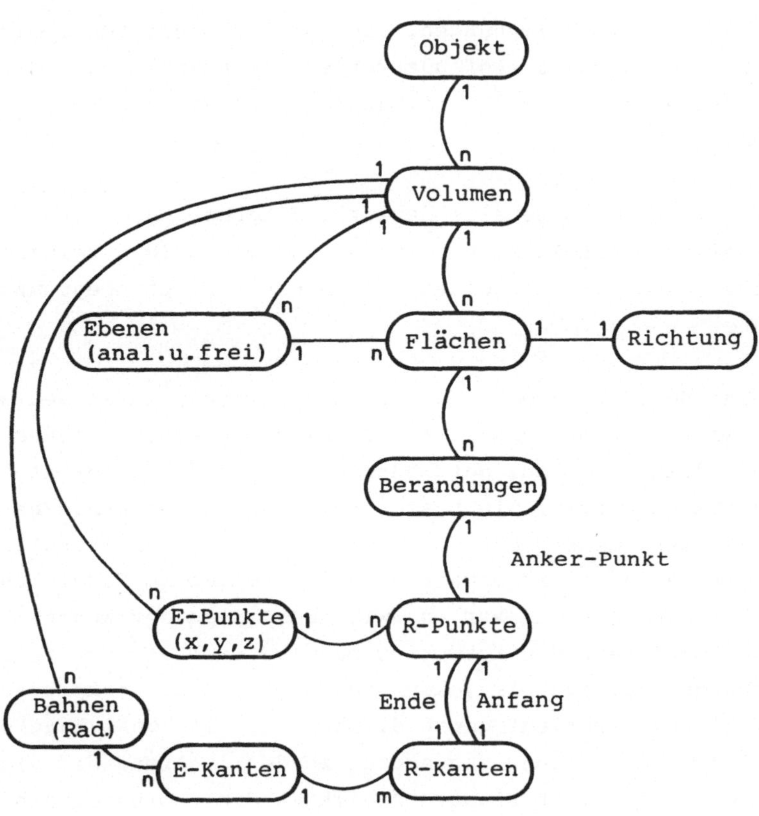

Bild 3.8: Die Klassenstruktur von ROMULUS [Faux80]. Die Bedeutung der R- und E-Elemente ist aus dem nächsten Bild ersichtlich. R steht für ROMULUS und E für EULER.

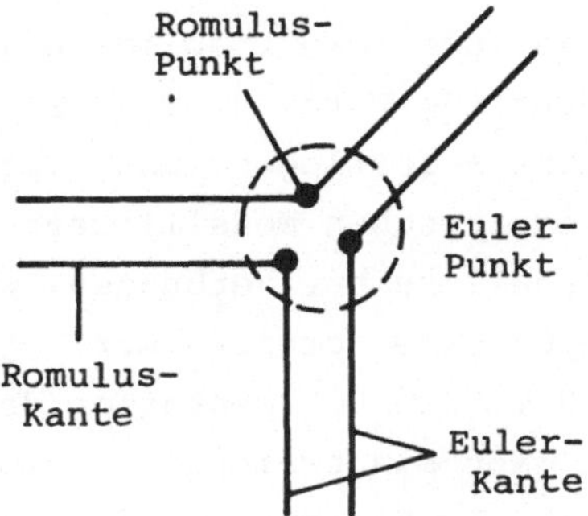

Bild 3.9: Der Unterschied zwischen einer EULER(E)-Kante und einer ROMULUS(R)-Kante, gezeigt an einer Würfelecke (winged edge).

Baumstruktur aus 1:n-Beziehungen, die von der benutzten Speicherungsstruktur Pointer-Array beeinflußt wurde. Die Beziehungen zwischen Euler- und Romulus-Elementen zeigen anschaulich eine Würfelecke (winged edge) nach Bild 3.9.

Danach sind in einer Ecke alle den drei Flächen zugeordneten Romulus-Punkte zu einem Euler-Punkt zusammengefaßt und alle aufeinanderliegenden Romulus-Kanten der einzelnen Stücke einer Flächenbegrenzung zu einer Euler-Kante.

Das ist eine Konsistenzregel, die stellvertretend aufzeigen soll, daß von einer Konsistenzprüfung fast alle Elemente eines Objektes gleichzeitig betroffen sind. Auf der anderen Seite muß die geringe Aussage der Prüfung vermerkt werden. Sie besagt nur, daß das mechanische Werkstück ein Polyeder ist, mehr nicht. Eine Gesamtprüfung der Struktur nach jeder Änderung ist wegen der zu erwartenden Laufzeiten im Vergleich zum Wert der Aussage unakzeptabel. Nur in Zwischenstadien der Konstruktion, in denen eine Konsistenz des Entwurfes bereits nach dem Urteil des Bildschirmbenutzers erreicht ist, kann zur weiteren Sicherheit ein anwendungsorientierter Prüflauf gegen die bereits als konsistent angenommene rechnerinterne Darstellung angestoßen werden. Während des Dialoges muß lediglich die Integrität sichergestellt werden, worunter die Einhaltung der vereinbarten Formate und zugelassenen Beziehungen der Elemente entsprechend der Klassenstruktur des Werkstückmodells verstanden wird.

3.2.4 Beispiele anderer Objektstrukturen

Die Klassenstrukturen geometrischer Modellierer sind nur zwei Beispiele alternativer Konzepte zum gleichen Problem. Weil die festgelegten Strukturen die Operationen auf dem Werkstückmodell - und damit die Algorithmen der Anwenderprogramme - festlegen (das gilt auch umgekehrt), ist jeder Entwurf eines geometrischen Modellierers zwangsläufig mit der Diskussion um eine geeignete Struktur verbunden, welche alle einmal mit dem System konstruierbaren Objekte vorgibt [Kur71,Lac72,Schu76,Bor77,Gau77, Boy79,Fi79c,Shu79,ANSI81]. Die Dokumentation der zugelassenen rechnerinternen Darstellungen gibt Eingeweihten - komprimierter als alle anderen Beschreibungen eines CAD-Systems - Aufschluß über die in einem Systementwurf vorgegebenen Möglichkeiten und auch Grenzen eines Modellierers. Das gleiche gilt für andere CAD-Systeme. Deshalb unterliegen diese Informationen meist der industriellen Geheimhaltung.

Die hier vorgestellten Beispiele beschränken sich auf Ingenieurdisziplinen, in denen das später beschriebene Datenbanksystem bereits eingesetzt wird oder der Einsatz sich im Stadium des Datenbankentwurfes für ein CAD-System befindet. Die in den Pilotprojekten wirklich benutzten Strukturen unterscheiden sich aus der Sicht der Anwender von denen, die hier vorgestellt werden dürfen. Trotzdem lassen sich Gemeinsamkeiten in den Anforderungen an eine universelle Datenverwaltung für:

- Freiformflächen [DHU80],
- Technische Zeichnungen [Lew79],
- Gebäude [Yas80] und zum Teil auch
- Elektronische Komponenten [CiNa76]

herauslesen, die sich deutlich z.B. von den Fertigungsdatenbanken [Seer80] auf der einen Seite und einfachen Tabellenwerken auf der anderen Seite unterscheiden.

FREIE FLÄCHEN:

Sollen frei geformte Flächen und beliebige Verrundungen, z.B. an Flächenübergängen von Spritzgußteilen, in die Modellbildung mit aufgenommen werden, ist die Klassenstruktur geometrischer Modellierer - allein für deren Beschreibung nach der Methode von BEZIER oder COONS [RoAd76] - zumindest um Teile der Struktur von Bild 3.10 zu erweitern.

CAD-Systeme, die zur Zeit noch einzelne freie Flächen beschreibbar machen und zur Bearbeitung mit NC-Fräsmaschinen bereitstellen, sind Kandidaten für eine Integration mit geometrischen Modellierern. Auf der Ebene der Gesamtstruktur eines mechanischen Objektes ist die in sich komplizierte freie Fläche nur durch ein einziges Flächenelement repräsentiert. Die Unterstruktur wird nur zum Zeitpunkt der Bearbeitung dieser einen Fläche benötigt. Innerhalb des Freiflächenprogramms muß aber auch der größere Zusammenhang über alle Flächen in Einklang gebracht werden.

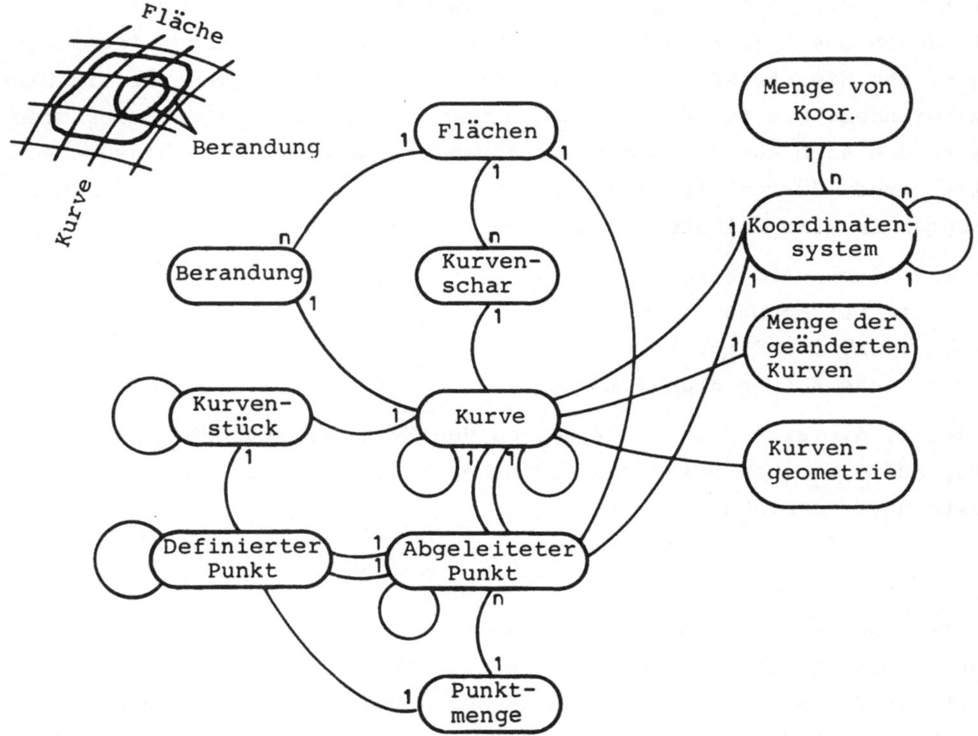

Bild 3.10: Klassenstruktur für den Entwurf "frei" geformter Flächen [DHU80].

TECHNISCHE ZEICHNUNGEN:

Neben dem Entwurf von Leiterplatten ist die detaillierte und möglichst normgerechte Erstellung technischer Dokumentation zur Zeit das Hauptanwendungsgebiet interaktiver CAD-Arbeitsplätze in industriellen Feldversuchen.

Mechanische Objekte sind, wie viele andere technische Produkte, nach internationalen graphischen Normen darzustellen. Die Projektion normgerechter technischer Zeichnungen aus dreidimensionalen Werkstückmodellen ist eine Schwachstelle geometrischer Modellierer. Mit der anschaulichen, informativen Plazierung von Ansichten, Bemaßungs- und Beschriftungssymbolen wird z.Z. noch mehr ausgesagt, als in heutigen 3D-Modellen an Information enthalten ist. In Zeichnungssystemen ist das konventionelle graphische Dokument eines technischen Produktes selbst Gegenstand einer rechnerinternen Darstellung. Die Dialoge sind, soweit es das Medium Bildschirm zusammen mit seinen Eingabegeräten zuläßt, der Arbeit am Zeichenbrett nachempfunden. Eine Klassenstruktur und ein Beispiel aufrufbarer Komplexteile zeigt Bild 3.11 [Lew79].

Bei der Zusammensetzung evtl. größerer Teile einer Zeichnung aus Komplexteilen, müssen bestehende Verkettungen der Elemente aufgebrochen und in neue Zusammenhänge mit bereits vorhandenen Elementen oder Komplexteilen der Zeichnung gebracht werden. Zwischen den Elementen in den einzelnen Ansichten technischer Zeichnungen und den zukünftigen Produkten bestehen Beziehungen, die durch die Zeichnungsnormen zur Projektion dreidimensionaler Körper vorgegeben sind. Bei der Integration eines Zeichnungssystems mit einem geometrischen Modellierer sind evtl. in zukünftigen Systemen auch Beziehungen zwischen den Elementen des Dokumentes Zeichnung und den Elementen des Objektes Werkstück herzustellen und die Konsistenz beider rechnerinterner Darstellungen zueinander zu gewährleisten. Die dabei auftretende Vernetzung bislang autonomer rechnerinterner Darstellungen ist noch weit schwerer zu lösen als die hierarchische Zuordnung einer "Unterstruktur" zu dem stellvertretenden Element einer "Oberstruktur" des Gesamtobjektes.

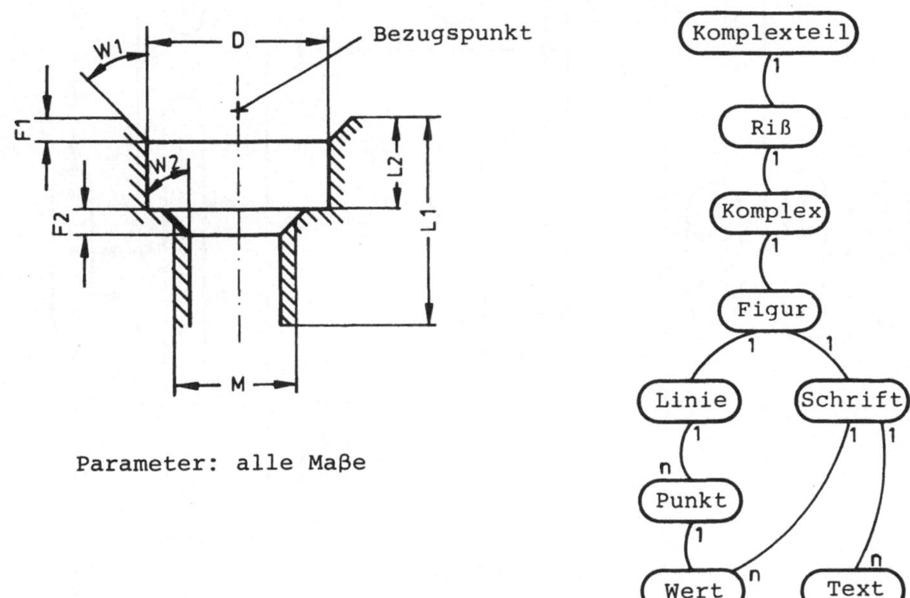

Bild 3.11: Klassenstruktur zweidimensionaler Komplexteile [Lew79].

GEBÄUDE:

Daß noch weit komplexere Strukturen zu erwarten sind, zeigt eine Substruktur aus dem Architekturbereich in Bild 3.12. Abweichend zu den bisherigen Anwendungen, müssen hier mehrere Anwender ein Gebäude zur gleichen Zeit gestalten können [East81]. Innerhalb solcher CAD-Systeme [Yas80] sind geometrische Modellierer und Zeichnungssysteme integrierte

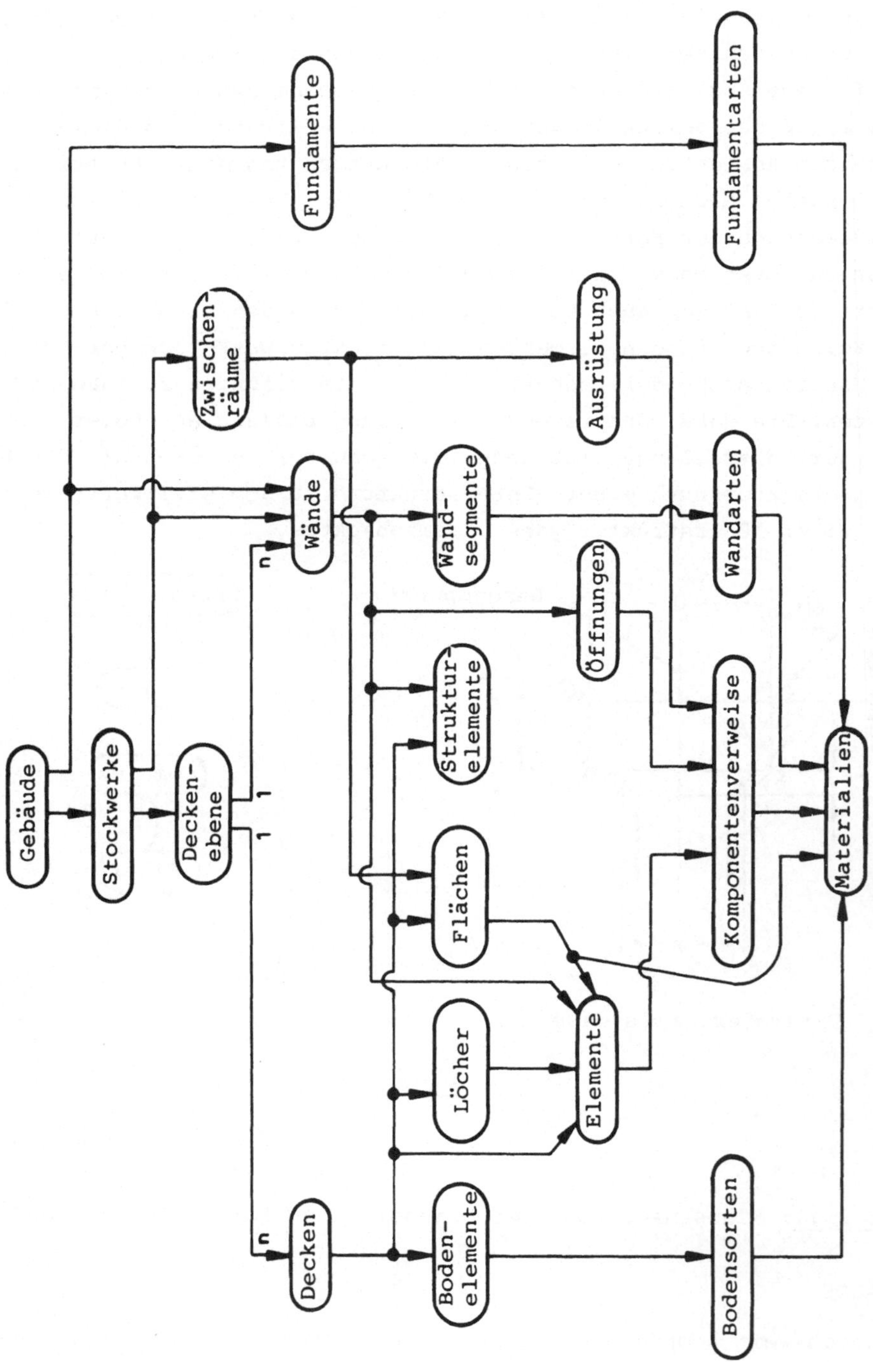

Bild 3.12: Eine Substruktur aus dem Architekturbereich.

Unterbausteine. Beispiele für Modellierer, die ihren Ursprung im Bauwesen haben, sind z.B. die Systeme GLIDE [EaHe77] und MENOS [Bub77].

ELEKTRONISCHE BAUGRUPPEN:

Ähnlich vernetzte rechnerinterne Darstellungen sind auch aus dem rechnerunterstützten Entwurf elektronischer Schaltungen bekannt. Trotzdem sind einige markante Abweichungen festzustellen.

- Fast alle Bauelemente haben bereits einen Namen, der lokal meist um einen Index erweitert wird (R33,L21,C409,T73).
- Gegenüber anderen Anwendungen treten wenige Funktionseinheiten sehr häufig auf.
- Positionierungsprobleme werden durch vereinbarte Raster vereinfacht.

Zudem spielen hier auch noch andere Datenbestände als die rechnerinterne Darstellung des zukünftigen Produktes, eine etwas größere Rolle als in den bisher vorgestellten Anwendungen. Eine grobe Einteilung kann wie folgt vorgenommen werden [CiNa76]:

- Produktdaten, die dem CAD-Arbeitsplatz von außen bereitgestellt werden und die als gegebene Randbedingungen zumindest vorerst hingenommen werden müssen.
- Die rechnerinterne Darstellung des sich in der Konstruktion befindenden Produktes.
- Daten, die zu Testzwecken generiert wurden oder aus anderen Gründen bis zur Fertigstellung des Produktes aufgehoben werden sollen.
- Fertigungs- und Materialdaten, die aus anderen Datenbeständen erfragt oder im Laufe der Konstruktion generiert wurden.

Im Vergleich zu den bisher vorgestellten Anwendungen sind der erste und letzte Datenkomplex mehr zur Datenumwelt von CAD-Arbeitsplätzen zu rechnen. Sie gehören eigentlich schon zu den allgemeinen Fertigungsdatenbanken, von denen man nur bei einem aktuellen Bedarf kleine Ausschnitte dieses Datenbestandes in einem CAD-Arbeitsplatz halten wird, weil diese Daten wegen ihrer meist zentral organisierten Pflege lokal sehr schnell veralten würden. Es muß deshalb darauf aufmerksam gemacht werden, daß einige der späteren vorausgesetzten Anforderungen nicht ungeprüft auf CAD-Anwendungen in der Elektronik übertragen werden können.

FERTIGUNGSDATENBANKEN:

Fertigungsdatenbanken unterscheiden sich von den rechnerinternen Darstellungen technischer Objekte in vielen Punkten:

- Es gibt in der Datenbank nur eine Ausprägung der Klassenstruktur für nur eine Fabrik und nicht viele "Fertigungsmodelle" entsprechend dieser Struktur.
- Ein Objekt in der Realität oder eine organisatorische Einheit entspricht fast immer nur einem Element in der Datenbank. Seine evtl. vorhandene rechnerinterne Darstellung ist auf der technisch-administrativen Ebene uninteressant. Übernommen werden nur Daten aus dem Zeichnungskopf.
- Die Dialoge werden nicht graphisch geführt.
- Im Unterschied zum Zugriff über graphische Systeme ist der Zugriff auf jedes Element in der Datenbank gleich wahrscheinlich.
- Die Datenbank ist zum Zeitpunkt ihrer Nutzung ein fertig aufgebautes und ständig korrekt gehaltenes "Abbild" der Fertigung.
- Auf die Fertigungs- und Materialdaten wird von sehr vielen Stationen, in Zukunft auch von CAD-Arbeitsplätzen aus, lesend zugegriffen. Änderungen dürfen nur unter ständiger Konsistenzerhaltung und gezielter Sperrung laufender Anfragen durchgeführt werden.
- Änderungen in einem mit der Modellierung neuer Produkte vergleichbaren Umfang werden möglichst vermieden oder auf Sonderaktionen in größeren Nachtläufen beschränkt. Die Hauptanwendung ist die Datenbankanfrage.

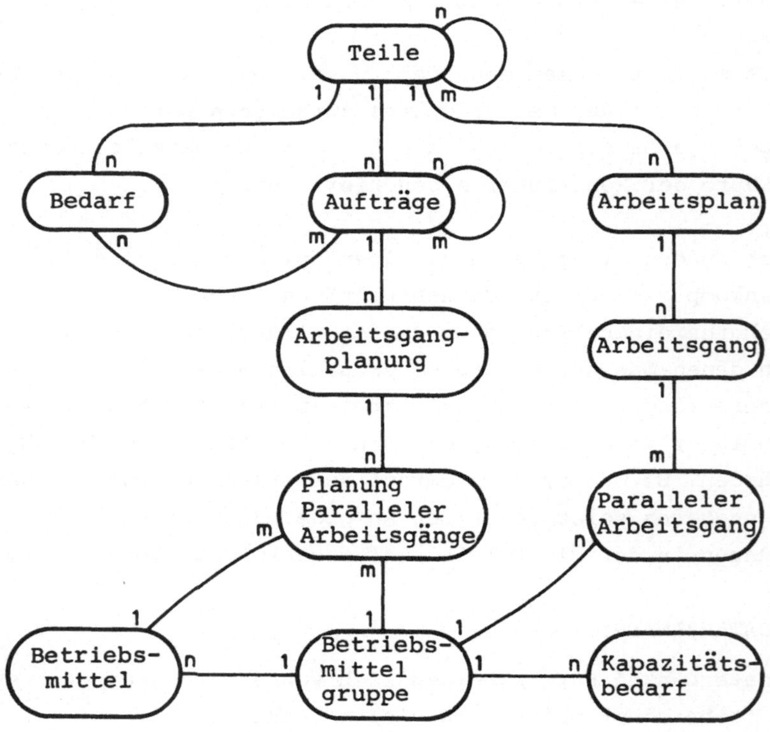

Bild 3.13: Klassenstruktur einer Fertigungsdatenbank.

Ein Beispiel einer Fertigungsdatenbank zeigt Bild 3.13. Diese bereits zu den technischen, wenn auch überwiegend administrativen Anwendungen zählenden Informationssysteme werden heute bereits mit universellen Datenbankmanagementsystemen realisiert. Die Anwendung zeichnet sich von den sonst üblichen kommerziellen Anwendungen dieser Systeme durch die höhere Komplexität der Strukturen, großes Datenvolumen an gespeicherten Elementen und durch häufige, aus Effizienzgründen zeitlich überlappt abzuarbeitende konkurrierende Anfragen und Änderungen aus. Diese Anwendung stellt daher immer neue Anforderungen an die Effizienz der Implementation universeller Datenbankmanagementsysteme [Seer80].

Hier ist die Schnittstelle der lokalen Datenverwaltung in CAD-Arbeitsplätzen mit der betriebswirtschaftlichen Datenverarbeitung zu sehen. Auch wenn aus einer rechnerinternen Darstellung nur ein Element in die Fertigungsdatenbank übernommen wird, so sind doch die Strukturen, was den Grad ihrer Komplexität und gegenseitiger Vernetzung betrifft, sehr verwandt!

TABELLEN:

Ein Beispiel für die Struktur von Tabellen von Werkstoffen oder Listen aller Teile einer Baugruppe sind hier nicht aufgeführt, da diese Klassenstruktur in der gewählten Notation zu einem einzigen Knoten mit eingetragenem Tabellennamen entarten würde. Eine Tabelle ist gegenüber den vorgestellten und für Produktmodelle typischen Strukturen als "strukturlos" zu bezeichnen.

3.3 In CAD-Systemen realisierte Datenverwaltungen

Ein Ansatz zur Isolierung der Datenverwaltungssysteme von den CAD-Anwenderprogrammen ist von KRAUSE [Kra76] beschrieben worden. Ziel war die Trennung der Verwaltungsprogramme rechnerinterner Darstellungen von den Algorithmen des Modellierers COMPAC, weil auf der einen Seite die rechnerinternen Darstellungen auch anderen Programmpaketen zur Verfügung gestellt werden sollten, und man auf der anderen Seite unabhängig von der speziellen Art der Zugriffstechnik auf die Daten werden wollte. Die Schnittstelle des Systems COMPAC [SKM79] sollte so aufgebaut werden, daß alle Programme über eine aus mehreren Ebenen bestehende Schnittstellenhierarchie auf rechnerinterne Darstellungen zugreifen können.

3.3.1 Mögliche Ebenen einer CAD-Datenverwaltung

Um eine Trennung von CAD-Datenverwaltung und den Anwenderprogrammen zu erreichen, wurde eine Hierarchie von Programmschnittstellen vorgeschlagen. Hiermit soll erreicht werden, daß die Anwendungsprogrammierer keine Kenntnisse der internen Formate und Verkettungsarten in rechnerinternen Darstellungen mehr haben müssen, um mit Erfolg Dialogprogramme zu schreiben. Dabei sollen nur bekannte, aus der Anwendung kommende Begriffe bei der Spezifikation und Veränderung von Elementen und Elementbeziehungen (Relationen [Kra74]) benutzt werden. Die Ebene, die vom Anwender entkoppelt werden soll, ist die Ebene, auf der Datenfelder, Feldinhalte und Feldverknüpfungen mit Adreß- oder anderen Feld-zu-Feld-Zeigern (pointern) verwaltet werden.

Die Entkopplung der beiden Ebenen sollte durch eine dritte Ebene geschehen, auf der ausschließlich Elemente und Elementbeziehungen losgelöst von Anwendung und Verkettungstechnik kreiert und verändert werden. In Zusammenarbeit mit anderen Entwicklern von CAD-Systemen, die zu der Zeit bereits an den Konzepten für eine Ablösung ihrer CAD-Datenverwaltungen durch universelle Datenbankmanagementsysteme arbeiteten [End75,Gra77, BlFi78], wurden die einzelnen, durch die Programmschnittstellen repräsentierten Ebenen wie folgt benannt.

DIE EBENE DER INFORMATIONSSTRUKTUREN:

Die Ebene der Informationsstrukturen ist problemorientiert. Die Objekte und alle auf den Objekten ablaufenden Operationen sind, genauso wie die für sie benutzten Bezeichnungen, der Anwendung und der in der Anwendung bekannten Terminologie entnommen.

DIE EBENE DER DATENSTRUKTUREN:

Diese Ebene, auf der nur Elemente und Elementbeziehungen manipuliert werden, soll der Entkopplung der darüber- und der darunterliegenden Ebene dienen. Sie sollte später durch eine Datenmanipulationssprache eines universellen Datenbankmanagementsystems ersetzt werden, weil dies die höchste Ebene im Schnittstellenkonzept ist, bevor weiter oben die Anwendungsabhängigkeit einsetzt.

DIE EBENE DER SPEICHERUNGSSTRUKTUREN:

Auf dieser Ebene erfolgt die Realisierung der darüberliegenden Ebenen mit physischen Strukturen, die der eindimensionalen Erstreckung adressierbarer Hauptspeicher oder indizierbarer großer Datenfelder Rechnung trägt, wobei das Problem der unterschiedlichen Effizienzanforderungen an den Zugriff auf die gespeicherten Daten gelöst werden muß. Die in CAD und der graphischen Datenverarbeitung bekannten Techniken der Verknüpfung von Datenfeldern mit Zeigern oder Nummerverweisen sind z.B. von WILLIAMS [Wil71] zusammengestellt worden und zeigen große Überlappung mit den zu diesen Zwecken gesammelten Algorithmen und Strukturen von KNUTH [Knu69].

Unterhalb dieser Ebene wird meist die maschinensprachliche Ebene der Bits und der Betriebssysteme gesehen, die genutzt wird, um Datenpuffer ausreichender Größe zu realisieren [Kra74]. Aus dieser Vorstellung ist der Name "rechnerinterne Darstellung" entstanden. Mit dem Wort "rechnerintern" sollte von der konventionellen Darstellung technischer Objekte in Form von Zeichnungen, Schriftstücken und Bildern abgehoben werden. Es besagt nicht, daß die Darstellung im Hauptspeicher der Zentraleinheit gespeichert sein muß, auch wenn das aus Effizienzgründen immer der Fall sein sollte.

3.3.2 Die Ebene vorhandener Realisierungen

Datenverwaltungen in eingesetzten CAD-Systemen sind aus Effizienzgründen fast ausschließlich auf der Ebene der Speicherungsstrukturen realisiert. Auf dieser Ebene muß der eindimensionalen Erstreckung adressierbarer Datenspeicher oder indizierbarer Datenfelder einer Programmiersprache, wie z.B. FORTRAN, Rechnung getragen werden. Die theoretische Annahme geht dahin, daß die Felder ausreichend lang dimensioniert sind. Da das praktisch nicht der Fall ist, werden die damit verbundenen Probleme durch Strukturen gemildert, die ökonomisch mit dem Speicherplatz umgehen [Bar77]. Andere Systeme, wie z.B. COMPAC, weichen auf die Möglichkeiten virtueller Betriebssysteme von Großrechnern aus oder verwenden wie ROMULUS eine eigene untere Ebene, auf der virtuelle Systempuffer für die Daten einer rechnerinternen Darstellung auf allen Betriebssystemen bereitgestellt werden [AOS78].

Bis auf PROREN2, das zur Laufzeit die Daten eines Objektes in mehreren, nach Klassen getrennten FORTRAN-Feldern speichert, arbeiten die anderen Datenverwaltungssysteme alle Elemente eines technischen Objektes zur Zeit in einem einzigen Systempuffer ab. Die Auslagerung erfolgt als beschriftete Informationskonserve, bestehend aus einem Etikett und einem mehrere Datentransfereinheiten (Seiten, Blöcke) langen binären Inhalt. Erst nach dem Laden des Binärmusters in die Datenbereiche der CAD-Module wird die Information algorithmisch interpretierbar. Die anschauliche

Bezeichnung "Konserve" ist einer Rechneranwendung in der Touristik [Det79] entnommen. Eine Datenbank übernimmt, wenn nur so eingesetzt, eine rein passive Rolle als "Regal" beschrifteter Konserven. Die Operationen sind dann [Det79]:

- Generieren GEN,
- Öffnen OPEN,
- Schließen CLOSE,
- Bereitstellen GET und
- Wegstapeln PUT von Konserven.

Konserven können nur als Ganzes gelöscht (vernichtet) werden. Ein Beispiel dafür ist die geplante Anwendung von Datenbanken im Baustein Geometrie (Bild 3.14). Die Konserveninhalte sind rechnerinterne Darstellungen, die über einen Zwischenträger in einer Datenbank abgelegt werden. Das Etikett dürfte dem Zeichnungskopf entsprechen.

Wegen des von außen unzugänglichen Inhalts einer rechnerinternen Darstellung, können die für Datenverwaltungen typischen Grundoperationen wie Speichern, Auffinden, Ändern und Löschen nur auf die Daten des Etikettes der Konserve angesetzt werden. Der Einsatz von Datenbankmanagementsystemen einzig als Konservenregal ist ohne Vorteil gegenüber einer einfachen und mit den obigen Operationen gut entkoppelten Dateiverwaltung.

Die eigentlichen Zugriffstechniken zum Aufbau und zur Veränderung rechnerinterner Darstellungen sind nur auf den, in den Systempuffer geladenen Daten realisiert. Die Bausteine sind einzelne, physisch oder sequentiell adressierbare Datenfelder für jedes Element. Die Beziehungen zwischen den Elementen werden durch Adreß- oder Indizierungsverweise hergestellt. In den Verwaltungsalgorithmen ist der Ort ("hart") einprogrammiert, an dem der Verweis (Zeiger, Pointer) eines anderen Datenfeldes eingetragen ist. Das gleiche gilt für die eingetragenen Parameter (Ausnahme [AOS78]), falls das Problem der Separierung von Parametern aus einem Datenfeld nicht gleich dem Anwendungsprogrammierer überlassen wird [Gau77]. In bestehenden Systemen können mit der Zeit derart "wilde" Folgen von Zeigern und Datenfeldern entstehen (Beispiel [CaCu77]), daß die Strukturen zu einem schwer durchschaubaren "Datengestrüpp" [L-L79] entarten können (Bild 3.15).

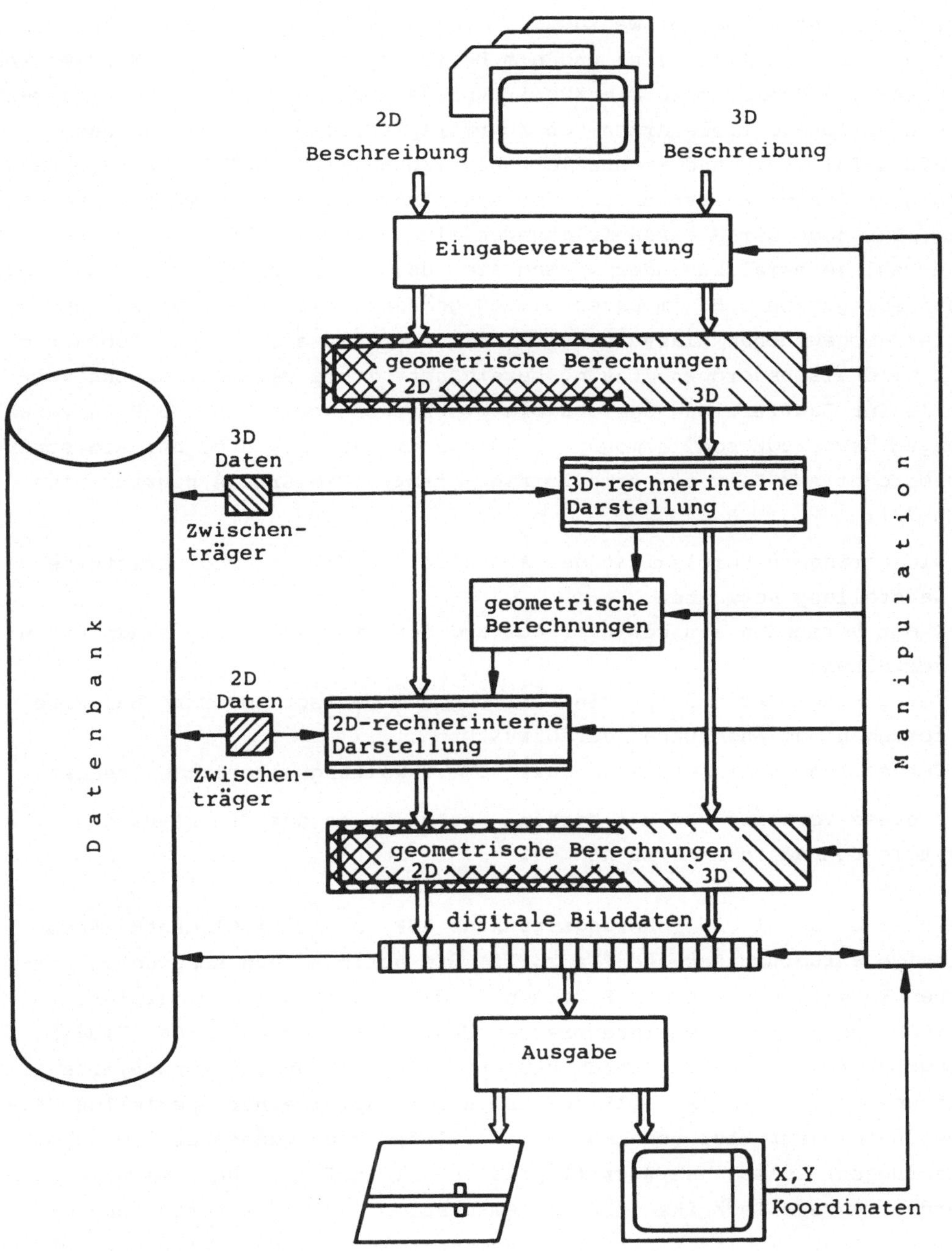

Bild 3.14: Die Datenbank als "Konservenregal" für rechnerinterne Darstellungen [SAGKLM77].

Durch Konzentration auf wenige der vielen Methoden zur physischen Realisierung nur von 1:1-, 1:n- und n:m-Beziehungen zwischen den Klassen kann ein wenig Systematik in die Zugriffspfade gebracht werden. Es gibt mehr als ausreichend viele Arten von Zugriffspfadtechniken, die je nach Anwendungsfall Vor- und Nachteile haben [Knu69,Wil71,GoTo70,Bac74,BlFi78]. Vom gewünschten Zeitverhalten der Anwendung aus gesehen wäre es notwendig, für jede der Klassenbeziehungen eine andere Technik zu wählen und die Wahl jedesmal zu ändern, wenn sich das Zugriffsverhalten wegen neuer Randbedingungen z.B. im Datenvolumen geändert hat. Die Realisierung einer vorgegebenen Klassenstruktur mit mehr als einer Zugriffspfadtechnik wird als heterogene Lösung bezeichnet. Trotz der anerkannten Vorteile für Laufzeit und Speicherplatzverbrauch werden in CAD-Datenverwaltungen bevorzugt sog. homogene Lösungen eingesetzt, d.h. nur Ringstrukturen oder nur Zeigerfelder (Pointer-Array). Die Gründe hierfür sind [Gau77]:

- Die geringere Komplexität der Algorithmen, die die rechnerinterne Darstellung verwalten.
- Damit verbunden ein geringer Aufwand der Programmierung einer Datenverwaltung.
- Der geringe Aufwand für Einarbeitung und Umprogrammierung bei Erweiterungen und Änderungen der Strukturen.
- Der geringe Speicherplatzbedarf der Verwaltungsalgorithmen selbst.

Für diese Vorteile war man bereit, Abstriche an der Effizienz des Systems COMPAC in Kauf zu nehmen.

Gewählt wurde die Speicherungsstruktur ASP (a ring-implemented Associative Structure Package [LaGr68]), die aufgrund von Absprachen zwischen Entwicklern von CAD-Systemen [End75] auch in dem Modellierer OLYKON [Bor77] und dem integrierten CAD/CAM-System PHILIKON [Blu74] eingeführt wurde. Wegen ihrer Bedeutung für das später konzipierte Datenbanksystem PHIDAS [BlFi78] und als Beispiel einer speziellen CAD-Speicherungsstruktur von hoher Flexibilität auch gegenüber logischen Änderungen, soll diese Zugriffspfadtechnik ausführlicher beschrieben werden. Andere Techniken der Implementation - wie die Verkettung mit Zeigerfeldern (Pointer-Array), eingesetzt in ROMULUS, BUILD oder RASGOT [GER78], Indexverweise zwischen sequentiell gespeicherten Listen wie in PROREN2 [Bar77] oder einfache Zeigerringe - werden nicht beschrieben, da sie Gemeingut sowohl bei der Verwaltung von CAD-Datenverwaltungen als auch bei der Implementation von Datenbankmanagementsystemen sind.

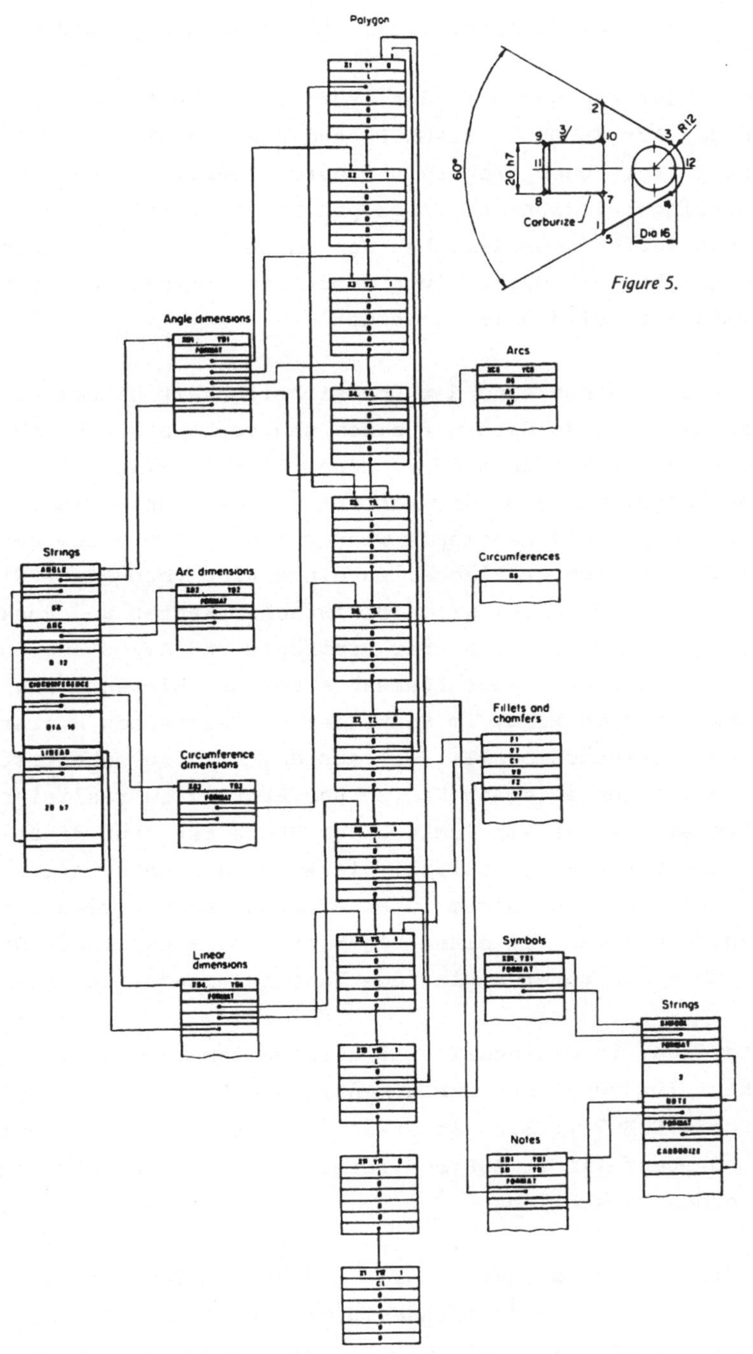

Bild 3.15: Beispiel einer "gewachsenen" Speicherungsstruktur für Zeichnungen.

3.3.3 Ein konkretes Beispiel einer CAD-Speicherungsstruktur

Die Bausteine der ASP-Speicherungsstruktur sind unterschiedliche Datenfelder von der Art ELEMENT, RINGKOPF und ASSOZIATOR. Die Felder sind in einem Systempuffer abgespeichert und durch Zugriffspfade, realisiert durch Zeigerringe, verbunden. Ringköpfe und Assoziatoren dienen zur Realisierung von Beziehungen zwischen den in den Elementen gespeicherten Daten. Zur graphischen Darstellung wurde eine Bildsprache entwickelt, die die Symbole in Bild 3.16 verwendet.

Die geschlossenen Ringe sind der Übersichtlichkeit halber nicht vollständig dargestellt, sondern mit einem senkrechten Strich abgebrochen. Alle Elemente einer Klasse sind zu einem Element-Ring zusammengefaßt. Die Element-Ringe, wie z.B. der Kanten- und der Punkt-Ring, beginnen mit einem Ringkopf. Die Ringköpfe wiederum sind mit einem gemeinsamen Element, z.B. dem Element Fläche, zu einem Ring verbunden. Die Beziehungen zwischen den Elementen, wie z.B. zwischen Kanten und Punkten, werden weitgehend durch Zugriffswege über Ringköpfe und Assoziatoren realisiert. Zu diesem Zweck besitzt jedes Element außer dem Element-Ring einen oberen und einen unteren Ring, im Sinne der geometrischen Hierarchie der Klassen eines Werkstückmodells. Wie aus dem Bild zu sehen ist, sind bestehende Beziehungen zwischen Kanten und Punkten so realisiert, daß jedes Punktelement, das ein Punkt einer Kante ist, für diese Kante einen Assoziator im oberen Ring besitzt. Die Assoziatoren zu allen Punkten e i n e r Kante sind wiederum in einem waagerecht verlaufenden Assoziativ-Ring, beginnend mit einem Ringkopf, zusammengefaßt. Der Ringkopf selbst ist über den unteren Ring des Kantenelementes zu erreichen.

Die vollständige, in einigen Installationen immer noch benutzte Speicherungsstruktur für zwei- und dreidimensionale Werkstücke zeigt Bild 3.17 [Blu74,OtSch76,BlBu77]. Sie ist etwas umfangreicher als die in COMPAC benutzte und ebenfalls in ASP realisierte Speicherungsstruktur einer rechnerinternen Darstellung.

Zu dieser Speicherungsstruktur wurde ein spezieller Satz von Operationen entwickelt und in Form von Assembler-Makros implementiert [Blu74]. Die Manipulationsbefehle sind um Sprachelemente einfachster algorithmischer Sprachen erweitert. Ein in dieser Sprache geschriebenes Programm enthält nur Aufrufe der Makrosprache und ist wegen der Vermeidung maschinenabhängiger Assemblerbefehle über Makroprozessoren, gegebenenfalls unter der Anwendung des boot strapping von Makrosprachen auf an-

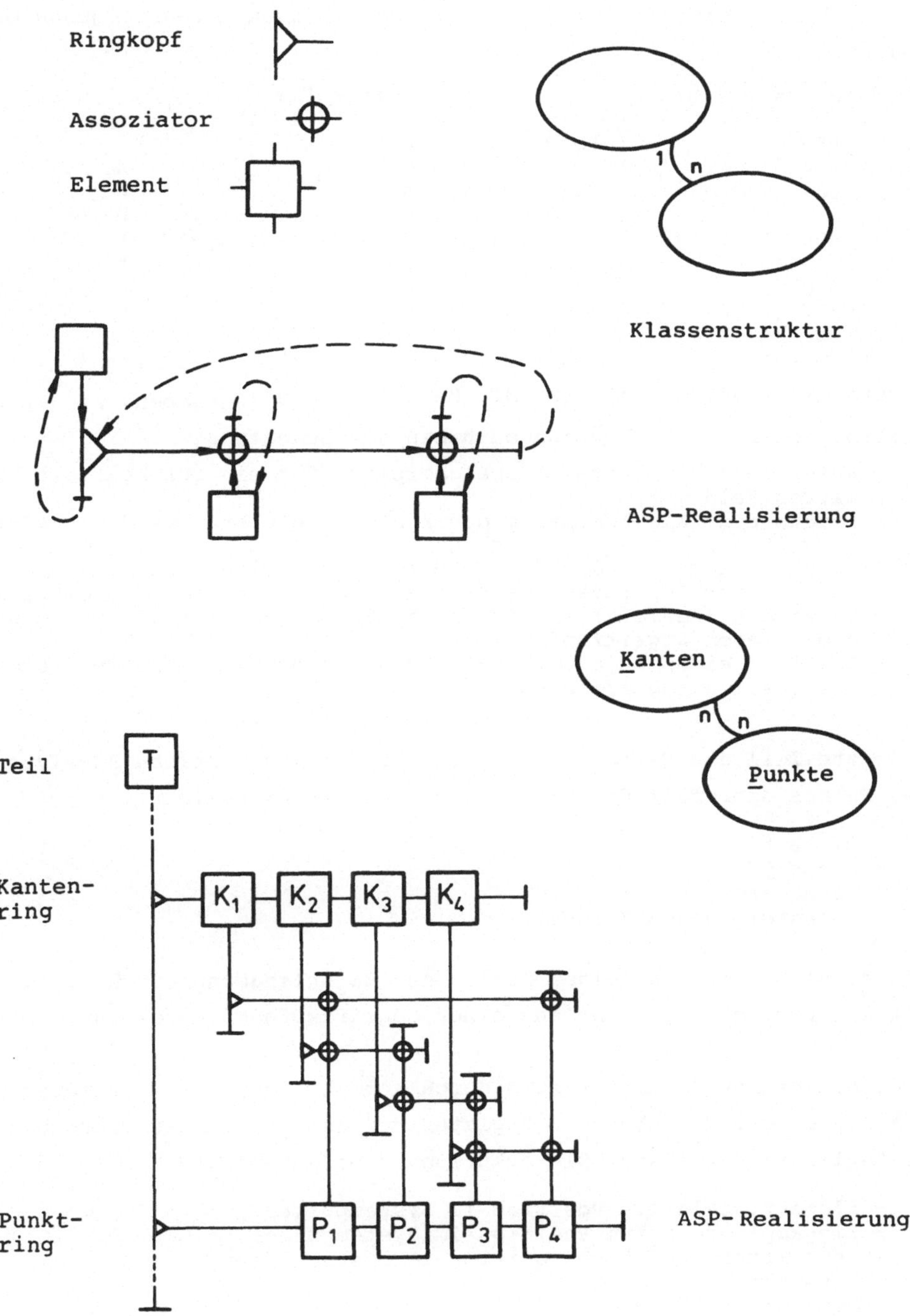

Bild 3.16: Bildsprache der ASP-Speicherungsstrukturen. Das Beispiel zeigt die Speicherung von vier Kanten und Punkten einer Rechteckfläche.

dere Maschinen portierbar [Bro74]. Die Operationen haben folgende Grobstruktur:

```
Name des Befehls                               Parameter
----------------                               ---------
 ( RES )             ( EL  )          E                           E
 ! --- !             !  -  !          R                           R
 ! LOS !             ! RI  !          A                           A
 ! --- !             !  -  !          D                           D
<  HOL  > /NEXT/ <  AS   >  /(/       K      /)/, ... , /(/      K   /)/
 ! --  !  -          !  -  !          t                           t
 ! ADD !             ! DAT !          M                           M
 !  -  !             ( ---)           L                           L
 ! ENTK!
 ( ----)
```

Im ersten Teil des Befehls ist die Befehlsgruppe angegeben, zu der die Operation gehört. Die Abkürzungen haben die Bedeutung:

RES - Reserviere einen freien Speicherplatz für ein zur Laufzeit kreiertes Feld.
LOS - Lösche ein Feld und melde den freien Speicherplatz der Freiraumverwaltung.
HOL - Hole die Adresse oder den Datenteil des Feldes. Die Adresse entspricht der relativen Position auf den Anfang des Systempuffers.
ADD - Verknüpfe (addiere) ein Feld mit einem anderen Feld über einen gemeinsamen Zugriffspfad.
ENTK - Entkette einen physischen Record aus einem mit anderen Elementen gemeinsamen Zugriffspfad.

Der letzte Teil des Befehlsnamens kennzeichnet, auf welche ASP-Typen eines Feldes oder Teil des Feldes sich der Befehl bezieht:

EL - Element
RI - Ringkopf
AS - Assoziator
DAT - Datenteil eines Feldes.

Befindet sich zwischen beiden Teilen des Befehlsnamens ein NEXT, so wird damit ein Fortschreiten entlang eines Zugriffspfades angezeigt.

Die nachstehenden Parameter sind durch Kommata getrennt. Parameter, die aus Effizienzgründen über ein Register der Zentraleinheit übergeben werden, fehlen in der Liste. Die Abkürzungen bedeuten:

E - Element, relative Position im Systempuffer
R - Ringkopf, relative Position im Systempuffer
A - Assoziator, relative Position im Systempuffer
D - Datenteil
k - Kennung des Feldes
t - geometrische Typ-Angabe
M - Sprung-Marke (z.B. für den Fehlerausgang)
L - Längenangabe.

Eine Operation, mit der zum Beispiel der gewünschte Ringkopf im unteren Ring eines Elements gesucht wird, ist der Befehl:

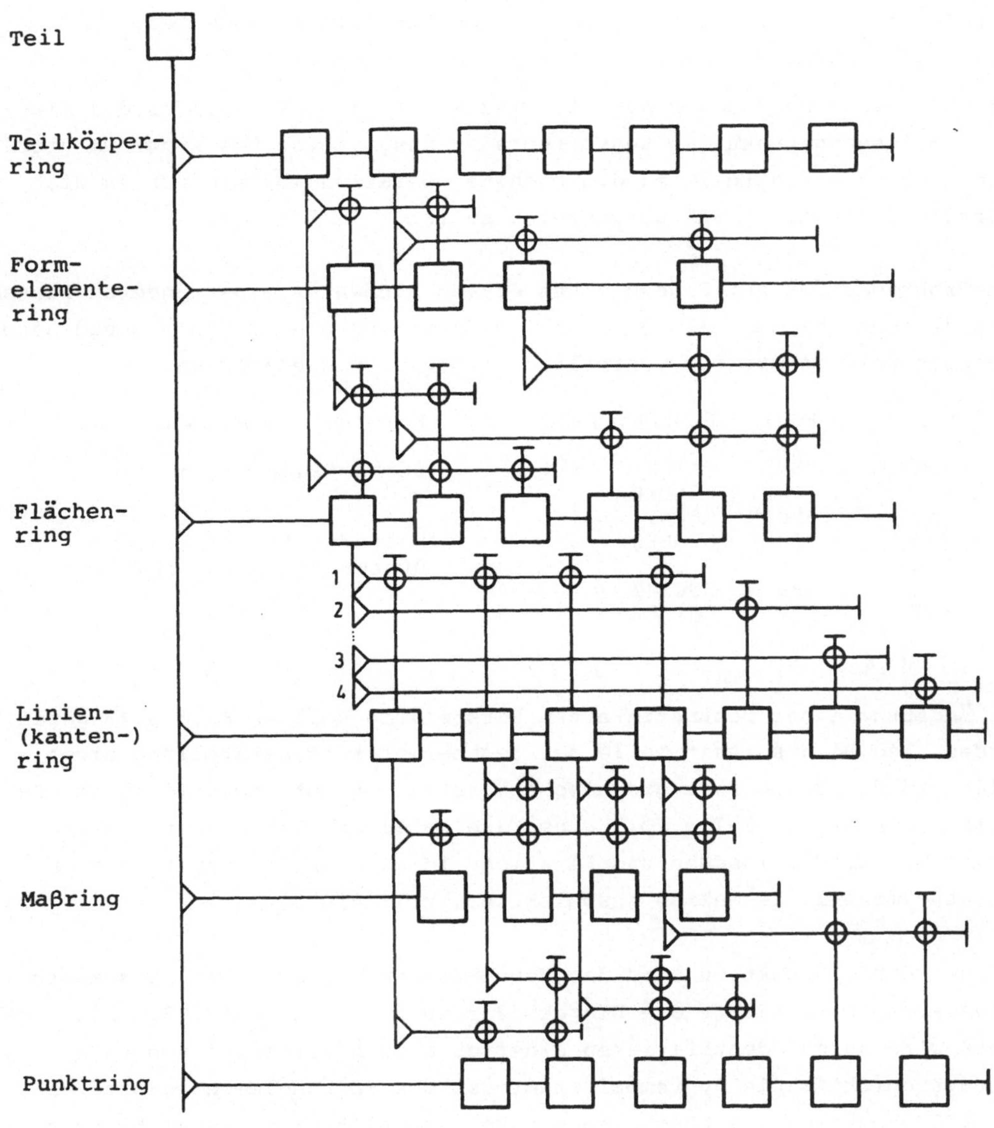

1 Außenkontur

2 Innenkontur 1

3 Innenkontur n

4 Spezialkontur (z.B. Bohrung)

Bild 3.17: ASP-Speicherungsstruktur für mechanische Werkstücke [Blu74].

Hole den nächsten Ringkopf im unteren Ring eines Elementes.

Aufruf: HONRI M,R

Gibt es keinen nächsten Ringkopf, wird statt eines Ringkopfes das Element am Ausgangspunkt des Zugriffspfades ausgegeben. Das Programm gibt dann nicht die Kontrolle an die nächste Operation ab, sondern an die Operation, die mit MARKE gekennzeichnet ist.

Ein Programmstück zum Finden eines ersten Elementes einer anderen Klasse, wenn zwischen beiden Klassen eine 1:n-Beziehung über Ringköpfe und Assoziatoren gespeichert ist, enthält die folgenden Operationen:

```
         HORI    FEHLER,(E-KL1)      Hole den 1. Ringkopf von

PRFKT    PRUR    FKTOK,FKTNAM        Suche Ringkopf für die
         HONRI   FEHLER
         SPRIN   PRFKT
FKTOK    HOLAS   FEHLER              Hole den 1. Assozistor
SUCHK2   HONA    ZIEL                Durchsuche Assoziator im
         SPRIN   SUCHK2
ZIEL     SPEI    (E-KL2)

FEHLER
```

Die Änderung einer rechnerinternen Darstellung soll an Bild 3.18 gezeigt werden. Das Bild enthält Teile der rechnerinternen Darstellung einer Welle und die zugehörige graphische Darstellung auf dem Bildschirm. Der linke Zylinder der Welle soll eine Fase erhalten. Fasen oder andere Formelemente, wie Taschen und Einstiche in eine Welle sind in diesem Werkstückmodell als Makros gespeichert [Kur71,Blu76].

Mit der CHOICE-Funktion wird das Menü-Wort FASE ausgewählt. Das ausführende Programm verlangt die Eingabe der zu fasenden Kante. Die richtige Kante wird durch Identifizieren einer graphisch dargestellten Kante "herausgepickt". Die Systempufferadresse des Kantenelementes wird von der PICK-Funktion wie beschrieben bereitgestellt. Von diesem Element wird entlang beschriebener Verkettungen zu dem Zylinder gegangen. Dem Zylinder wird ein modifizierendes Formelement zugeordnet. Zwei Flächen des Zylinders müssen geändert und eine neue Kegelfläche semantisch korrekt eingefügt und mit den anderen Flächen zu neuen gemeinsamen Konturen verschnitten werden. Die alte graphische Darstellung der linken Zylinderseite ist zu löschen und unter Wahrung der Projektionsgesetze technischer Zeichnungen mit neuen Bildsegmenten graphisch darzustellen. Die Namen der Bildsegmente müssen wieder mit den Systempufferadressen der entsprechenden Kanten der geänderten rechnerinternen Darstellung korrelieren.

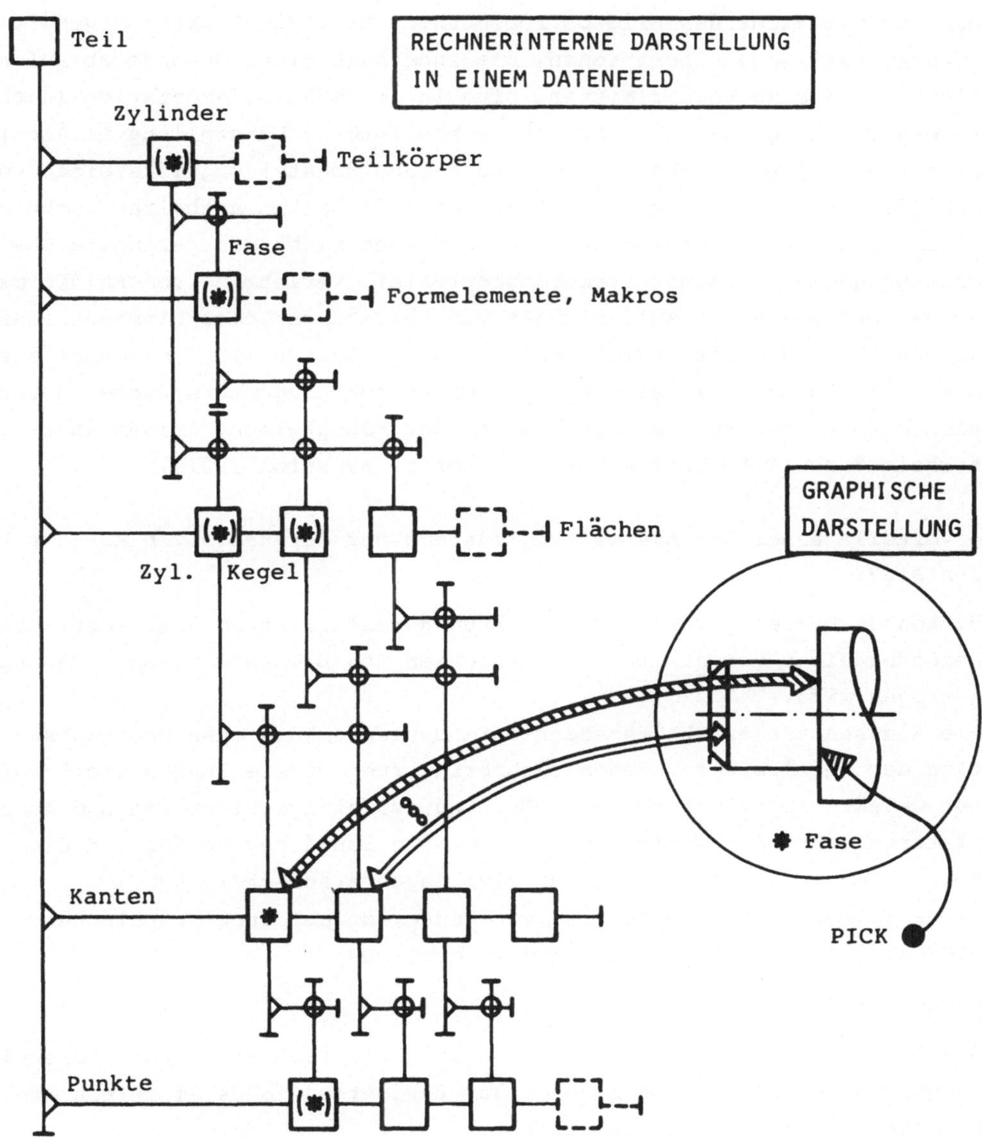

Bild 3.18: Der mit der PICK-Funktion genutzte Zusammenhang zwischen der graphischen Darstellung einer Welle und ihrer rechnerinternen Darstellung in ASP.

Diese aus der Sicht des Bildschirmbenutzers triviale Operation gehört zu den syntaktischen Operationen, die innerhalb einer Sekunde ablaufen sollten. Um das zu gewährleisten, sind in der ASP-Implementation (unter der Voraussetzung, daß die gesamte rechnerinterne Darstellung im Arbeitsspeicher des 16-Bit-Rechners gehalten werden konnte) Zugriffszeiten von 60 µs für HON. Befehle realisiert worden. Die Zeiten enthalten nicht den FORTRAN-Aufruf einer Operationsfolge und auch nicht die geringste Absicherung gegen einfachste Programmierfehler, Verletzung von Feldformaten oder Prüfungen der Zulässigkeit von Beziehungen oder Klassen eines Objektes. Trotzdem ist es interessant, diese Zeiten mit den schnellsten Operationen kommerziell eingesetzter Datenbankmanagementsysteme zu vergleichen. Datenbanksysteme haben zwar mehr Fähigkeiten, zeigen aber unterhalb 8 ms (FIND NEXT RECORD) keinerlei Reaktion [Ef79].

Die Vorteile eines Datenverwaltungssystems auf der Basis von ASP-Strukturen sind:

- Es können beliebig vernetzte Strukturen realisiert werden, wobei den Besonderheiten geometrischer Hierarchien von Elementklassen Rechnung getragen wird.
- Die Klassenstruktur bestehender Datenbestände kann ohne Reorganisation der bereits vorhandenen rechnerinternen Darstellungen archivierter Objekte erweitert werden. (Es sind nur einige Ringköpfe und Assoziatoren mehr oder weniger vorhanden. Die Länge der Felder und die Positionen innerhalb der Felder bleiben unverändert!)
- Jedes Element der Struktur ist von jedem, durch einen graphischen PICK bestimmten Ort der Struktur zu erreichen.

Die Nachteile sind:

- Die Integrität und die Integrationsfähigkeit rechnerinterner Darstellungen werden durch nichts außer der Perfektion jedes einzelnen Anwenderprogrammes "sichergestellt"!?
- Die Einfachverkettung aller Elemente einer Klasse führt bei vielen Elementen zu langen Einfügezeiten (Auffinden des Vorgängers). Das gilt besonders dann, wenn nur Teile einer umfangreichen rechnerinternen Darstellung im Systempuffer gehalten werden können.
- Der Speicherplatz, besonders die Ringköpfe betreffend, ist nicht gering.
- Es bestehen keine Möglichkeiten eines Zugriffs über anwendervergebene Schlüssel oder Werte einzelner Parameter, weil die interne Formatierung der Datenfelder nur dem Anwendungsprogrammierer bekannt ist, der das Element mit RES kreiert hat.

Hier zeigt sich sowohl die geringe Bedeutung dieser Art von Zugriff gegenüber der PICK-Funktion als auch eine Abhängigkeit der Anwenderprogramme von der willkürlichen und maschinenabhängigen Formatierung der Datenfelder.

3.3.4 Die Schnittstellen zwischen einem CAD-System und seiner Datenverwaltung

Die Programmierung von CAD-Systemen direkt auf den Zugriffsoperationen von Speicherungsstrukturen ist zur Zeit noch als Stand der Technik vermarkteter Systeme anzusehen. Damit sind die Anwenderprogramme nicht nur von dem vorgegebenen Werkstück- oder einem Produktmodell abhängig, sondern auch - und das ist unnötig - von der in einem frühen Stadium des Programmentwurfes gewählten Speicherungsstruktur. In der Datenbanktechnik wird das als physische, von der Art der Feldformate und der angelegten Zugriffspfade kommende Datenabhängigkeit der Programme bezeichnet. Änderungen der Programme auf eine andere Struktur - oder gar die Integration der Programme als Module in ein anderes System mit einer anderen Struktur - ist praktisch unmöglich.

Von KRAUSE [Kra74] wurde vorgeschlagen, einfache, problemorientierte Operationen zu einer Schnittstelle zwischen Datenverwaltung und Anwenderprogramm zusammenzufassen. Diese Schnittstelle markiert die Ebene der Informationsstrukturen und beinhaltet gleichzeitig die Möglichkeit, alle Prozeduren einer logischen Konsistenzprüfung an dieser Stelle zu konzentrieren. Ausschließlich anwendungsorientierte Prozeduren lassen sich mit unterschiedlichem Aufwand auf jeder der darunter liegenden Schnittstellen abbilden. Dieser Ansatz wurde außerhalb von COMPAC von einigen CAD-Entwicklern aufgegriffen [End75] und war eine Voraussetzung dafür, daß z.B. das System PHILIKON [Blu76] mehrere Wechsel der Hardware überlebt hat und schließlich, wie geplant, auf das Datenbankmanagementsystem umgestellt werden konnte, um das es in dieser Arbeit geht.

In späteren Arbeiten zu COMPAC wurde die Idee einer problemorientierten Schnittstelle nicht weiter verfolgt. Die Operationen der benutzten Schnittstelle beziehen sich auf die Datentypen Element und Element-Relation (Beziehung) und unstrukturierte Datenteile von Elementen als auch Element-Relationen [SAGKLM77]. Wie bei ASP üblich, können die Klassen und die Klassen-Relationen beliebig und ohne jede Kontrolle gegen eine verbindliche Klassenstruktur frei kreiert und gespeichert werden.

Dieser Schnittstelle kann angeblich jede Zugriffsstruktur unterlegt werden [Gau77]. Die Verwendung der gleichen Schnittstelle in RASGOT [GER78] scheint diese Aussage zu bestätigen. Die Zugriffspfade in RASGOT sind gegeneinander gerichtete Zeigerfelder (Pointer-Array in beide Richtungen, d.h. nicht nur zu einem Owner). Das gilt aber nur, solange entweder die abgesprochenen Klassenstrukturen von den Programmierern freiwillig eingehalten werden oder ausschließlich ASP oder ähnlich assoziative Speicherungsstrukturen benutzt werden; Strukturen, die wegen ihrer am Beispiel ASP gezeigten Flexibilität eine logische Änderung ohne Datenreorganisation verkraften.

Wegen der Beschränkung auf Einheitsstrukturen werden die Möglichkeiten der höheren Effizienz einer Speziallösung, gegenüber den nachfolgend beschriebenen universellen Lösungen, nicht voll ausgenutzt. Die mangelhafte Unabhängigkeit der Anwenderprogramme von den angebotenen Schnittstellen führt dann mit fortschreitender Programmierung zu einer untrennbaren Verkopplung eines CAD-Systems mit seiner "nun einmal bestehenden" Datenverwaltung.

4 EIGENSCHAFTEN UNIVERSELL EINSETZBARER DATENBANK-MANAGEMENTSYSTEME

Universell einsetzbare Datenbankmanagementsysteme entstanden aus den Dateiverwaltungssystemen kommerzieller Anwendungen. Die Verwaltung von Dateien ist heute ein fester Bestandteil von Betriebssystemen. In einer Datei werden Datenobjekte eines einzigen festen Formates mit einem einfachen Satz von Schreib-, Lese- und Löschoperationen verwaltet. Irgendwelche logischen Zusammenhänge zwischen den Daten verschiedener Dateien sind nur den Anwenderprogrammen, nicht aber einer Dateiverwaltung bekannt. Für jeden zu bearbeitenden Aspekt eines Programmes gibt es eine eigene Datei. In vielen Systemen entstand bald eine über alle Anwendermodule verstreute, große Anzahl von Dateien mit teilweise duplikaten aber unterschiedlich formatierten Daten zu den gleichen Tatbeständen. Die Pflege solcher Datenbestände und der auf ihnen laufenden Anwenderprogramme gestaltet sich zunehmend schwieriger. Auch in Zusammenhang mit diesem Problem sprach man von einer Software-Krise, die zu ihrer Behebung neuer Methoden der Programmierung bedurfte.

Um die Verwaltung großer Datenbestände beherrschbar zu machen, wurden alle Datenobjekte zu einer einzigen Datenbank zusammengefaßt. Redundanzen im integrierten Datenbestand werden dadurch vermieden, daß man die Daten nicht für jeden Aspekt dupliziert, sondern nur noch solche Datenobjekte in die Datenbank aufnimmt, die einem verbindlichen Konzept eines für die ganze Anwendung grundlegenden Datenbankentwurfes entsprechen. Zusätzlich werden logische Beziehungen zwischen allen in der Datenbank zu speichernden Klassen von Datenobjekten definiert, die es dann zur Laufzeit eines jeden Moduls erlauben, den augenblicklich relevanten Informationsaspekt aus den vorhandenen Objekten und Beziehungen zusammenzustellen. Die Integration aller die Datenbank nutzenden Module der Anwendung ist eine zwangsläufige Folge des Zugriffs auf gemeinsame Datenbestände. Durch die gemeinsame Nutzung entstehen zwar wieder Probleme, die aber aufgewogen werden durch die vereinfachte Pflege eines an einem Ort zusammengefaßten Datenbestandes, durch Vermeidung ungewollter Duplikate und die erweiterte Nutzung bereits vorhandener, wohl definierter Datenbestände für weitere Anwendungen.

Die Zentralisierung von Daten in einer Datenbank war von der Entwicklung besserer Methoden zur Definition und Verarbeitung von Daten begleitet. Entstanden sind komfortable Sprachen, die von anwendungsunabhängigen Verwaltungssystemen für eine Datenbank angeboten werden. Diese Verwaltungsprogramme werden in kommerziellen Anwendungen Datenbankmanagementsysteme (data base management systems; DBMS) genannt. Die Information über die von der Anwendung abhängige Art der Datenbank wird von den Verwaltungsprogrammen separiert. Sie muß von jedem, der ein Datenbankmanagementsystem einsetzt, in einem gesonderten Datenkatalog (data dictionary) bereitgestellt werden. Der Datenkatalog enthält die Beschreibung aller Klassen von Datenobjekten (entity types) und die Beziehungen zwischen den Klassen (relationship types), die der rechnerunterstützten Administration durch das System unterliegen sollen. Die Katalogeingabe erfolgt mit Beschreibungssprachen (data description languages; DDL). Erst danach können die Ausprägungen ausschließlich der definierten Klassenstrukturen in der Datenbank abgelegt werden. Alle Operationen auf die Objekte und Beziehungen zwischen den Objekten sind in der Datenmanipulationssprache (data manipulation language; DML) eines Datenbankmanagementsystems zusammengefaßt. Man unterscheidet zwischen Sprachen, die in bekannten Programmiersprachen eingebettet sind (host languages) und selbständigen Datenbankanfragesprachen (query languages).

Sind die Datenbank, das Datenbankmanagementsystem und ein die Datenbank definierender Datenkatalog auf einer Rechnerkonfiguration installiert, spricht man von einem D a t e n b a n k s y s t e m . Im normalen Sprachgebrauch wird die Trennung zwischen Datenbank, Datenbankmanagementsystem und Datenbanksystem nicht immer vorgenommen, weil aus dem Zusammenhang klar wird, was gemeint ist.

Datenbanksysteme sind ihrerseits Bestandteile weit umfassenderer integrierter Informationssysteme für zentrale aber auch geographisch verstreute, kommerziell-administrative Aufgaben. Beispiele sind die Fahrkartenbuchung, die zentrale Personal- und Finanzadministration eines Unternehmens oder die zentrale Überwachung einer Fabrik mit einem Fertigungsinformationssystem. Das letzte Beispiel ist anhand seiner Klassenstruktur bereits in Bild 3.13 vorgestellt worden.

Über Datenbankmanagementsysteme existiert inzwischen gute ein- und weiterführende Literatur. Statt einer anwendungsunabhängigen Einführung sei auf SCHLAGETER/STUCKY [ScSt77], ULLMAN [Ull80] und DATE [Dat81] über Datenbankmanagementsysteme, LOCKEMANN/MAYR [LoMa78] über allgemeine Aspekte und Beispiele zu rechnerunterstützten Informationssystemen und auf HÄRDER [Här78] und REUTER [Reu81] über die Techniken der Implementation von Datenbankmanagementsystemen verwiesen. Eine der wenigen neutralen Übersichten und eine umfangreiche Literatursammlung über die für die Datenbankforschung wichtigen ersten Jahre nach 1970 [Cod70,DBTG71] ist bei BLASER/SCHMUTZ [BlScm75] zu finden. Alle seitdem geleistete Arbeit haben die professionelle Entwicklung großer kommerzieller Anwendungen von Rechnern um ein weiteres Stück vorangebracht [Cod82].

Zwischen den Datenverwaltungssystemen in CAD-Anwendungen und Datenbankmanagementsystemen bestehen Gemeinsamkeiten sowohl in mehreren theoretischen Konzepten als auch in den einzelnen Techniken, die zu ihrer Implementation eingesetzt werden. Dies soll noch einmal gesagt werden, bevor durch die Auflistung der Unterschiede der nicht beabsichtigte Eindruck einer absoluten Unverträglichkeit beider Datenbankanwendungen entsteht. Die Gemeinsamkeiten werden eher noch zunehmen, denn auch im traditionellen Einsatzbereich von Datenbankmanagementsystemen ist das Auftreten erster graphischer Peripheriegeräte zu beobachten [Wil74,DoSt75, Hero79,Sen78]. Insbesondere hat die zuletzt zitierte Arbeit von SENKO über FORAL LP, eine Datenbankanfragesprache mit interaktivem graphischen Bildschirm und Lichtgriffel (light pen), durch die Gemeinsamkeit des Datenbankzugriffes und einer damit verbundenen Technik der Namensgebung zwangsläufig Parallelen zur Nutzung von Datenbanken in CAD-Anwendungen.

4.1 Beurteilung von Datenbankmanagementsystemen für den Einsatz in CAD-Arbeitsplätzen

Der Wert eines Datenbankmanagementsystems wird von CAD-Systementwicklern zwangsläufig mit etwas anderen Augen beurteilt, als man das von kommerziellen Anwendungen her gewohnt ist. Inwieweit die zuvor beschriebenen Anforderungen und Wünsche der CAD-Anwendungen an diese Systeme bereits erfüllt sind oder nicht, soll an den Hauptthemen der Datenverwaltung aufgezeigt werden.

a) Selbstdokumentierende Beschreibung der wirklich in einer Datenbank verwalteten Objekte und Objekt-Beziehungen

Weil ein Datenbanksystem zur Erfüllung seiner Aufgaben einen Datenkatalog haben muß, ist eine "Datenbankadministrator" genannte Person gezwungen, die Struktur der Daten für eine Anwendung mit den dafür vorgegebenen Datenkonstrukten einer Datenbeschreibungssprache zu erfassen und vor Beginn der Anwendungsprogrammierung festzulegen.

Beschreibungssprachen zur Dokumentation von Datenbeständen und ihrer Verwendung sind teilweise unabhängig von Datenbanksystemen entstanden. Sie dienten der Übersicht über einen, auf viele Dateien verstreuten und von vielen Anwenderprogrammen verwalteten Datenbestand. Mit einem Datenbankmanagementsystem wird die Integrität zwischen der bislang - und in CAD-Anwendungen noch heute - unabhängig bestehenden Datenbeschreibung als Dokumentation und der wirklich programmierten Datenverwaltung erzwungen. Außerdem besteht durch die einfache Tatsache, daß die Daten einer Anwendung vor Beginn der Programmierung beschrieben sein müssen, der Zwang, vor der Programmierphase eine Konzeptphase einzuhalten. Diese Vorgehensweise gehört eigentlich zu den Selbstverständlichkeiten ingenieurmäßiger Programmentwicklung.

Gegen die vorgezogene Datenbeschreibung werden zwei Argumente immer wieder vorgetragen:

- In CAD-Anwendungen werden Gegenstände erst erfunden und nicht vorhandene verwaltet.
- Eine Struktur unbekannter Objekte kann man nicht vorab definieren.

Wie aber gezeigt, existieren bereits viele bewährte Klassenstrukturen von Produktmodellen in den CAD-Systemen vieler Ingenieurdisziplinen. Eher fehlen Hilfsmittel, die die Übereinstimmung der vielen Produktmodelle mit ihren Klassenstrukturen garantieren. Hinter der Kritik steht eine zur Zeit noch utopische, aber in ihrer Zielrichtung sinnvolle Vorstellung eines Einsatzes von CAD-Arbeitsplätzen zur automatischen Funktionsfindung und Umsetzung in eine produzierbare Gestalt. Wie das, außer in einer eingeschränkten Variantenkonstruktion, geschehen soll, und wie dann die unerwarteten Ergebnisse von dem nächsten Dialogschritt oder Fertigungsprogramm verstanden werden sollen, ist noch mehr als unklar.

Ein Nachteil ist die gelegentlich empfundene Überdisziplinierung in den Sonderfällen einfacher Tabellenverwaltung und Verwendung lokaler Zwischenstrukturen für temporäre, nicht zur rechnerinternen Darstellung zählende Hilfsstrukturen abgeschlossener Algorithmen. Datenbanksysteme, auch lokale, sind nur bedingt geeignet, die speziellen Mängel von FORTRAN (keine variabel langen Datenfelder, keine strukturierten Datenobjekte) gegenüber Algol68 oder PASCAL abzustellen.

b) Logisch konsistente Bereitstellung aller Unternehmensdaten

Das Argument betrifft hauptsächlich die in kommerziellen Anwendungen auf vielen recht ähnlichen Dateien anzutreffende Zersplitterung sowie die damit einhergehende Redundanz von Daten zu gleichen Tatbeständen. Konzeptionell noch von der alten Lochkarten- und Bandtradition kommend, ist pro Datei eine Satzart gespeichert. Sollte ein anderer, durch mehrere Dateien beschriebener Zusammenhang bearbeitet werden, mußte eine neue Datei zusammengestellt werden. In den Anfängen der Datenverarbeitung besorgten das die Kartenmischer, die aus zwei Kartenstapeln einen dritten herstellten. Der konnte dann in tabellarischer Form auf einem Drucker ausgegeben werden. Inzwischen hat sich in Dateiverwaltungen nur das Medium geändert.

In Datenbanksystemen werden alle Tatsachen, soweit es nicht anders gewünscht ist, nur einmal inklusive ihrer natürlichen Beziehungen zueinander gespeichert. Die I n t e g r i t ä t der Formate und Verkettungen wird vom Datenbanksystem nach Angaben über zulässige Klassen und ihre Beziehungen zueinander - entsprechend den Eintragungen im Datenkatalog - sichergestellt.

Die Übereinstimmung der Daten mit der Teilwelt des Unternehmens über die Einhaltung einer Klassenstruktur hinaus, soll von der Integrität ("kleine Konsistenz") abhebend K o n s i s t e n z genannt werden. Die Konsistenz wird vom Datenbanksystem nur durch die Möglichkeit der nicht unterbrechbaren Zusammenfassung von Operationsfolgen eines Anwenderprogramms unterstützt. Nicht unterbrechbare Operationsfolgen von Datenmanipulationsbefehlen werden T r a n s a k t i o n genannt. Die wirkliche Konsistenz wird dann aber durch die von einem Anwendungsprogrammierer geschriebene Transaktion und nicht durch das Datenbanksystem garantiert, es sei denn, die in der Datenbeschreibung des Kataloges angegebenen sog. D a t e n b a n k p r o z e d u r e n übernehmen, abhängig von einer vorausgesetzten Konstellation der Datenbank, "geisterartig" die Wiederherstellung der Konsistenz.

Konsistenzprüfungen sind in CAD-Systemen typische Abschlußprüfungen. Eine Integritätsprüfung ist dagegen immer notwendig, weil der nächste, nicht im voraus bekannte Dialogschritt die Integrität der rechnerinternen Darstellung entsprechend den abgesprochenen Strukturen voraussetzen muß [EaLa81]. Da die Integrität durch das Datenbanksystem erzwungen wird, beinhaltet jeder Test eines Dialogschrittes gleichzeitig einen Integrationstest mit anderen Bausteinen eines integrierten CAD-Systems. Von der Projektleitung muß nur noch der Dialog am Bildschirm, nicht aber die Integrierbarkeit des geschriebenen Programms abgenommen werden.

c) Logische und physische Datenunabhängigkeit

Darunter wird die Unabhängigkeit der Programme von den benutzten Daten verstanden. Zur Vermeidung der Kostenexplosion in Programmierung und Programmwartung ist die Datenunabhängigkeit der Punkt überhaupt, mit dem der Einsatz von Datenbanksystemen motiviert wird. Unterschieden wird zwischen der logischen und der physischen Datenunabhängigkeit.

Unter *logischer Datenunabhängigkeit* versteht man eine gewisse Immunität eines Anwenderprogramms gegenüber Änderungen am Informationsbedarf, die durch die modifizierte Aufgabenstellung eines am globalen Datenbestand partizipierenden (anderen) Anwenderprogramms verursacht wurden. Die Entkopplung der Anwender wird von Datenbankmanagementsystemen durch eine entsprechende Architektur realisiert. Für jeden Anwender wird nur ein minimal notwendiger Ausschnitt aus der Datenbank (view, externes Schema, Subschema) bereitgestellt. Änderungen, die diesen Anwender nicht betreffen oder in der Abbildung zwischen den Strukturen der zentraleren Datenbeschreibung und dem bereitgestellten Ausschnitt vom Datenbanksystem abgefangen werden können, führen nicht mehr zu Programmänderungen.

Der logischen Datenunabhängigkeit sind jedoch Grenzen gesetzt. Eine während der Entwicklung von CAD-Systemen häufige Änderung der Beziehungen von 1:m in n:m ist so fundamental, daß sogar der Ablauf von Dialogen geändert werden muß, um die evtl. notwendige 1-aus-n-Entscheidung vom Bildschirmbenutzer anzufordern. Die Chance, von einer Änderung nicht betroffen zu sein, ist bei der Änderung rechnerinterner Darstellungen sehr gering, da meist die ganze Werkstückstruktur für eine konsistente Modifikation unter allen Randbedingungen ohne Abstriche benötigt wird. Die Freiheit aber, die bleibt, ist die Freiheit in der Auswahl von Parametern, der Typbindung der Parameterwerte und die Freiheit der Namensgebung für Klassen, Klassenbeziehungen und Parameter. Diese Freiheit ist nicht zu erzielen, wenn die Zerlegung von Datenteilen in sinnvolle Parameter den Anwendungsprogrammen überlassen wird.

Die *physische Datenunabhängigkeit* ist die Unabhängigkeit der Anwenderprogramme von Änderungen der implementierten Zugriffsmethoden und der Packung von Datenmengen auf Datenträgern mit unterschiedlichen Eigenschaften zum Zweck einer Laufzeitoptimierung. Den Programmen sind nur noch die in der Datenbeschreibung vorkommenden Klassenstrukturen bekannt, nicht aber ihre Implementation auf Puffern oder Dateien mit Feldern, Zeigern (Pointern, Referenzen, identifizierende Schlüssel) oder z.B. Ringstrukturen.

CAD-Module ohne anwendungsorientierte Schnittstelle zwischen Anwenderprogramm und Datenverwaltung lassen sich wegen der vielen, sich durch das ganze Programm ziehenden Annahmen über die physischen "Niederungen" der Implementation einer eigenen Datenverwaltung nicht mehr auf andere Strukturen umstellen. Auf ihre Integration in ein größeres CAD-System muß verzichtet werden. Wächst das CAD-System eines Tages aus seiner zu klein geschnittenen Datenverwaltung heraus, sind auch die auf dem alten Datenverwaltungssystem laufenden Anwenderprogramme wertlos geworden.

Physische Datenunabhängigkeit kann zwar auch mit Schnittstellen-Hierarchien erzeugt werden, indem man die Operationen einer problemorientierten Ebene (heute Abstrakte Datentypen genannt) direkt auf den Zugriffstechniken einer Einheitsstruktur wie ASP implementiert [Blu74, End75]. Die Flexibilität durch Umprogrammierung der Abbildung ist jedoch gelegentlich durch unzureichende Dokumentation der Abbildung beschränkt, und für Versuche mit alternativen physischen Strukturen wird nur in gravierenden Notfällen Programmierkapazität aus anderen Teilprojekten bereitgestellt.

d) Verlagerung der Laufzeitoptimierung von Anwenderprogrammen auf das Datenbankmanagementsystem

Eine zwangsläufige Folge der physischen Datenunabhängigkeit ist die Verlagerung von Implementationsentscheidungen von der Anwendungsprogrammierung in ein Datenbankmanagementsystem.

Die Effizienz des Datenbanksystems kann aber auch auf der physischen Ebene durch Setzen anwendungstypischer Parameter im Datenkatalog - innerhalb der durch die Implementation vorgegebenen Grenzen - optimiert werden. Es können wieder ohne Schwierigkeiten heterogene statt der bisherigen homogenen Speicherungsstrukturen für eine Realisierung ausgewählt werden. Laufzeitnachteile gegenüber Spezialsystemen können auf diese Art ausgeglichen werden. Längere Laufzeiten von Datenbanksystemen gegenüber Speziallösungen sind hauptsächlich der Interpretation des Datenkataloges [Sche74] und einer zusätzlichen Integritätskontrolle zuzuschreiben.

Das setzt natürlich voraus, daß von einem Datenbankmanagementsystem alle notwendigen Strukturvarianten von Zugriffspfaden und Alternativen einer anwendungsoptimalen Packung (Clusterbildung) von Daten auch angeboten werden. C l u s t e r b i l d u n g ist eine Technik der Zugriffsoptimierung. Das bessere Zugriffsverhalten wird mit der physischen Packung logisch zusammengehöriger Daten auf einem gemeinsamen Speichermedium erreicht [Här78]. Nur dadurch, daß Zugriffswege mit großer Sicherheit nicht die Grenzen von (logischen) Speichermedien überschreiten, kann eine schnelle Navigation zu den Daten sichergestellt werden.

Nicht bei den Alternativen im Angebot möglicher Zugriffstechniken, sondern in der für CAD-Anwendungen falschen Clusterung von Daten liegt eine der Hauptursachen dafür, daß die bisherigen Datenbankmanagementsysteme für CAD-Anwendungen nicht einsetzbar sind! Datenbanksysteme für CAD-Arbeitsplätze müssen hier grundsätzlich andere Wege gehen.

e) Rechnerunterstützung bei der Änderung bestehender Datenbankentwürfe

Die Ausrichtung bestehender großer Datenbestände auf neue Erfordernisse des Unternehmens ist in der kommerziellen Datenverarbeitung eine nicht einfache, aber im Rahmen der normalen Datenbankwartung zu lösende Aufgabe.

Das Problem liegt darin, daß nach jeder Änderung der physischen und logischen Strukturen lediglich wieder von Null mit einem Datenbankmanagementsystem angefangen werden kann. Die bestehenden Datenbestände sind alle nach den alten Strukturen abgelegt und können deshalb nur noch zusammen mit dem alten Datenkatalog gelesen werden. Die Anpassung des alten Datenbestandes an den neuen Datenkatalog bedeutet eine R e - o r g a n i s a t i o n des ganzen Datenbestandes. Die Daten werden mit dem alten Katalog auf Zwischenträger ausgelesen und mit dem neuen Katalog wieder eingelesen. Wegen der Komplexität möglicher Datenkonvertierungen [Che77,Fry81] ist Datenkonvertierung zu einem Spezialgebiet der Datenbanktechnik geworden. Ein Beispiel ist das kataloggesteuerte Programm CONVERT [SHL75].

Heutige CAD-Aktivitäten beschränken sich auf erste Austauschversuche von technischen Zeichnungen mechanischer Werkstücke und Schaltkreise [NBK80] oder von Bildern [GKS82]. Wie bei den CAD-Datenverwaltungen sind beides wieder anwendungsabhängige Speziallösungen. Der Zusammenhang mit der Reorganisation von Datenstrukturen und der Kommunikation zwischen Datenbanksystemen wurde von den Entwicklern nicht beachtet. Ein Lernen von Techniken der verteilten oder vernetzten Datenbanken setzt aber erst einmal voraus, daß kataloggesteuerte Datenbanksysteme für graphische CAD-Arbeitsplätze einsetzbar werden.

f) Konkurrierende Nutzung eines aktuellen Datenbestandes durch viele Anwender

Von einem Datenbanksystem müssen fast gleichzeitig die Informationswünsche sehr vieler Anwender aus der gemeinsamen Datenbank befriedigt werden. Die Aktualität der Daten, der Grad ihrer Verfügbarkeit und die Sicherheit gegen Verlust ist ein Hauptmotiv für den Einsatz von Datenbanksystemen zur Unternehmenslenkung. Die für CAD-Anwendungen wichtigeren Fragen der Datenunabhängigkeit treten dagegen deutlich zurück.

Die mit dem konkurrierenden Zugriff bei gesicherter Integrität verbundenen Techniken werden je nach der Feinheit der Sperren (locking) zunehmend aufwendiger. Das Sperren von Datenobjekten erfolgt in zwei Schritten: Belegen und Aufheben (two-phase lock). Während des Ablaufs der Transaktion müssen alle Änderungen so protokolliert werden (logging), daß bei "Absturz" des Datenbanksystems oder Verklemmung der Sperren das gesamte Datenbanksystem wieder hochgefahren werden kann (recovery). Alle vollständigen Transaktionen werden dann vom letzten Sicherungspunkt ausgehend wiederholt (redo), und Änderungen aller unterbrochenen oder "verklemmten" Transaktionen werden vollständig zurückgenommen (undo).

An einem CAD-Arbeitsplatz arbeitet, auch wenn der Platz an einem Datennetz hängt oder das System mehr als einen Bildschirm besitzt, immer nur ein Benutzer an einer oder wenigen konstruktiv zusammenhängenden rechnerinternen Darstellungen von Objekten. Es muß lediglich verhindert werden, daß ihm die Daten vor der Freigabe von einem anderen Anwender oder einem ungeeigneten Verklemmungsalgorithmus zerstört werden, weil ein anderer Benutzer im Dialog auf ein von ihm gesperrtes Archiv zugegriffen hat ohne "anzuklopfen". Hier lassen sich mit gemischten Techniken aus Datenbanksystemen und graphischen Dialogverwaltungen bessere Ergebnisse erzielen, die ebenfalls sicher sind, ohne die Laufzeit zu verlängern.

g) Datenschutzmechanismen

Unter Datenschutz versteht man den Schutz vor Mißbrauch und Weitergabe privater Daten (privacy) z.B. aus Personaldatenbanken. Technische Objekte haben in diesem Sinn kein Privatleben, und auch die Forderungen nach einem Schutz von Firmengeheimnissen spielen zumindest in einem werkseigenen Datennetz keine Rolle. Wichtiger ist dagegen die Einhaltung von werksabhängigen Freigabeprozeduren für neue Produkte. Je nach Grad der Freigabe oder Verwendung in einer Kette von CAD-Aktivitäten müssen Möglichkeiten der getrennten Archivierung von rechnerinternen Darstellungen mit unterschiedlichen Schutzklassen vorgesehen werden.

Es ist die Aufgabe eines jeden Entwicklers von Standard-Programmen, für solche Eigenschaften eine optimale Implementation zu finden, die zu den Hauptmotiven des Einsatzes dieser Programme gehören. Daraus ergibt sich eine auch von Nachfrage und Marktlücken diktierte Abkehr von der nicht gleich optimal einzuhaltenden Universalität eines Datenbankmanagementsystems. Auf folgende Schwerpunkte unterschiedlicher Implementationsentscheidungen bei der Entwicklung eines Datenbanksystems für CAD-Arbeitsplätze wird deshalb gesondert eingegangen:

- Auf das Datenmodell als Grundkonzept eines anwendungsgerechten und doch von der Anwendung unabhängigen Datenbanksystems.
- Auf die Software-Architektur des Datenbanksystems, mit deren Wahl die Fragen der Datenunabhängigkeit, Flexibilität und Effizienz gleichermaßen vorweggenommen werden.
- Auf Speicherungsstrukturen zur Lösung der in CAD herausragenden Zugriffszeitprobleme.
- Auf die unter den gegebenen Randbedingungen effizienter, interaktiver graphischer Dialoge noch verbleibenden Möglichkeiten der Integritätserhaltung bei Verklemmungen oder Maschinenausfällen.

4.2 Modelle für die Definition und Manipulation von Daten

Die Menge der in einer Datenbeschreibungssprache DDL angebotenen Konstrukte zum Aufbau eines Datenkataloges, inklusive der auf die Konstrukte in ihrer Wirksamkeit festgelegten Operationen einer Datenmanipulationssprache DML, legen ein D a t e n m o d e l l fest. Das Datenmodell ist das oberste Konzept, nach dem Datenbankmanagementsysteme implementiert sind. Die Konstrukte der DDL sind sprachliche Beschreibungsmittel für Objektklassen und ihre Beziehungen untereinander. Mit den Datenmodellen verwandt sind konzeptionelle Erweiterungen der Datenmodelle, die Semantischen Modelle. Der Unterschied zwischen beiden ist in der Zielsetzung zu sehen.

S e m a n t i s c h e M o d e l l e

[Abr74,Che76,Fal75,Fal76,HWY79,HaMcL80,GrEi81] werden nach dem Grad der Erfassung komplizierter Informationszusammenhänge in ihrer "richtigen" Bedeutung (Semantik) bewertet. Zusätzlich muß ein Abbildungsalgorithmus auf die Konstrukte implementierter Datenmodelle angegeben sein. Eine in ihren Auswirkungen spezifizierte Datenmanipulationssprache, wie z.B. beim Functional Dependency Model [HWY79], gehört zu den Ausnahmen und rückt das Modell in den Bereich der implementierbaren Datenmodelle. Zum anderen wurden graphische Notationen von Datenmodellen, wie z.B. das Bachman-Diagramm, in vielen CAD-Systemen wie ein Semantisches Modell zur Dokumentation des eigenen Datenverwaltungssystems eingesetzt [Blu76, East78].

D a t e n m o d e l l e

werden dagegen an der Implementierbarkeit und dem resultierenden Verhalten der implementierten Datenbankmanagementsysteme gemessen. Ein Datenmodell allein nach der Eleganz des Abbildungsalgorithmus zwischen Semantischem Modell und Datenmodell zu beurteilen [Eig80], wird sich kein Anwender eines Datenbankmanagementsystems leisten können.

Die Rechtfertigung für ein neues Semantisches Modell liegt allein in seiner besseren Eignung für den logischen Datenbankentwurf, während ein neues Datenmodell den Entwicklungsaufwand für ein neues Datenbankmanagementsystem rechtfertigen muß. Daher ist es nicht verwunderlich, wenn nur noch zwei mehr als 10 Jahre alte Datenmodelle miteinander konkurrieren [Cod70,DBTG71]. Trotzdem ist es auch für den Implementator eines Datenbankmanagementsystems sinnvoll, sich ein eigenes Verständnis über die konzeptionelle Bedeutung der Datenobjekte in seinen Zielanwendungen zu erarbeiten. Das ist die Vorstufe zu einer anwendungsorientierten Bewertung der beiden Datenmodelle.

4.2.1 Datenobjekte aus der graphischen Sicht des " D e i k t i s c h e n Datenbankzugriffs" auf Gegenstände

"Dies ist eine Rose" ist nach KAMLAH/LORENZEN [KaLo73] eine einfache sprachliche Wendung, die mit der körperlich intuitiv-naiven Handlung des Hinweisens untrennbar verbunden ist. Beides zusammen wird als

" d e i k t i s c h e H a n d l u n g " [KaLo73]

der zeigenden oder greifenden Hand in Zusammenhang mit dem Wörtchen "dies" ausgeführt (griechisch δεικνυμι, ich zeige).

Die Ausführung der PICK-Funktion ist eine deiktische Handlung, bei der, auf die graphische Darstellung gezeigt, Elemente der rechnerinternen Darstellung und hinter diesen wieder die Einzelheiten eines technischen Produktes intuitiv gemeint werden. Denn auf die nur als Modell in der Datenbank existierenden Einzelheiten technischer Objekte kann dank der beschriebenen Möglichkeiten graphischer Systeme gezeigt werden, als wenn diese Objekte bereits produziert worden wären. Sie sind damit reale Gegenstände einer Modellwelt, in die sich ein Konstrukteur hineinversetzen kann.

Für die weitere Diskussion wird der vom gleichen Ansatz des Zeigens kommende Gegenstandsbegriff von KAMLAH/LORENZEN übernommen. "Wir verstehen unter einem Gegenstand (entity) alles dasjenige, dem ein Prädikator zugesprochen werden kann, oder worauf man durch Eigennamen oder deiktische Handlungen h i n z e i g e n kann, in einer für den Gesprächspartner (Mensch, Rechner, Datenbanksystem) verständlichen Weise." Prädikatoren sind Namen, die e r s a t z w e i s e benutzt werden, um von der Situation des persönlichen Zeigens unabhängig zu machen, wenn das Zeigen nicht möglich ist, wie z.B. "Hans kommt später". Hier ist "Hans" ein ersatzweise vergebener Zeiger (Prädikator, Pointer), weil man auf Dinge, die nicht einmal als Bild vorhanden sind, nicht zeigen kann.

In der interaktiven Graphik ist eine ersatzweise Vergabe von eindeutigen Prädikatoren wie Eigennamen, Code-Nummern und Ordnungsschlüsseln dank der PICK-Funktion überflüssig! Aus diesem Grund ist die Arbeit an CAD-Arbeitsplätzen auch von der erschreckenden Flut von anwendervergebenen Schlüsseln für alles und jedes verschont geblieben.

Welches die Gegenstände sind, auf die gezeigt werden soll, bestimmt die Anwendung. Es gilt der Grundsatz: Ein Gegenstand wird definiert, weil er gebraucht wird! "Der Prädikator 'Holz' dürfte nicht deshalb zuerst gebildet worden sein, weil man erkennen und aussagen wollte, was alles aus Holz ist, sondern weil man Holz für Feuer, Unterkünfte und Geräte notwendig hatte und zu gebrauchen lernte" [KaLo73]. Wer nicht sagen kann, welche Gegenstände er braucht, dem nützt keine noch so saubere mathematische Theorie und kein Datenbankmanagementsystem. Er kann nicht einmal einem CAD-Systemspezialisten sagen, daß er ein Verwaltungsprogramm für "Flächen", "Kanten" und "Punkte" haben möchte.

Entsprechend den Fähigkeiten des Menschen, in vielem das gleiche festzustellen, können äquivalente Gegenstände zu Klassen zusammengefaßt werden. Alle Gegenstände einer Klasse sind nach dem Sprachgebrauch Semantischer Datenmodelle Gegenstände vom gleichen Typ (entity type), während der einzelne Gegenstand auch als Ausprägung (Exemplar von etwas Allgemeinem [KaLo73], occurrence) bezeichnet wird. Die Elementklassen in den CAD-Datenverwaltungssystemen sind den Gegenstandstypen und die Ausprägungen den Elementen gleichzusetzen (e i n e Fläche, e i n e Kante).

Setzt man die Typen der Gegenstände als von der Anwendung diktiert voraus, so sind keine Zweifel mehr möglich, was der Unterschied zwischen den E i g e n h e i t e n eines Gegenstandes und den B e z i e h u n g e n zwischen Gegenständen ist. Eine Eigenheit ist die Zusammenfassung aus dem Namen des Parameters (attribute name) und dem Wert des Parameters (attribute value). Eine Eigenheit ist einem Gegenstand zugeordnet. Beim Verschwinden des Gegenstandes ist sie im Sinne des Wortes gegenstandslos. Gibt es Zuordnungen von Gegenständen zueinander, so ist die Zuordnung durch eine Beziehung ausgedrückt. Eine Beziehung ist schon dann bedeutungslos, wenn einer der beiden Gegenstände aufhört zu existieren. Sie muß aber nicht bestehen, nur weil es zwei Gegenstände gibt, die legitimerweise miteinander in Beziehung stehen könnten.

Aus dieser Sicht kommt den CAD-Vorstellungen der ENTITY RELATIONSHIP APPROACH [Che76,ScSw75,Eig80] näher als andere alternative Konzepte, die n u r tabellierte Gegenstände mit ihren Attributen oder nur Gegenstände und binäre Beziehungen [Abr74] kennen.

Wenn jetzt einzelne Elemente wie Flächen, Kanten und Punkte mit den Gegenständen Semantischer Modelle gleichgesetzt werden, was ist dann das gesamte in der Datenbank gespeicherte und auf dem Bildschirm dargestellte technische Objekt? Natürlich ist auch ein Objekt ein Gegenstand, auf den man genauso zeigen kann, wie auf alle Einzelheiten eines Objektes. Nur in einfachsten Fällen kommerzieller Anwendungen besteht ein Objekt oder eine Organisationseinheit nur aus einem Element. Wenn jetzt Element gleich Gegenstand gesetzt wird, muß dann für CAD ein weiterer Gegenstandsbegriff eingeführt werden, wie Strukturelle Objekte [Eig80] oder (in die andere Richtung einer Hierarchie) Subrecords [Pal78]?

Statt "Unter- und Übergegenstände" einzuführen, soll dem bereits von FALKENBERG [Fal76] aus der gleichen Quelle [KaLo73] übernommenen Konzept zugestimmt werden, daß ein Gegenstand nur durch sein U m f e l d aus anderen Gegenständen, zu denen er in Beziehung gestellt ist, seine eindeutige Definition erhält. Die Aussage über das Umfeld aber nur auf die Angabe einer Rolle der Beziehung zu den unmittelbaren Nachbarn zu beschränken [Che76,Fal76], ist für CAD-Anwendungen nicht ausreichend, weil mehr als nur ein benachbartes Element die vollständige Beschreibung relevanter Objekte ausmacht.

Aus diesem Grund wird vorgeschlagen, zusätzlich zu den Einzelheiten und Beziehungen das ganze, aus allen anderen Gegenständen bestehende

u n v e r z i c h t b a r e U m f e l d

eines Gegenstandes mit in der Gegenstandsdefinition anzugeben. Ansätze in diese Richtung sind erst in einigen Semantischen Modellen für CAD-Anwendungen z.B. bei EIGNER [Eig80] in dem Pfeil zu sehen, mit dem eine n:m-Beziehung überlagert wird, um eine geometrische Hierarchie auszudrücken, oder bei LACROIX/PIROTTE [LaPi81] in einem abgewandelten union-Konzept aus ALGOL68.

Die Komplexität von CAD-Strukturen kommt daher, daß sich die Umfelder überlappen (Bild 4.1), und bei Entfernen oder Hinzufügen eines Gegenstandes zu einer rechnerinternen Darstellung eines anderen Gegenstandes, immer wieder die Umfelder auch aller anderen Gegenstände, zu deren Umfeld der Gegenstand ebenfalls gehört, in einen konsistenten Zustand gebracht werden müssen. Nur in kommerziellen Anwendungen kann man sich auf die direkten Nachbarn beschränken.

Für die Konzeption von Produktmodellen müßten die Semantischen Modelle um ein viertes Konzept zu einem "Quadromodell" erweitert werden. Die vier Konzepte eines Quadromodells wären Gegenstände, Beziehungen, die Eigenheiten beider sowie das für eine semantisch konsistente Beschreibung eines komplizierten Gegenstandes unverzichtbare Umfeld abhängiger Gegenstände (die Grenzen des plex [Ros61]). Diese Sicht von Datenobjekten in CAD-Anwendungen zieht sich durch die Beurteilung des relationalen Datenmodells und des Netzwerkmodells sowie ihrer Implementationen in Form von Datenbankmanagementsystemen.

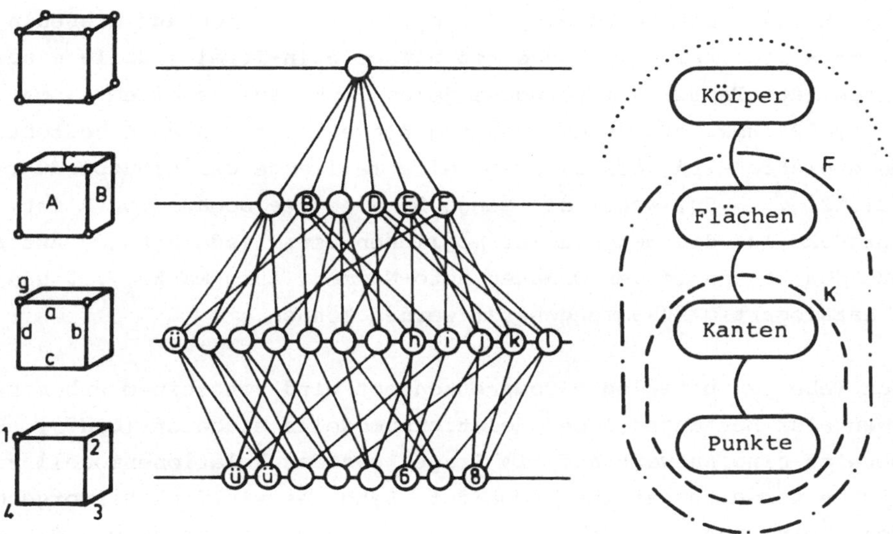

Bild 4.1: Elementzuordnungsgraph mit der Markierung (ü) von Elementen, die gleichzeitig zu den Umfeldern der Flächen A und C gehören.

4.2.2 Das Relationale Datenmodell

Bei der Namensgebung für das relationale Datenmodell wurden Konzepte der Mengenlehre und Logik und mit ihnen auch die Prädikatoren aus dieser Sprachwelt herangezogen, um das Hantieren mit Tabellen, Dateien, Bändern, Stapeln von Lochkarten und Berichtsgeneratoren durch ein sauberes - gegenüber dem vorangegangenen "EDV-Wirrwar" - bestechend einfaches Konzept zu ersetzen. Mittelpunkt des Konzeptes ist die Tabelle, als Auflistung einzelner Gegenstände eines durch die Kopfzeile der Tabelle definierten Typs eines Gegenstandes. Der Datenkonstrukt "Tabelle" ist allgemein bekannt und hat sich als benutzerfreundliche alpha-numerische Präsentation von Daten bewährt, soweit eine Beschränkung in Menge und Typenvielfalt vorliegt. Von einer bestimmten Schwelle an klappt die Benutzerfreundlichkeit in das als "Zahlenfriedhof" bekannte Gegenteil um, dessen Vermeidung ein Argument für den Einsatz graphischer Verfahren und der Computer-Graphik ist.

In der mathematischen Sprachweise des Relationenmodells ist eine Tabelle eine R e l a t i o n , die wie folgt definiert ist [Cod70,Cod79,Sa81] (Bild 4.2):

Gegeben sind nicht notwendigerweise verschiedene Mengen

S1 (Auto-Nummern),

S2 (Auto-Marken), ... ,

Sn (Auto-Farben);

dann ist R (der Gegenstands-Typ "Auto") eine Relation auf diesen n Mengen, wenn R wiederum eine Menge von n-Tupeln (n-Tupel = Zeile einer n-spaltigen Auto-Tabelle) ist, wobei jedes Tupel aus je einem Element der Menge S1, S2, usw. bis zu einem n-ten Element der Menge Sn besteht. In der Mengenlehre wird gesagt, R sei eine Teilmenge des Kreuzproduktes über S1,S2, ... ,Sn, wobei die Menge Sj die j-te Domäne von R ist. Ein Kreuzprodukt ist die Menge aller möglichen verschiedenartigen Autos, die aus den Werten in den Domänen Auto-Nummer, Auto-Marke, ... und Auto-Farbe katalogartig zusammengesetzt werden können.

Das den Tabellen unterlegte Domänenkonzept wird von seinem Urheber als fundamentaler Bestandteil des Relationenmodells erachtet [Cod79]. Das ist bereits eine Antwort auf die Frage, was das Relationenmodell von alten Dateiverwaltungen unterscheidet. Denn das vielfach hervorgehobene Mischen (join) von zwei Tabellen zu einer neuen war schon mit den alten Kartenmischern möglich. Die Unterschiede werden wie folgt angegeben [Sa81,Cod79]:

- Jede Tabelle enthält nur einen Gegenstands-Typ.
- Jedes Tupel (Tabellenzeile) hat eine feste Anzahl von Feldern (Attribut-Werten), die eindeutige (Attribut-)Namen haben.
- Alle Felder sind atomar, d.h. es sind keine Wiederholgruppen von Feldkombinationen wie z.B. in COBOL zugelassen.
- Es gibt keine Duplikate von Tupeln.
- Es gibt keine vorausbestimmte Ordnung von Tupeln.

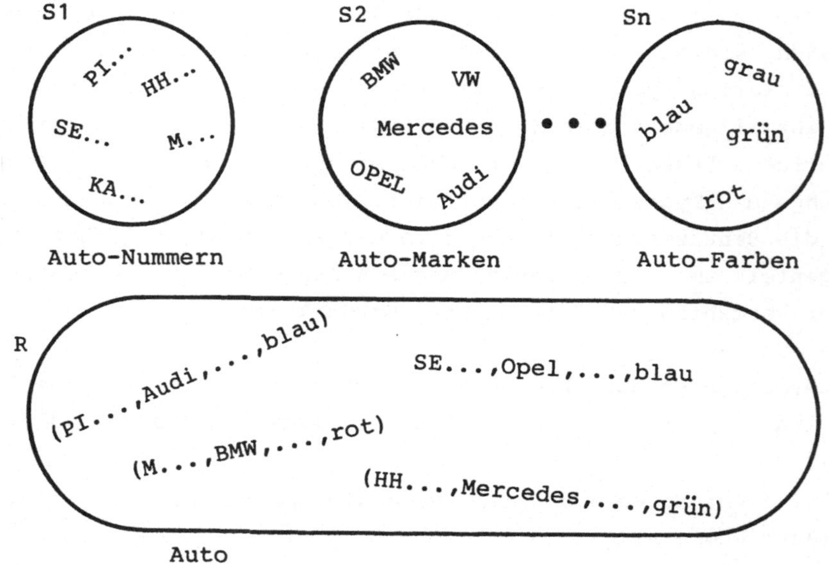

Bild 4.2: Ein Beispiel für die Relation AUTO (NUMMER, MARKE, FARBE).

Die nächsten Punkte sind wichtig für die in CAD-Anwendungen hauptsächlich interessierenden Beziehungen zwischen Gegenstands-Typen, d.h. in diesem Datenmodell zwischen Relationen.

- Felder enthalten nur Werte aus den vorhandenen Werten, die bereits in der zugeordneten Domäne gespeichert sind.
- Die gleiche Domäne kann für verschiedene Arten von Feldern (Attributen) benutzt werden und wird damit zur gemeinsamen Quelle von Feldwerten in derselben oder in verschiedenen Tabellen.
- Neue Tabellen können aus zwei existierenden Tabellen zusammengemischt werden (join), indem Übereinstimmungen oder Unterschiede von Feldwerten ausgenutzt werden, die aus derselben Domäne kommen m ü s s e n [Cod79], um ein sinnvolles Ergebnis zu garantieren.

Die Operationen auf dem Datenkonstrukt Tabelle haben ein oder zwei Tabellen als Eingangsparameter und eine Tabelle als Ausgangsparameter. Typisch für das Modell sind vor allem die Anfrage-Operationen:
SELECTION:
Auswahl einer Anzahl von Zeilen aus einer Tabelle,
PROJECTION:
Auswahl einer Anzahl von Spalten aus einer Tabelle und als markanteste Operation des Relationen-Modells, der
JOIN:
Das Mischen zweier Tabellen zu einer neuen Tabelle aufgrund eines Vergleichs von Feldinhalten in je einer Spalte.

Zur Definition einer 1:n-Beziehung muß eine für die beiden Tabellen gemeinsame Domäne bestimmt werden, die alle vom Anwender vergebenen Namen (Prädikatoren) aller Gegenstände der einen Tabelle enthält. Die Namen werden Identifizierungsschlüssel oder Primärschlüssel (primary keys) genannt. In der anderen Tabelle wird eine Spalte für alle Fremdschlüssel (foreign keys) eingerichtet. Diese Spalte enthält ausschließlich Schlüsselwerte aus der gemeinsamen Domäne der Primärschlüssel der anderen Tabelle. So ist sichergestellt, daß jeder Fremdschlüssel ein, wenn auch vom Anwender vergebener, so trotzdem korrekter Z e i g e r auf einen in der anderen Tabelle auch wirklich vorhandenen Gegenstand ist. Die Zusammenstellung aller (weniger als alle ist nicht möglich) miteinander in Beziehung stehenden Gegenstände füllt eine vom JOIN neu generierte Tabelle, in der alle Tupel mit Primärschlüssel entsprechend der Anzahl der gleichen Fremdschlüssel dupliziert und zu einer längeren Zeile zusammengefaßt sind (Bild 4.3).

Person

P#	Name	Schlüssel
1	PB	HL-
4	EF	PI-
2	GB	HL-
3	WEF	PI-

Auto

A#	Marke	Farbe
HH-	Mercedes	grün
HL-	Audi	rot
PI-	Mercedes	rostig

Hat-Autoschlüssel
JOIN(Schlüssel=A#)

P#	Name	A#	Marke	Farbe
1	PB	HL-	Audi	rot
2	GB	HL-	Audi	rot
4	EF	PI-	Mercedes	rostig
3	WEF	PI-	Mercedes	rostig

Bild 4.3: Beispiel für einen JOIN.

Das macht deutlich, daß im Relationenmodell wie im nachfolgenden Netzwerkmodell [DBTG71] als nicht zusammengesetzte Datenkonstrukte nur 1:n-Beziehungen realisiert werden können [Sa81]. Die gelegentlich zu lesende Behauptung: "...Beziehungen können hier jedoch beliebige Eigenschaften aufweisen, insbesondere können sie n:m sein, ...[LoMa78]", bezieht sich auf ein aus diesem Grund hier nicht diskutiertes Hierarchisches Datenmodell. Das ist jedoch kein Unterschied zwischen dem Relationalen Datenmodell und dem Netzwerkmodell, da in beiden Datenmodellen (wie gleich anschließend gezeigt wird) n:m-Beziehungen aus den Konzepten für 1:n-Beziehungen zusammengesetzt werden können.

Die Vor- und Nachteile des Relationenmodells werden heute wie folgt gesehen [Kin80,Sa81]:
Der wesentliche Vorteil ist die vereinfachte, tabellenorientierte Arbeitsweise ohne jeden Programmieraufwand (Anfragesprachen) und die damit garantierte Datenunabhängigkeit für viele einfache Datenbankanfragen. Nicht vorhandene Programme müssen nicht geändert werden. Dieser Vorteil gilt hauptsächlich für Anwendungen, die aus der traditionellen Verwaltung von Karteikartenarchiven entstanden sind und somit schon immer eine tabellarische Organisation hatten. In diesem Bereich ist auch das "Dickicht" aus Schlüsselnummern und anderen anwendervergebenen

Prädikatoren so undurchschaubar, daß eine Überwachung von Primär- und Fremdschlüsseln durch das Datenbankmanagementsystem einen Beitrag zur Integrität manuell nicht mehr verwaltbarer Datenbestände darstellt (entity integrity, referential integrity [Cod79]).

Nachteilig wirken sich die Konzepte des Relationenmodells dann aus, wenn in einer Anwendung viele sich ständig ändernde zwischentabellarische Beziehungen gewartet werden müssen. Diese Nachteile resultieren zum einen aus der anfänglichen Anfrageorientierung des Datenmodells unter Vernachlässigung von Änderungsoperationen und zum anderen aus dem Zeitaufwand, den eine join-Operation trotz aller neuen Zugriffstechniken über gemeinsame Domänen kostet. Als ein Beispiel, für das ein Datenbanksystem nach dem Relationenmodell als ungeeignet angesehen wird [Sa81], gelten Stücklisten und Fertigungsdatenbanken, wie in Bild 3.13 vorgestellt.

Gerade aber zwischen CAD-Arbeitsplätzen und Fertigungsdatenbanken besteht hinsichtlich der Komplexität der Strukturen eine enge Gemeinsamkeit. Außerdem sind CAD-Arbeitsplätze langfristig mit Fertigungsinformationssystemen zu koppeln. Es ist nicht sinnvoll, die Kommunikation zwischen lokalen und globalen Datenbanksystemen durch die Verwendung verschiedener Datenmodelle komplizierter zu gestalten als sie bereits ist.

Des weiteren ist das Relationenmodell auf dem Konzept der eindeutigen Namensvergabe durch die Anwendung aufgebaut. Ist dagegen ein interaktiver Bildschirm das Fenster zur Datenbank, geht die Hoheit der Namensvergabe, alle Primär- und Fremdschlüssel betreffend, an die Datenverwaltung über. Außerdem haben einige Objekte, wie geometrische Grundkörper, "per se" [EbWe81] keine Namen. Die gleiche Feststellung von SENKO über die Namensvergabe in graphischen Anwendungen anläßlich der Implementation von FORAL LP [Sen78], ist ein weiteres Indiz, daß es sich hierbei um ein Grundprinzip der graphischen Mensch-Maschine-Schnittstelle handelt, mit der das Z e i g e n - die natürlichste Art zu Fragen - wieder möglich geworden ist. Das Relationenmodell ist konzeptionell auf der gegenteiligen Annahme textlich geführter Dialoge aufgebaut!

4.2.3 Das CODASYL-Netzwerkmodell

Im Gegensatz zum Relationenmodell ist das Netzwerkmodell nicht aus einem neuen theoretischen Ansatz, sondern aus einer Funktionsanalyse bereits eingesetzter Datenbanksysteme entstanden [CODA71,CODA73,CODA78]. Die Datendefinitionssprache DDL des CODASYL-Netzwerkmodells enthält die

Datenkonstrukte RECORD-Typ, ITEM und den CODASYL SET-Typ zur Beschreibung von Gegenstandsklassen, ihren Attributen und Beziehungen untereinander (Bild 4.4).

- Der Record-Typ beschreibt die Klasse (den Typ) der Gegenstände, die in die Datenverwaltung aufgenommen werden sollten. Er wird graphisch im sog. Bachman-Diagramm durch ein Rechteck dargestellt. Einzelne Gegenstände einer Klasse, sog. Ausprägungen (occurrences), werden durch die in der Datenbank abgelegten Records (to record = aufzeichnen, aufnehmen) repräsentiert.
- Neben vielen Möglichkeiten, identifizierende Recordnamen durch den Anwender zu vergeben, ist in den Plazierungsregeln für Records in einer Datenbank auch ein LOCATION MODE IS SYSTEM vorhanden, mit dem man wie in CAD-Datenverwaltungssystemen die Vergabe eindeutiger Namen dem System überlassen kann. (Die Verquickung von Plazierungsregeln mit der Vergabe von Namen für den nachfolgenden Zugriff auf wohlplazierte Datenobjekte zielt bereits auf eine Reduzierung der Zugriffszeiten. Die physische Datenunabhängigkeit ist jedoch durch die Verkopplung unterschiedlicher Ebenen der Datenverwaltung beeinträchtigt.) Die vom System vergebenen Prädikatoren der gespeicherten Records werden Datenbankschlüssel (data base keys) genannt.
- Die Items eines Recordtyps entsprechen den Attributen der Gegenstände und sind in dem Datenmodell um eine Typenbindung der Attributwerte (INTEGER, REAL, CHARACTER) erweitert. Für Items existiert keine zusätzliche graphische Notation, wodurch eine Überladung der Diagramme vermieden wird.
- Der CODASYL-Set-Typ beschreibt die zulässigen Beziehungen (relationship-types) zwischen Klassen der Gegenstände. Es sind nur benannte 1:n-Beziehungen (Funktionen, Abbildungen) zugelassen. Weil es bei 1:n-Beziehungen notwendig ist, eine Richtung anzugeben, wird eine an der Beziehung beteiligte Gegenstandsklasse OWNER, die andere MEMBER genannt. Graphisch wird die Richtung durch die Angabe eines Pfeils vom Owner zum Member angezeigt.

Entsprechend der Definition eines CODASYL-Set-Typs können in einer Datenbank zu jedem Owner-Record null bis beliebig viele einzelne Member-Records in die funktionelle Abhängigkeit zu einem Owner gebracht werden. Ein Recordtyp kann auch Member in verschiedenen, durch den Set-Typ-Namen unterscheidbare CODASYL-Sets sein und mehr als einen Record-Typ als Owner haben. Somit sind als Strukturen nicht nur Bäume, sondern auch Netze und n:m-Beziehungen möglich. Daher hat das Netzwerkmodell seinen Namen.

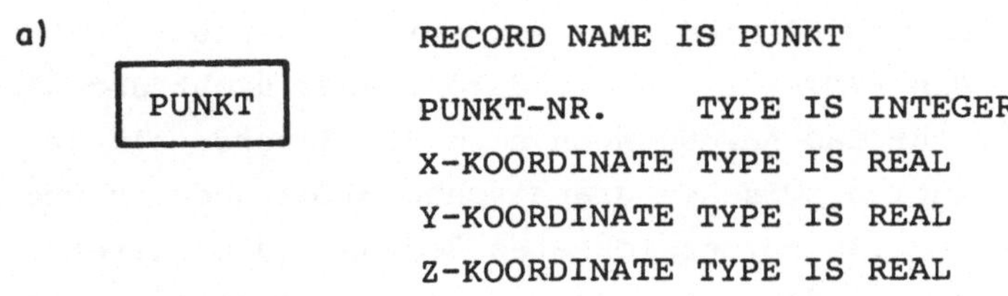

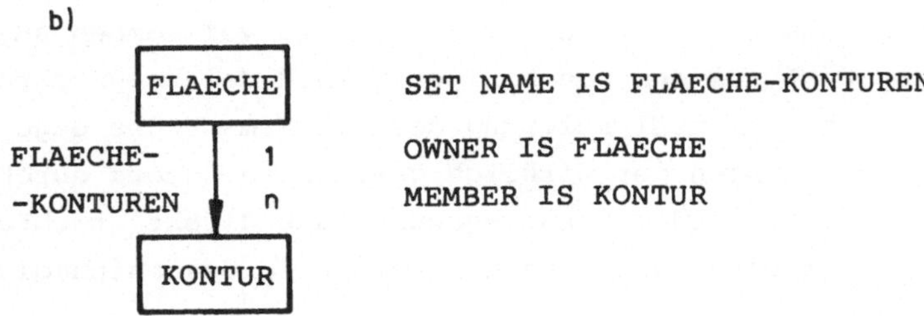

Bild 4.4: Graphische Notation und Datendefinition von Record- und Set-Typen im Netzwerkmodell.

Die Hauptregeln eines Netzwerkmodells können wie folgt definiert werden [ScSt77]:

- Es gibt eine Menge R' von benannten Recordtypen und eine Menge S' von benannten Set-Typen (Funktionen, Abbildungen, 1:n-Beziehungen), die zusammen einen gerichteten Typ-Graphen G' bilden; ein möglicher Ausprägungsgraph sei g.
- Den Set-Typen sind keine Attribute zugeordnet.
- Die Member eines Sets sind gemäß einer dem Set-Typ eigenen Ordnung sortiert.
- Es ist eine Teilmenge von Record-Typen E' aus R' ausgezeichnet, für die gilt: zu jedem Record r der Datenbank gibt es mindestens einen gerichteten Weg e,r(1), ... ,r(k-1),r(k) = r in g, dessen Ausgangspunkt e vom Typ E aus E' ist.
  Im Zusammenhang mit dieser Regel spricht man von der "Systemerreichbarkeit" eines jeden Records in einem zusammenhängenden Netz. (Das Netz ist zusammenhängend, wenn alle Records der Datenbank von mindestens einem Wurzelknoten e(0) vom Typ E(0) (genannt SYSTEM) ausgehend auffindbar sind. Per Konvention darf der Pfad von e(0) nach r nur in Pfeilrichtung der CODASYL-Sets verlaufen.)
- Jeder Record ist über jeden - nicht notwendigerweise gerichteten - Weg erreichbar, dessen Ausgangspunkt ein Record e von einem Record-Typ E aus der Menge der E' ist, und nur über solche Wege.

Alle Records vom Typ E' sind E i n s t i e g s p u n k t e [ScSt77] in das Netzwerk. Das SYSTEM ist einer davon, aber nicht der wichtigste. Viel wichtiger für CAD-Anwendungen sind die Records all der Typen, über die eine Korrelation zwischen graphischen Bildsegmenten und den in der Datenbank als Records aufgezeichneten Gegenständen besteht. Die Korrelation wird bei der Bildausgabe über den Zusammenhang Bildsegmentnummer = Datenbankschlüssel hergestellt. Beim deiktischen Zugriff auf Datenobjekte mit der PICK-Funktion wird intuitiv der günstigste Einstiegspunkt in die Datenbank ausgewählt! Dabei ist es vollkommen ausreichend, einen Einstiegspunkt aus dem zugehörigen Umfeld des gewünschten Gegenstandes herauszupicken, weil aufgrund des Typ-Namens des Gegenstandes und bekannter Beziehungen der wirklich gewünschte Record durch gezielte Navigation [Bac73] von jedem Einstiegspunkt aus direkt, richtungsunabhängig und ohne Aufsuchen nicht relevanter Teile des Datenvolumens erreicht werden kann.

Für die Navigation von einem Record zum anderen und die Wartung der funktionellen Abhängigkeiten zwischen den Records, die eine rechnerinterne Produktdarstellung ausmachen, werden mehrere Operationen auf die definierten Record- und Set-Typen in Form einer Erweiterung prozeduraler Programmiersprachen angeboten. Die Summe der Operationen wird Datenmanipulationssprache (data manipulation language; DML) genannt, womit auch der Unterschied in der Intention dieser für den Programmierer gedachten Schnittstelle gegenüber den Anfragesprachen für Endbenutzer ausgedrückt ist. Die Operationen oder Datenbankbefehle sind:

STORE:

Zur Aufnahme von Records eines angegebenen Typs in die Datenbank.

FIND:

Zum Auffinden eines Records, ausgehend von einem anderen Record als Einstiegspunkt.

GET:

Zum Auslesen der Items (Attribut-Werte) eines Records in das Programm.

MODIFY(1):

Zur Änderung der Items eines Records.

DELETE:

Zum Löschen eines Records unter Beachtung der durch die CODASYL-Sets gegebenen, funktionellen Abhängigkeiten in einer rechnerinternen Darstellung.

INSERT:

Zur Herstellung funktioneller Abhängigkeiten über CODASYL-Sets.

MODIFY(2):

Zur Umdefinition funktioneller Abhängigkeiten.

REMOVE:
Zur Aufhebung funktioneller Abhängigkeiten, durch Entknüpfung des Records aus einem CODASYL-Set.

Die Übereinstimmung des Netzwerkmodells mit vielen Anforderungen aus CAD-Anwendungen kommt nicht von ungefähr. Zu den Wurzeln der "CODASYL-Familie" [FrSi76] gehört auch ein System CADANCE (Computer-Aided Design And Numerical Control Effort), das mit einer von General Motors entwickelten Programmiersprache APL implementiert ist (APL ist - a language for associative data handling in PL1 [Do66]). In der Sprache sind ENTITIES (Klassen von Gegenständen), INSTANCES (einzelne Gegenstände, Elemente), ATTRIBUTES und S E T S bekannt. SETS sind Zusammenfassungen von Gegenständen gleicher Klasse, die einem Element einer anderen Klasse als Besitzer der Zusammenfassung zugeordnet waren. Also genau das, was der Ausdruck "owner-coupled sets" [Nij75] besagt. CADANCE wird trotz seines Alters sowohl im Konzept als auch in der praktischen Bewährung als ein "Maßstab" [East76] nicht nur für CAD-Systeme des Automobilbaus angesehen.

Das Netzwerkmodell der CODASYL-DBTG zielt dagegen auf die große Gruppe der kommerziell-administrativen Datenbankanwender. Hier mußte man sich den Problemen der vielen Primär- und Fremdschlüssel und der Ablösung alter Dateiverwaltungen stellen. Deshalb ist es zu einer Überladung des Netzwerkmodells der CODASYL-DBTG mit zusätzlichen, für CAD-Anwendungen überflüssigen Anwenderschlüsseln und einer problematischen Redundanz in der Herstellung von Beziehungen gekommen, die in der Vergangenheit große Diskussionen auslösten [Rus74]. Zu den Überfrachtungen gehören solche Erweiterungen wie:

- Ein in der jetzigen Form nicht geeignetes AREA-Konzept.
- MANDATORY, AUTOMATIC und SET SELECTION-Klauseln sowie ein CURRENCY-Konzept, mit denen die nun bestehenden Redundanzen in der funktionellen Abhängigkeit über anwendervergebene Schlüssel einerseits, und CODASYL-Sets andererseits bei der Handhabung der Systeme überspielt werden sollten.
- Der LOCATION MODE CALC für den Zugriff über anwendervergebene Namen als Ersatz für ein nicht vorhandenes graphisches Fenster zur Datenbank.

Mit ein Ergebnis der Überfrachtung ist eine kompliziert zu handhabende Datenmanipulationssprache. Beklagt werden z.B. die 40 verschiedenen FIND-Befehle [Merc79], die bei einer Bereinigung des Datenmodells vermieden werden könnten. Die Stärken von CODASYL-Systemen liegen in der Verwaltung von Datenbeständen, die komplex strukturiert und ständig einer großen Anzahl von Änderungen unterworfen sind, wie z.B. gerade die Fertigungsdatenbanken, mit denen Datenbanksysteme nach dem Relationenmodell, wie zugegeben, Schwierigkeiten haben. Gerade bei Änderungen mit vielen funktionellen Abhängigkeiten macht sich das durch die Navigation mögliche gezielte Arbeiten in der Effizienz der Gesamtanwendung vorteilhaft bemerkbar. Die erhöhte Komplexität des Datenmodells ist bei schwierigen Änderungsalgorithmen im Vergleich zur Komplexität der Aufgabe selbst zu vernachlässigen. "Naiven" Anwendern müssen Änderungen komplexer Zusammenhänge gerade wegen ihrer Naivität sowieso verboten werden. Außerdem hat die Arbeit von CODD mit dem Titel: "Extending the Data Base Relational Model to Capture More Meaning" [Cod79], gezeigt, daß eine Erweiterung des Modells um Löschregeln und systemvergebene Schlüssel ebenfalls zu einer Komplizierung des Modells führt.

Die Eleganz des einen oder anderen Modells kann bereits in das Gegenteil umschlagen, wenn die Hoheit der Namensvergabe in einer Anwendung anders ist, als in den Konzepten zu einem Datenmodell angenommen. Je nach Standpunkt sind anwendervergebene Schlüssel störende Prädikatoren für Dinge, auf die man zeigen kann; oder CODASYL-Sets sind Zugriffspfade von sekundärer Bedeutung "nur" für die Effizienz eines Datenbanksystems, verglichen mit den für manche Anwender aussagekräftigeren Schlüsseln für alles und jedes. Danach werden entweder die CODASYL-Sets als Zugriffswege oder die Realisierung von funktionellen Abhängigkeiten mit Schlüsseln als SET MODE PHANTOM [Bac74] auf die interne Ebene der Speicherungsstrukturen eines Datenbanksystems verbannt. Sieht man beides als berechtigte, anwendungsbedingte Alternativen der Realisierung an, ist der Unterschied in der Definition von Beziehungen so gering wie bei "Religionskriegen" [Wed74a]. In neueren Diskussionen um Datenbeschreibungssprachen werden deshalb beide Modelle zu den EAR-Modellen (Entity, Attribute, Relationship) gezählt [Gri81], die dadurch gekennzeichnet sind, daß relationship types auf 1:n-Beziehungen beschränkt sind und selbst keine Attribute haben.

4.2.4 Definition von n:m-Beziehungen in beiden Datenmodellen

Das für CAD-Anwendungen typische Beispiel einer n:m-Beziehung ist die schon mehrfach beschriebene n:m-Beziehung zwischen den Kanten und den Punkten der rechnerinternen Darstellung von Polyedern.

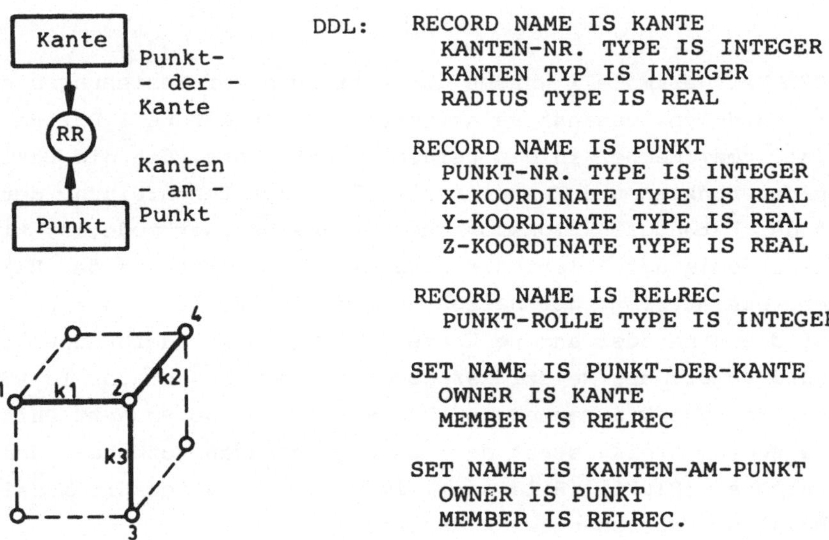

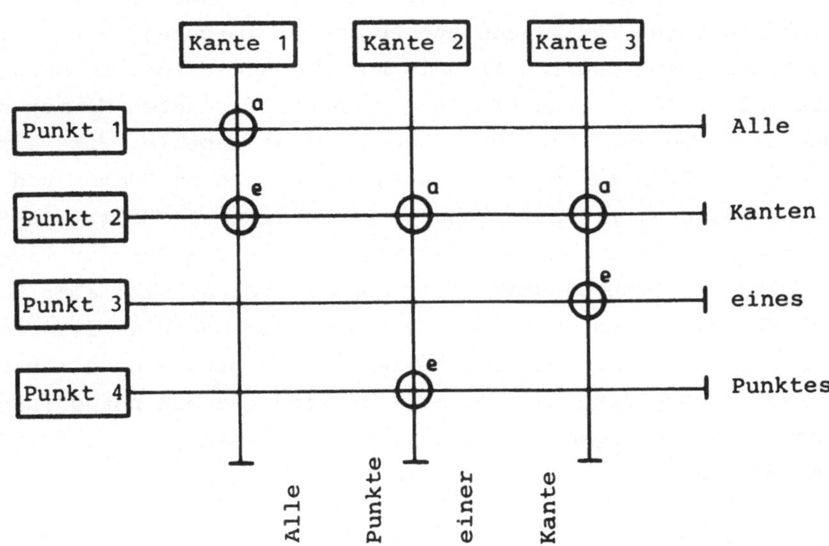

Bild 4.5: Beispiel einer n:m-Beziehung im Netzwerkmodell.

Im CODASYL-Netzwerkmodell werden die Attribute der Beziehungen einem dritten Record-Typ, genannt Relationsrecord, zugeordnet. Der Relationsrecord ist immer Member in den beiden CODASYL-Sets, die die Beziehungen zwischen den Punkten und Kanten herstellen. Zur Beschreibung der Beziehung mit der Datendefinitionssprache DDL des Netzwerkmodells, sind die beiden Sets sowie der Relationsrecord mit den Attributen der Beziehung anzugeben. Das Attribut der Beziehung ist die "Rolle" eines Punktes bezogen auf die eine oder andere Kante (Anfangspunkt oder Endpunkt). Wegen der Verwandtschaft des Relationsrecords mit dem Assoziator in ASP, wurden in den Bachman-Diagrammen der Dokumentation zum Projekt PHILIKON für Relationsrecords Kreise statt der den Gegenständen vorbehaltenen Rechtecke gezeichnet [Blu76] (Bild 4.5). Im Entity Relationship Model benutzt CHEN [Che76] zum gleichen Zweck Rhomben.

Im Relationenmodell sind vom Anwender über die ganze Datenbank eindeutige Primärschlüssel für Kanten und Punkte zu vergeben, die in der Gesamtheit aller gespeicherten technischen Objekte eindeutig sein müssen. Die Schlüssel sind zwei unabhängigen Domänen für Kanten-Nummer und Punkt-Nummer zugeordnet. Zur Verbindung beider Tabellen wird eine dritte Tabelle aus den Fremdschlüsseln Kanten-Nummer, Punkt-Nummer und Rolle hergestellt (Bild 4.6). Diese Tabelle kann als eine "Relations-Relation" bezeichnet werden, weil sie wie der Relationsrecord-Typ für eine Beziehung mit ihren Attributen steht. Die Nummern selbst sind aber keine Attribute der Beziehung im Sinne eines semantischen Modells, sondern Hilfen, mit denen immer dann gearbeitet werden muß, wenn direkte Verweise auf einen Gegenstand nicht möglich sind und man notgedrungen vom Zeigen zum Suchen übergehen muß, weil man nicht in jeder Situation auf alles zeigen kann.

Eine Entscheidung für das eine oder andere Datenmodell kann nur von der Anwendung her motiviert werden. Ein für alle Anwendungen optimales Datenmodell gibt es (noch) nicht. Die Entscheidung ist, wie alle Kompromisse, nie in allen Punkten richtig. Bei einem Datenbanksystem für CAD-Arbeitsplätze muß den Anforderungen aus der Manipulation von Produktmodellen über graphische Bildschirme eine höhere Priorität eingeräumt werden.
Ein Zugriff über anwendervergebene Namen sollte aber möglich sein, sei es auch nur, um alte, für einen Stapelbetrieb konzipierte Programme zu integrieren oder die Größe der Netze und die damit verbundene Komplexität klein zu halten. Eine Beziehung zwischen logisch selbständigen Netzen kann dann wie im Relationenmodell über Fremdschlüssel realisiert sein.

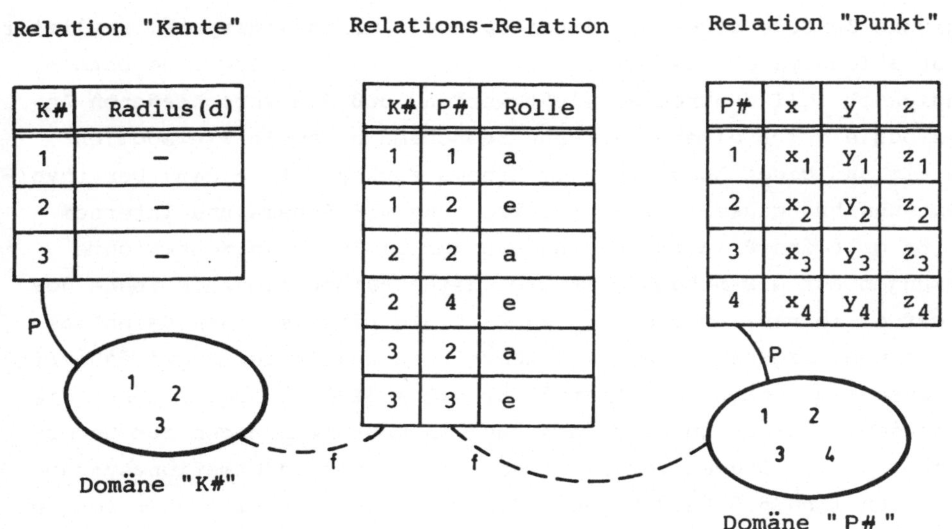

Bild 4.6: Die gleiche n:m-Beziehung von Bild 4.5 im Relationenmodell.

Zwischen den Hoffnungen, mit Anfragesprachen relationaler Datenbanksysteme das Problem der Wiederholteilsuche zu lösen und den kaum vorhandenen Konzepten eines dafür notwendigen geometrisch-topologischen Strukturvergleiches mit bereits gespeicherten Produkten, klafft noch eine große Forschungslücke. Die Gefahr besteht, daß für CAD-Anwendungen die Möglichkeiten dieser Sprachen überinterpretiert werden. Einfache Verwendungsnachweise und die Suche nach Teilen einer Baugruppe können dagegen bereits heute aus den z.T. nach dem Netzwerkmodell organisierten Datenbanken der Fertigungsinformationssysteme entnommen werden.

4.3 Software-Architekturen

Die Architektur der vier Ebenen von DIAM [SAAFW73] und die 3-Schema-Architektur von ANSI-SPARC [ANSI75,Jar76] bieten einen Rahmen für die Diskussion der Architekturen von Datenbanksystemen. Die Schemata der ANSI-Architektur sind:

- Das Externe Schema (CODASYL: SUBSCHEMA) einer auf den Datenbankanwender zugeschnittenen Sicht der Datenbank.
- Das Konzept Schema (CODASYL: SCHEMA) als logische Typ-Struktur der gesamten Datenbank.
- Das Interne Schema zur Beschreibung einer aus den vorgegebenen Möglichkeiten eines Datenbankmanagementsystems ausgewählten Speicherungsstruktur.

Das logische Zentrum eines mit einem Datenbankmanagementsystem realisierten Informationssystems ist das (Konzept-)Schema. Die logische Datenunabhängigkeit soll dadurch erreicht werden, daß die verschiedenen Anwendungsmodule durch eigene, externe Subschemata soweit wie möglich gegenseitig und gegen Änderungen im Schema entkoppelt werden. Der physischen Datenunabhängigkeit dient die Trennung von Schema und Internem Schema. Es gilt das Prinzip, daß Änderungen am Internen Schema ohne Rückwirkungen auf das Schema oder irgendeine darüberliegende Ebene geändert werden können, um von Zeit zu Zeit die Effizienz des Datenbanksystems an neue Gegebenheiten im Datenvolumen und in der Zugriffshäufigkeit anpassen zu können. Den Anstoß für die ANSI-Architektur gaben die grundlegenden Arbeiten zu DIAM, die auch in CAD-Anwendungen zur Unterscheidung von vier Ebenen der Implementation eines Informationssystems geführt haben [End75,BlFi78,Fi79d]. Sie unterscheiden sich aber von dem zuvor beschriebenen Ansatz der CAD-Datenverwaltungen durch die Erweiterung um eine verbindliche Strukturbeschreibung auf der jeweiligen Ebene (Bild 4.7).

DIE EBENE DER INFORMATIONS-STRUKTUREN:

Diese Ebene ist problemabhängig und kann deshalb von keinem universellen Verwaltungssystem angeboten werden. Die Informationsstrukturen existieren nicht oder nur als Dokument in der Notation eines für die Anwendung geeigneten Semantischen Modells. Die Benennung erfolgte nach der Infologischen Ebene von SUNGREN [Sun75,Sen76].

DIE EBENE DER DATENSTRUKTUREN:

Auf dieser Ebene wird die vorgefundene Semantik problemorientierter Informations-Strukturen in die konkretere Form des Datenmodells eines vorhandenen Datenbankmanagementsystems überführt. Aus der Sicht der Programmierung abstrakter Datentypen einer problemorientierten Schnittstelle entspricht die Datenstrukturebene der Ebene des externen Subschemas. Die abstrakten Datentypen der Anwendung sind auf den anwendungsunabhängigen Datentypen eines Datenmodells realisiert [Fi80].

DIE EBENE DER SPEICHERUNGSSTRUKTUREN:

Auf dieser Ebene wird eine gegebene Datenstruktur auf linear adressierbaren, wenn notwendig virtuellen Speicherbereichen (linear address space [SAAF73]), physischen Records oder Feldern (basic encoding unit [SAAF73]) und Zugriffspfaden wie Listen, Bäumen oder Ringen abgebildet. Die Ebene entspricht dem Internen Schema in der ANSI-Architektur.

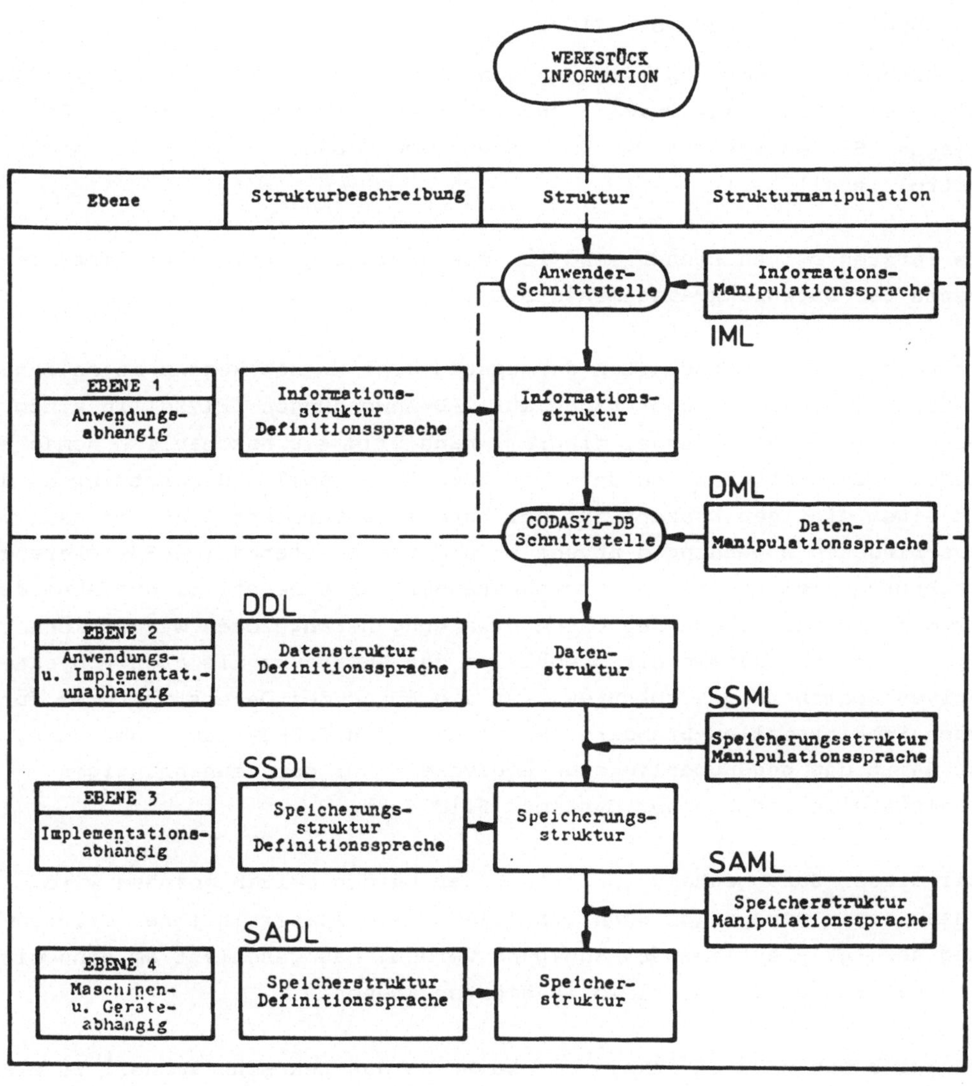

Bild 4.7: Vier Ebenen der Implementation von Informationssystemen mit Hilfe eines Datenbankmanagementsystems.

DIE EBENE DER SPEICHER-STRUKTUREN:

Die Ebene dient der Realisierung von virtuellen Speicherbereichen "ausreichender" Größe aus Primär- und Sekundärspeichern vorhandener Rechenanlagen. Sie entspricht der DMCL-Ebene von CODASYL (device and media control level).

Die letzten beiden Ebenen sind für die Anwendung unsichtbare interne Ebenen des Datenbankmanagementsystems.

Die besonderen Eigenschaften der ersten drei Ebenen können in Anlehnung an SENKO [Sen77] und übertragen auf CAD-Anwendungen [Fi79d] in einem Doppelkegel (double funnel diagram) nach Bild 4.8 anschaulich gemacht werden. Die nach oben und unten offenen Kegel sollen demonstrieren, daß mit einem einzigen Konzept auf der Datenstrukturebene eine Vielzahl von verschiedenen Anwendungen abgedeckt und viele alternative Speicherungsstrukturen gleichzeitig oder nacheinander für eine effiziente Abbildung auf der internen Ebene der Datenverwaltung herangezogen werden können. Wegen ihrer Unabhängigkeit sowohl von der Anwendung als auch von alternativen Speicherungsstrukturen, ist die Ebene der Datenstrukturen für einen Schnittstellen-Standard in integrierten CAD-Systemen geeignet. Sie ist damit das gegenüberliegende Äquivalent zur geräteunabhängigen Schnittstelle graphischer Systeme (Bild 4.9).

Weil dieser Zusammenhang von keiner der beiden Seiten gesehen wird, müssen heute noch beide Schnittstellen - wie später in einer Pilotanwendung gezeigt - aufeinander angepaßt werden. Das geschieht am sinnvollsten auf den beiden problemorientierten Ebenen.

Innerhalb eines Datenbanksystems kommt es dagegen sehr schnell zu einem Konflikt zwischen der Realisierung der für eine ausreichende Modularität notwendigen Schnittstellen und der geforderten Effizienz des Gesamtsystems.

4.3.1 Anwendungsbedingte Begrenzung der Flexibilität der Datenbank-Architektur

Ein vor jeder Implementation zu klärender Punkt ist der notwendige Grad der Flexibilität von Abbildungen zwischen den Ebenen. Implementatoren von Datenbankmanagementsystemen müssen einen konkurrenzfähigen Kompromiß zwischen der Geschwindigkeit und dem Platzbedarf für Programme und Datenpuffer finden. In diesem Sinn ist besonders die Kritik von PAOLINI

[Pao78] an der noch alle Implementationsentscheidungen frei lassenden ANSI-SPARC-Architektur zu verstehen, die das andere Extrem zu der starr programmierten Datenverwaltung in CAD-Anwendungen ist.

Die große Flexibilität in der ANSI-Architektur besteht darin, daß ein Datenbestand inklusive einer zugehörigen Strukturbeschreibung der Daten auf jeder Ebene vorliegt, d.h. für die Quellen- und die Zieldaten. Zusätzlich wird eine vom Anwender des Systems bereitzustellende Ziel-Quellen-Transformation gefordert. Mit allen drei Angaben ist das Transformationsprogramm zwischen den Ebenen in der Lage, die Transformation durchzuführen. Mit diesem Aufbau ist im Prinzip jedes Transferproblem, sogar zwischen Datenbanken verschiedener Strukturen anzugehen [Fry81].

In der Praxis dürfte es bei einer vollständigen Realisierung des Prinzips schwierig bis unlösbar sein, überhaupt eine Abbildung zu finden. Wenn sie gefunden ist, kostet es zusätzlich erhebliche Zeit zur Interpretation der vielen Beschreibungen. Mit etwas weniger Ehrgeiz in der Flexibilität und Beachtung der jeweiligen Zeitpunkte der Bindung, bis zu denen Flexibilität wirklich notwendig ist, läßt sich das Effizienzproblem der Abbildung leichter lösen und Systemumfang und Laufzeit auf das auch mit 16-Bit-Rechnern Machbare und für CAD-Anwendungen Notwendige reduzieren. Aus Erfahrungen mit PHOLAS ist bereits bekannt, daß die Interpretationszeit des Datenkataloges einen wesentlichen Anteil an der Laufzeit von Datenmanipulationsbefehlen ausmacht [Sche74], und Schichtenarchitekturen ebenfalls durch das Aufrufen der einen Schicht durch die andere Zeit kosten. Vom Prinzip eines Datenkataloges und einer modularen Schichtenarchitektur soll aber nicht abgegangen werden, um eine spätere Anpaßbarkeit des Datenbanksystems an nicht vorhersehbare weitere Anwendungssituationen von CAD-Arbeitsplätzen zu erhalten. Die geforderte Effizienz muß deshalb mit anderen Mitteln erreicht werden.

Klar ist, daß man sich nicht für alle Ebenen einen Datenpuffer, sondern nur einen Systempuffer leisten kann, der auf der Speicherungsstrukturebene angesiedelt ist. Der Systempuffer muß, wie in allen CAD-Datenverwaltungen, soviel Daten wie möglich von einer rechnerinternen Darstellung im Hauptspeicher halten. Außerdem muß man sich auf die Interpretation von nur einer Datenbeschreibung beschränken. Da dem Schema die zentrale Rolle der logischen Typ-Definition aller rechnerinternen Darstellungen zukommt, sollte nur diese Ebene explizit definiert werden. Alle anderen Beschreibungen von Strukturen sind derart zu reduzieren, daß sie nur die ausgewählten Untermengen alternativer Abbildung des Schemas angeben.

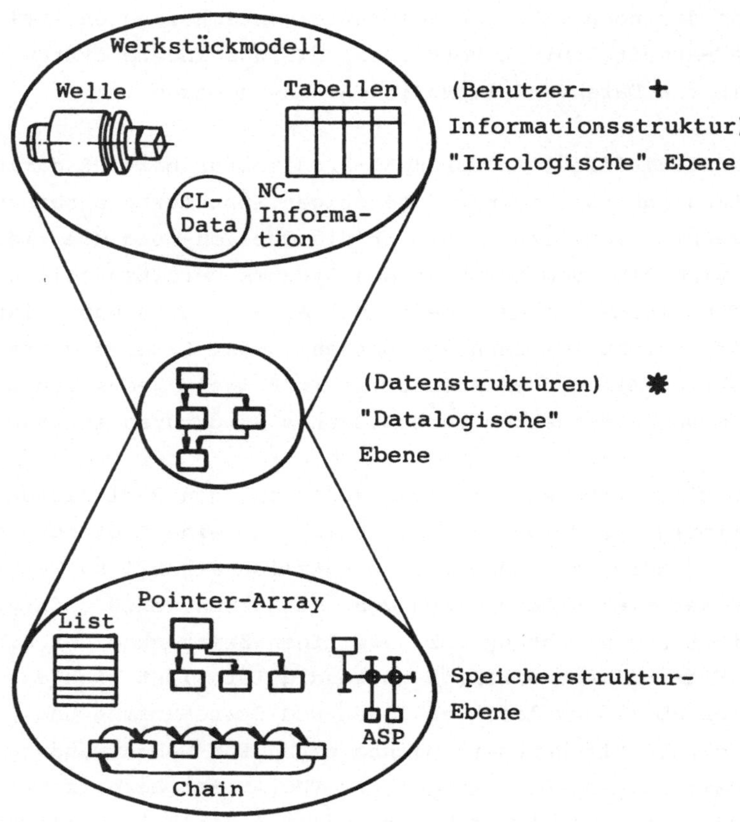

Bild 4.8: Der auf CAD-Anwendungen übertragene Doppelkegel von SENKO.

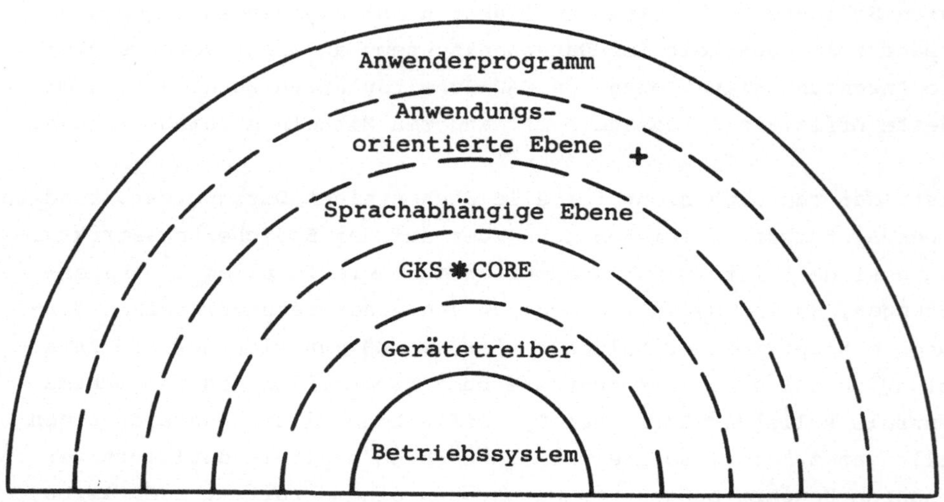

Bild 4.9: Zum Vergleich ein Ebenenmodell für graphische Systeme.

Die SSDL (storage structure description language) dient deshalb nur zur Abbildungsbeschreibung von Datenstrukturen auf eine gewählte Speicherungsstruktur, und die SADL (storage allocation description language; CODASYL: DMCL) dient zur Abbildungsbeschreibung auf die Ebene der von einem laufenden Datenbanksystem bereitgehaltenen Speichermedien. Die Frage ist, bis zu welchem Zeitpunkt die Trennung der Beschreibung aufrechterhalten werden soll, denn ab einem bestimmten Zeitpunkt ist das Datenbanksystem eine lauffähige Einheit. Mögliche Zeitpunkte der Bindung sind:

- Der Zeitpunkt des Programmierens, manuell oder per Programmgenerator (für universelle Datenverwaltungssysteme uninteressant).
- Der Zeitpunkt der Programmübersetzung.
- Der Zeitpunkt des Bindens (link) der Programme zu einer lauffähigen Version.
- Der Zeitpunkt der Datenbankeröffnung durch die Anwendung (INVOKE).
- Der Zeitpunkt des aktuellen Zugriffs auf die Daten. (Diesen höchsten Grad der Flexibilität verlangen verfahrenstechnische Prozeßanwendungen, die in einem nicht unterbrechbaren 24-Stundenbetrieb arbeiten müssen. In den Prozeßkontrollwarten werden auch graphische Bildschirme eingesetzt [BBCKM81]. Diese technischen Anwendungen von Datenbanken können hier jedoch ausgeschlossen werden.)

Für ein Datenbanksystem für CAD-Arbeitsplätze sollte für jede der Abbildungen zwischen den Ebenen ein gesonderter Zeitpunkt des Bindens vorgesehen werden.

Die Bindung der anwendungsorientierten Ebenen an die externen Subschemata des Datenbanksystems sollten erst zur Datenbankeröffnung vorgenommen werden. Bei einem ständigen Anwachsen der Anwenderprogramme um weitere CAD-Methoden ist es praktikabler, anwendungsabhängige und anwendungsunabhängige Teile eines CAD-Systems für sich zu übersetzen und zu binden.

Die Bindung zwischen den externen, konzeptionellen und internen Schemata und dem Datenbankmanagementsystem kann zum Zeitpunkt des Bindens der Anwenderprogramme geschehen, da in der Praxis trotz der angestrebten Datenunabhängigkeit doch Programmänderungen einiger betroffener Teile einer problemorientierten Schnittstelle und die Reorganisation alter Datenbestände vorzunehmen sind. Ein früherer Zeitpunkt sollte nicht gewählt werden, um die Modularisierung des Datenbanksystems in getrennt zu übersetzende, prüfbare, den einzelnen Ebenen zugeordnete virtuelle Maschinen nicht von vornherein auszuschließen. Zudem bleibt dann die Möglichkeit erhalten, auf eine niedere Ebene der Manipulation zurückzugreifen, wenn in speziellen Anwendungsalgorithmen, trotz aller Optimierungen, die Effizienz nicht ausreichen sollte.

Die Bindung zwischen der SSDL-Ebene und der Ebene der Speicherstrukturen sollte dagegen zur Laufzeit des Datenbanksystems mit der Anwendung möglich sein. In kleinen CAD-Arbeitsplätzen kann nicht immer das ganze Datenvolumen auf Laufwerken verfügbar gehalten werden. Ein Plattenwechsel, das Eröffnen neuer Dateien oder ihr Überspielen aus dem Datennetz ohne Abbruch der Dialogprogramme sind weitere berechtigte Forderungen des Benutzers. Es ist somit ausreichend, nur die letzte Abbildung, die in Form eines Dialoges zur Laufzeit verändert werden kann, als systemeigene Datenbank des Datenbanksystems zu verwalten. Der Zugriff mit dem Datenbanksystem für den internen Eigenbedarf sollte über die physische Manipulationsebene der Speicherungsstruktur SSML erfolgen, weil die Datenstruktur der systemeigenen Datenbank nicht mehr geändert wird.

Der Datenkatalog, der die Datenstrukturbeschreibung und die Abbildung auf die Speicherungsstrukturen enthält, muß dagegen besonders effizient realisiert werden, weil die Interpretation nicht wie im vorangegangenen Fall der Speichermedienverwaltung als ein vernachlässigbarer Zeitfaktor zu einem nicht vermeidbaren Plattenzugriff hinzugezählt werden kann. Die aus der späten Bindung sich ergebenden Möglichkeiten einer vorausschauenden Beantwortung ständig wiederkehrender Fragen des Datenbankmanagementsystems an seinen eigenen Datenkatalog sind deshalb intensiv zu nutzen. So ist es wenig sinnvoll, wenn erst zur Laufzeit untersucht wird, ob ein Benutzer eines bestimmten Subschemas einen Record überhaupt löschen darf, um dann im Vergleich von Schema und Subschema festzustellen, daß das nicht zulässig ist, weil ihm einige funktionelle Abhängigkeiten wegen nicht in das Subschema aufgenommener CODASYL-Sets nicht bekannt sein können. Solche und andere, von der Programmierung des Datenbankmanagementsystems ja bekannten Fragen an den Katalog, können gleich zur Laufzeit der DDL- und SSDL-Compiler gestellt und als fertige Antworten im Katalog gespeichert werden. Für die Katalogdaten sind Spezialstrukturen und für jeden Bildschirm eigene Pufferbereiche vorzusehen, um zu verhindern, daß sich mehrere Benutzer die Lokalität ihrer rechnerinternen Darstellungen und Katalogdaten durch gegenseitige Verdrängung zerstören.

4.3.2 Architektur unter Beachtung von Bindezeiten

Der Einfluß dieser Randbedingungen auf ein Datenbanksystem für CAD-Arbeitsplätze soll an dem bekannten Bild der ANSI-Architektur aufgezeigt werden (Bild 4.10).

Die Manipulation der internen Speicherungsstruktur mit einer Speicherungsstruktur-Manipulationssprache SSML baut auf der Schale einer innersten virtuellen Maschine zur Verwaltung von Speichereinheiten wie Datei, virtuelle Datenpuffer und Seiten durch eine SAML-Ebene auf. Auf der durch Festlegung der SSML definierten virtuellen Maschine ist dann die DML-Schnittstelle zu implementieren. Die SSML ist ebenfalls in eine Gastsprache eingebettet, und kann in Notfällen von CAD-Systemprogrammierern zur anwendungsbezogenen Erweiterung einer darüberliegenden Ebene dienen. Die jeweilige Struktur der Daten wird den einzelnen Maschinen durch Interpretation eines aus den Schemata generierten Datenkataloges zugänglich gemacht. Jede Operation bildet auf jeder Ebene eine möglichst unabhängige Einheit. Der Datenkatalog ist ebenfalls in voneinander unabhängige, auf die Record- und Set-Klauseln normierte Beschreibungseinheiten strukturiert.

Der für die Architektur entscheidende Zeitpunkt der Systembindung ist t6. Bis dahin haben ein Datenspeicher für systemeigene Daten, eine DBMS-Bibliothek der Programme des Datenbankmanagementsystems und ein Datenkatalog als ein System compilierter Schemabeschreibungen bereitzustehen. Auf das Problem des Urladens soll nicht eingegangen werden. Die Übersetzung der Schemata erfolgt in der Reihenfolge:

t1: Schema   t2: Internes Schema   t4: Subschemata.

Zu t4 wird jedes Subschema mit dem zu t3 vorhandenen Teilkatalog R&S aus Schema und Internem Schema verglichen. Als Ergebnis existiert zu t5 ein spezieller Teilkatalog, der die Daten aller Subschemata in optimal vorinterpretierter Form enthält, wie sie zum Ablauf eines Anwenderprogramms mit einem bestimmten Subschema benötigt werden. In dem Beispiel entsteht für das Subschema "Nr. 5" der Eintrag SS05 als die zur Laufzeit mit dem Subschema relevante Teilmenge des Kataloges R&S.

Zum Zeitpunkt des Bindens t6, entweder mit einem Anwenderprogramm oder einem Schnittstellenmodul problemorientierter Art, werden nur die Operationen der jeweiligen virtuellen Maschinen zu einem ablauffähigen Programm zusammengebunden, die aufgrund der wirklich vorkommenden DML-Operationen benötigt werden. Diesen schraffierten Moduln wird zum gleichen

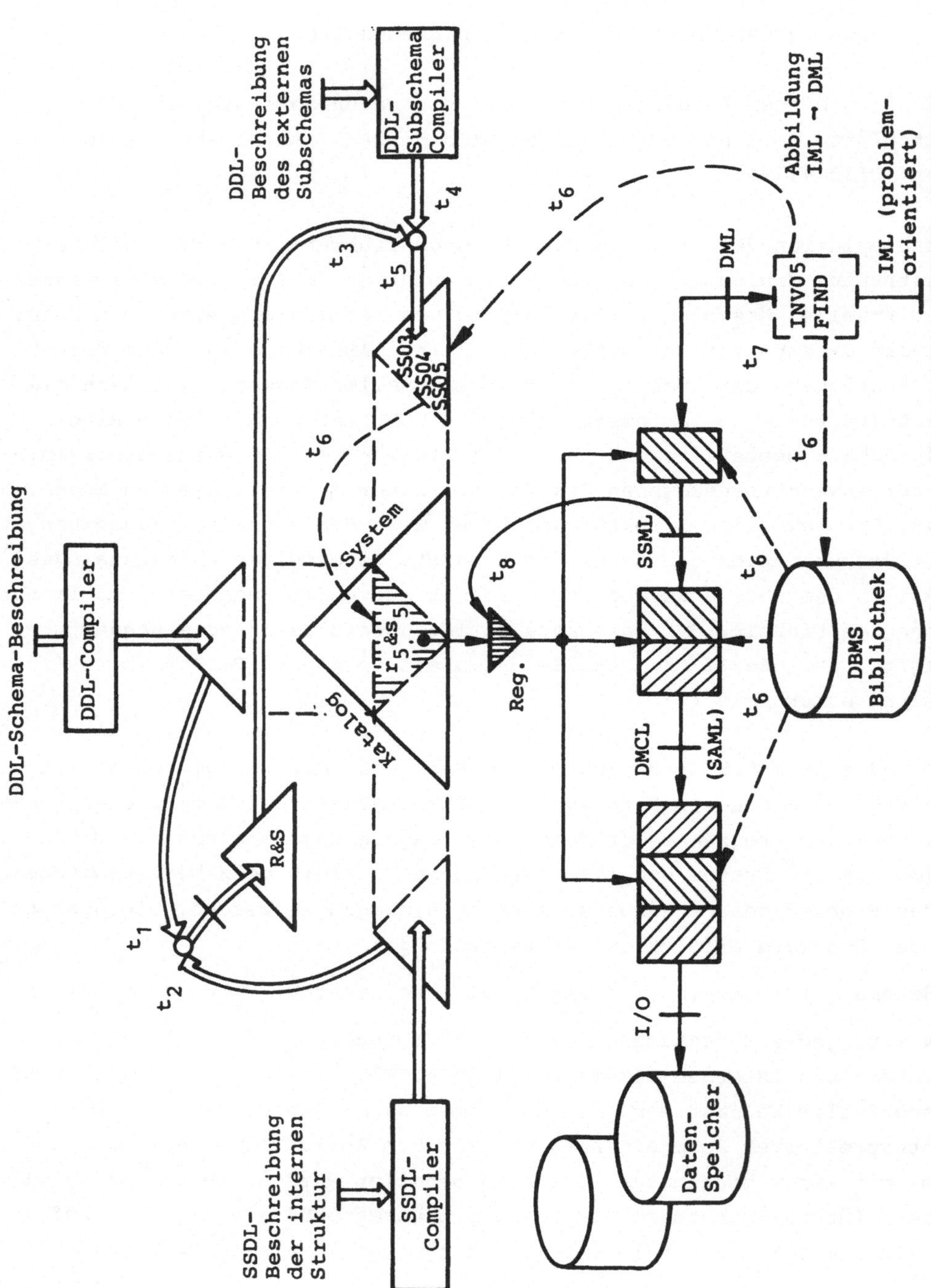

Bild 4.10: Eine ANSI-Struktur unter Beachtung der in CAD-Anwendungen erforderlichen Bindezeiten.

Zeitpunkt t6 ein aus SSO5 generiertes Katalog-Programm r5&s5 für das im INVOKE angegebene Subschema Nr. 5 hinzugebunden. Die Verbindung zwischen internen Namen des Datenbanksystems und denen des Anwenderprogramms erfolgt dagegen erst zur Zeit t7, dem Ablauf des INVOKE-Befehls selbst [Fi79d].

Zur Laufzeit des Anwenderprogramms t8 wird wiederum eine aktuelle Untermenge des Katalog-Programms r5&s5 in einem gesonderten Register "Reg" des Arbeitsspeichers gehalten, um DML-Befehle, die sich gerade in einem bestimmten Strukturteil der rechnerinternen Darstellung befinden, optimal mit Kataloginformation zu versorgen. Das Register wird bei Bedarf zusätzlich über die SSML-Schnittstelle mit aktuellen Daten aus der systemeigenen Datenbank mit Informationen zur Speicherverwaltung gefüllt.

Durch diese Architektur besteht vor dem Zeitpunkt des Bindens - und damit aus der Sicht der Anwender des Systems - weitgehend die Flexibilität der ANSI-Architektur. Zur Laufzeit besteht das System jedoch nur aus den schraffierten Teilen. Die Architektur zur Laufzeit unterscheidet sich von einer Schichtenrealisierung bisheriger CAD-Datenverwaltungen nur dadurch, daß die Katalogdaten aus den Schichten, in denen sie bisher ebenfalls, wenn auch verstreut vorhanden waren, in einem eigenen Katalog zusammengefaßt sind. Mit dieser Architektur ist ein Minimum an Verwaltungsaufwand und Platzbedarf zur Laufzeit realisierbar. (Vergleiche dazu die Systemübersicht über PHIDAS in Kap. 5.)

4.4 Speicherungsstrukturen

Zu der Ebene der Speicherungsstrukturen gehören die Zugriffspfade von außen auf die gespeicherten Daten, von einem Datenobjekt zum anderen sowie die Zusammenfassung logisch zusammengehörender Daten mit dem Ziel, die Kosten für bekannte Folgen von Datenzugriffen klein zu halten.

4.4.1 Zugriffspfade

Die in den Datenbanksystemen angebotenen Zugriffspfade stimmen - bis auf die fehlenden assoziativen Strukturen - mit denen in CAD-Datenverwaltungen soweit überein, daß es möglich sein sollte, unter den von einem Datenbankmanagementsystem angebotenen Techniken des Zugriffs auch eine für CAD-Anwendungen geeignete Technik zu finden [Knu69,GoTo70,Bac74, BlFi78]. In Datenbanksystemen ist es wieder möglich, heterogene Speicherungsstrukturen zu definieren, ohne einem komplizierten Problem der Umprogrammierung gegenüberzustehen, wenn die Abbildung geändert werden muß. An wenigen Stellen der Struktur gezielt eingesetzt, kann durch doppelte statt einfache Ringverkettung oder Zeigerfeldern (pointer array), viel Zeit eingespart werden [EHR79]. Besonders bei großen, viele Seiten langen rechnerinternen Darstellungen kann die durch Schichtenarchitektur und Kataloginterpretation verlorene Zeit wieder zurückgewonnen werden.

4.4.2 Vorhandene Alternativen der Zusammenfassung von Daten

Heutige Datenbanksysteme können selbst bei aller Bereitschaft zu Kompromissen nicht in CAD-Anwendungen eingesetzt werden, da die Alternativen, die zur Zusammenfassung von Daten auf gemeinsamen Datenträgern angeboten werden, spärlich sind, wenn sie nicht überhaupt in die entgegengesetzte Richtung zielen. Die meistens vorhandenen Möglichkeiten sind:

- Zusammenfassung aller (!) Recordausprägungen (Tupel) eines oder mehrerer Typen (Relationen) in einer gemeinsamen Datei (File im Sinne eines Betriebssystems oder ein entsprechend variabler Datenpuffer).
- Zusammenfassung jeweils aller Member und aller Owner eines CODASYL-Set-Typs auf voneinander getrennten Seiten der Datei.
- Zusammenfassung aller zu einer Set-Ausprägung gehörenden Records auf einer gemeinsamen Seite.

Den letzten beiden, für Baumstrukturen geeigneten Optimierungen, sind in Netzstrukturen Grenzen gesetzt (cluster constraint, placement constraint [KaWo80]). Aber auch bei Baumstrukturen kann die Zusammenfassung von Ownern mit allen ihren Member-Records (CODASYL: ATTATCHED) die übrigen Daten so unkontrolliert auf einer Datei verstreuen, daß im Gegenteil eine Verschlechterung des Zugriffsverhaltens eintritt [EHR79]. Die letzten beiden Optimierungen sind für CAD-Anwendungen wenig wirkungsvoll, da nur lokal auf einen CODASYL-Set beschränkt anwendbar. Die zwangsweise Zusammenfassung aller Records eines Typs hat in CAD-Anwendungen katastrophale Folgen. Das soll an einem kleinen Beispiel vorgeführt werden (Bild 4.11).

Man nehme an, für ca. 500 Zeichnungen oder NC-Werkzeugbahnen sind Linienzüge abgespeichert, die aus Linien-Records, Punkt-Records und der mehrfach herangezogenen n:m-Beziehung zwischen Punkten und Linien bestehen. Für jeden Record-Typ ist eine eigene Datei aufzumachen. Für jede Datei ist ein Umfang von 10^5 Ausprägungen zu erwarten. Das ist ein Plattenlaufwerk für jeden Record-Typ! Damit ist fast sicher, daß mit jedem Seitenwechsel nur noch ein einziger, zum dargestellten graphischen Ob-

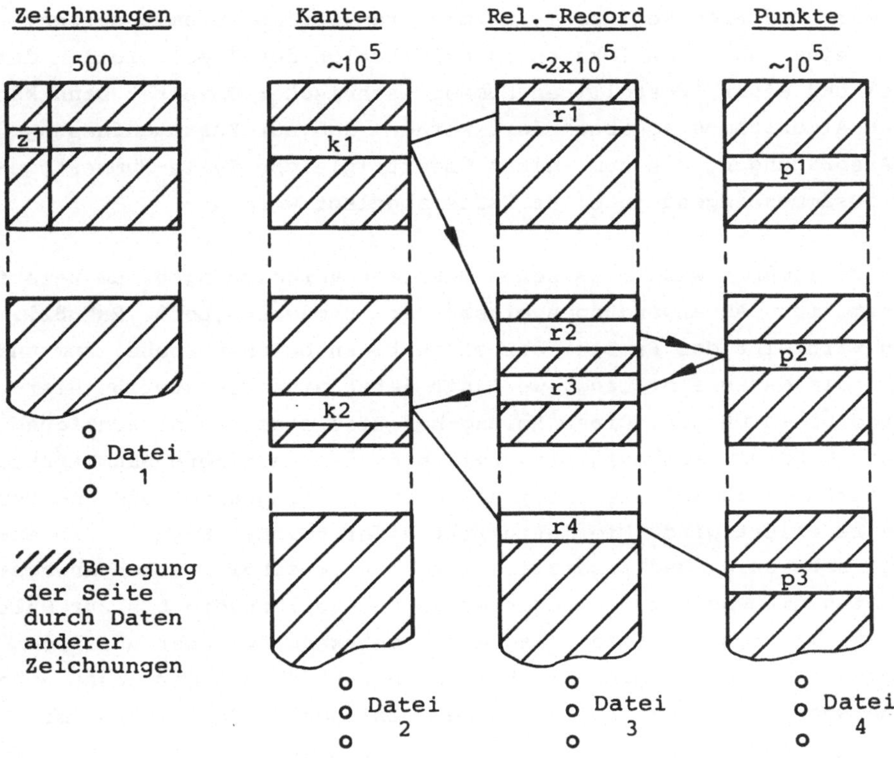

Bild 4.11: Seitenbelegung bei einer 1:1-Abbildung zwischen Record-Typ (Relation) und Datei (File des Betriebssystems).

jekt gehörender Record in den Systempuffer geladen wird. Alle anderen Punkte, Kanten oder Relationsrecords in der Seite gehören zu Objekten, für die momentan kein Interesse besteht, und die auch nicht gepickt werden können. Wenn, wie bei einer Kollisionsprüfung von Außenkonturen zweier Blechteile, 100 x 100 Linien auf gegenseitigen Schnitt geprüft werden, kommt der Plattenarm vor einer halben Stunde nicht zur Ruhe. Eine algorithmische Lageoptimierung von Teilen auf einem Blechstreifen dauert dann länger als einen Tag. Das Fatale ist, daß dieses Problem während der Entwicklung des CAD-Systems mit wenigen Test- oder Demonstra tionsteilen noch nicht auftritt. Mit nur einem Teil in der Datenbank sind die Daten auf den Datenträgern nahezu optimal zusammengefaßt.

Mögliche Abhilfen, die am System RAPPORT [Log80] erprobt worden sind:

- Das Datenbanksystem nur für ein einziges technisches Objekt einsetzen. Nicht benötigte Objekte müssen dann als Konserven ausgelagert werden; die Frage ist nur wohin.

- Die Primär- und Fremdschlüssel aus mehreren Stufen zusammensetzen, z.B. aus einer nur noch lokalen Identifikation der Tupel (Zeilen der Tabelle) und einer 12-stelligen Nummer technischer Objekte. Dann kann ein Hash-Algorithmus so abgeändert werden, daß nur Zusammenfassungen aller Ausprägungen, die zum selben Objekt (gleiche Teile-Nummer) gehören, zusammenhängend in einer Seite abgelegt werden.

Die letztere Technik wird inzwischen mehrfach vorgeschlagen, um relationale Systeme für CAD-Anwendungen einsetzbar zu machen [Lor81,RaKu82]. Zum einen verbleibt das Problem der eindeutigen Namensvergabe, zum anderen werden die Namen sehr lang, weil sie jetzt eine vielstufige Hierarchie ausdrücken müssen. Diese Lösung bedeutet eine Beeinträchtigung der logischen Datenunabhängigkeit, weil eine übergeordnete Baumstruktur eines Produktmodells auf die interne Zusammensetzung eines oder mehrer Itemwerte reduziert wird. Die Integrität einer solchen Struktur zu erhalten ist schwierig, und zusätzlich kommt es zu einem starken Anwachsen des Datenvolumens der rechnerinternen Darstellung,die bis zur Hälfte und mehr aus Verweisen besteht. Wegen des unbekannten, aber auf jeden Fall wachsenden Datenvolumens bleibt das in RAPPORT mit der Hash-Technik verbundene Reorganisationsproblem weiter bestehen. Außerdem kann mit dieser Technik nur der Zugriff nach einem Schlüssel pro Relation optimiert werden. Nach allen anderen Schlüsseln ist auch weiterhin sequentiell zu suchen. Insgesamt ist deshalb keine für CAD-Anwendungen ausreichende Laufzeit erzielt worden.

4.4.3 Einführung eines dritten Datenträgers zwischen Datei und Seite

Statt der üblichen Datenverteilung sollte man alle Record-Ausprägungen nicht nach Typen, sondern nach ihrer Objektzugehörigkeit zusammenfassen, wie das in CAD-Datenverwaltungen nicht ohne Grund üblich ist. Als Datenträger eignen sich dafür weder die AREA nach dem alten, inzwischen fallengelassenen AREA-Konzept von CODASYL, noch die festformatige Seite. Es muß ein neues logisches Speichermedium zwischen Datei (file) und Seite (page) eingeführt werden, welches von flexibler Größe ist, um sich dem Datenvolumen einer rechnerinternen Darstellung zur Laufzeit anzupassen. Dieser neue Datenträger existiert bereits an einigen Stellen unter verschiedenen Namen; entweder als linearer Adreßraum [SAAF73] oder als Segment im Sinne virtueller Betriebssysteme [Deg70], oder ebenfalls unter dem Namen Segment in den unteren Ebenen vom System-R [Ast76, Här78]. Ein Segment besteht aus einer dem Bedarf entsprechenden Anzahl von Seiten bis zu einer Maximalgrenze, die durch die Möglichkeiten der

Adressierbarkeit gegeben ist. Was CAD-Datenbanken von der internen Ebene von System-R unterscheiden sollte, ist die Art der Abbildung von Daten auf Segmente. Es dürfen eben nicht alle Daten eines oder mehrer Record-Typen (oder Relationen) auf ein Segment abgebildet werden, sondern alle Daten einer rechnerinternen Darstellung oder noch allgemeiner (wenn möglich),

das jeweilige U m f e l d eines Gegenstandes
und damit der ganze P l e x !

Da man aber pro Datenträger immer nur nach einem logischen Kriterium physisch optimieren kann, muß entweder die Optimierung zur Laufzeit geändert werden - das ist aus Effizienzgründen nicht möglich - oder es muß die Möglichkeit zur weiteren Strukturierung von Strukturen geschaffen werden. Mit dem Segment als mittlerem Datenträger besteht die Möglichkeit, die Seite weiterhin für lokale Optimierungen innerhalb eines Segmentes auszunutzen und die Datei oder mehrere Dateien zur Archivierung von rechnerinternen Darstellungen nach globaleren Kriterien einzusetzen. Ein solches gemeinsames Kriterium wäre schon der Schutz gegen Änderungen.

Dieser zusätzliche Datenträger auf einer logischeren Ebene als Datei und Seite ist in keinem CODASYL-System vorhanden. Im System-R entspricht die Abbildung auf das Segment fast dem alten AREA-Konzept von CODASYL.

4.4.4 Zur Clusterung von Netzen auf mehreren Datenträgern

Unter Clusterung soll die Zusammenfassung von Daten auf Datenträgern nach vorzugebenden Kriterien verstanden werden.

Netze können nicht so einfach wie Bäume auf getrennte Datenträger abgebildet werden, denn sie besitzen gegenüber Bäumen viele zusätzliche Kanten, die die Grenzen zwischen den Clustern überschreiten.

Eine Möglichkeit, die Probleme zu umgehen, ist die, diese Kanten einfach aus der logischen Struktur wegzulassen und nur diszipliniert über einen ausgezeichneten Record als Wurzel eines Clusters zu navigieren [WaWe75]. Dieser Vorschlag hat allerdings sofortige Kritik ausgelöst [Dat77]: 'However, it is at least debatable whether the data model (as opposed to the storage structure) is the right place to introduce such considerations'.

Eine weitere Möglichkeit wäre, die Knoten des Graphen auf die Grenze zwischen den Clustern zu legen, durchzuschneiden und in jedem Datenträger duplikat abzuspeichern [Sd76,KaWo80]. Geht man vom Normalfall in CAD-Netzen aus, dann ist die Kante eine n:m-Beziehung und der zu trennende Knoten wäre ein Relations-Record. Das Ergebnis ist eine Duplizierung von Relations-Records, die bereits einfach n- und m-mal vorhanden sind, begleitet von einer - wenn auch nur physischen Redundanz - die nur mit Hilfe von zeitaufwendigen, grenzüberschreitenden Zugriffen gewartet werden kann.

4.4.5 Eine flexible Clusterung von Daten

Zuerst soll von der vereinfachten Annahme ausgegangen werden, daß der Graph der Netzstruktur für eine Laufzeitoptimierung in eine Anzahl nicht überlappender Umfelder ausgewählter Record-Typen zerlegt werden kann. Jedes Umfeld enthält ein Stück der Netzstruktur, mit dem ein Objekt oder eine Einzelheit als Typ-Graphen beschrieben ist. In diesem abgeteilten Graphen ist ein Record-Typ ausgezeichnet, der den Teilgraphen als Stellvertreter repräsentiert.

- Jede Ausprägung eines zu einem ausgezeichneten Record-Typ gehörenden Umfeldes soll CLUSTER genannt werden.
- Es gibt so viele Cluster, wie es in einer Datenbank gespeicherte Ausprägungen des ausgezeichneten Stellvertreters gibt. Aus diesem Grund soll der stellvertretende Record als clusterbildend und alle anderen Records als interne Records des Clusters bezeichnet werden (Bild 4.12).

Mit zwei verschiedenen Abbildungsvorschriften zwischen Clustern und Segmenten läßt sich sowohl eine geeignete Zusammenfassung von CAD-Daten als auch kommerziell-administrativer Daten erzielen; aber auch mehrere zusätzliche Mischformen.

Die CAD-Abbildung:

Alle Daten eines Clusters werden auf ein Segment abgebildet. Die erste Seite eines Segmentes wird eröffnet, sobald der clusterbildende Record gespeichert werden muß. Das Segment wächst oder schrumpft mit der Anzahl clusterinterner Records, also mit der Größe der rechnerinternen Darstellung technischer Objekte.

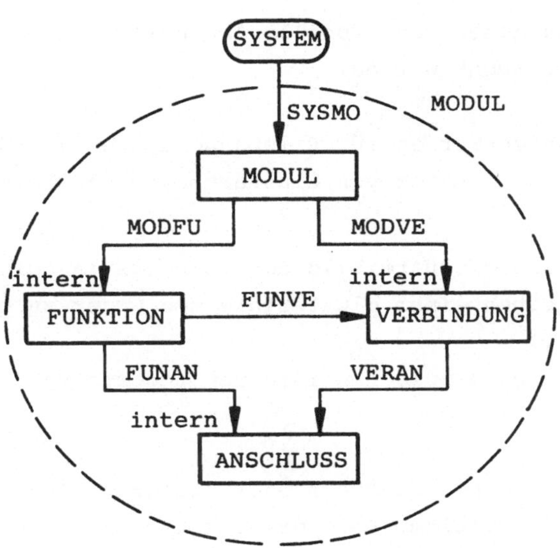

Bild 4.12: Jede Ausprägung des Record-Typs MODUL bildet ein neues Cluster. Das Umfeld vom Modul enthält alle zugehörigen internen Record-Typen.

Die "kommerzielle" Abbildung:

Jeder Record-Typ einer Netzwerkstruktur wird als clusterbildender Stellvertreter nur von sich selbst definiert und hat somit keine weiteren internen Records. Auf ein Segment werden bis zu einer angegebenen Maximalzahl (population) alle zu speichernden Record-Ausprägungen dieses Typs in einem Segment abgelegt. Ist die Maximalzahl erreicht, wird ein neues Segment aufgemacht. Das Ergebnis ist die bekannte Speicherung aller Personen, Abteilungen und Projekte in getrennten, variabel langen Segmenten. Ein Überlaufproblem besteht nicht.

Durch die Aufnahme eines oder mehrerer interner Records in ein Cluster oder die Beschränkung der Maximalzahl auf die Datenmenge weniger Seiten sind flexiblere Packungen von Daten möglich, als das bei heutigen Datenbankmanagementsystemen der Fall ist!

4.4.6 Clusterüberschreitende Zugriffspfade

Will man auf der logischen Ebene nicht wegen physischer Grenzen auf eine logische Beziehung zwischen Gegenständen verzichten, kommt es zwangsläufig zu clusterüberschreitenden Zugriffspfaden. Es lohnt sich aber nur dann, Zugriffspfade in einen Datenbestand zu integrieren, wenn die Daten auf gemeinsamen Datenträgern zusammengefaßt sind. Deshalb müssen die

Clusterübergänge, an denen funktionelle Abhängigkeiten zwischen Records bestehen, näher untersucht werden.

Aus einigen Datenbankentwürfen für Pilotanwendungen des CAD-Datenbanksystems ließen sich drei Arten von Clusterübergängen herauskristallisieren (Bild 4.13):

a) Der Übergang zwischen clusterbildenden Records in beide Richtungen.
b) Der Übergang zwischen einem clusterinternen Owner zu einem clusterbildenden Member.
c) Der beliebige Übergang zwischen internen Records verschiedener Cluster.

Beziehungen innerhalb eines Clusters oder zwischen allen clusterbildenden Records sind kein Problem. Soll das Cluster dupliziert, kopiert oder in die Datenbank eines anderen CAD-Arbeitsplatzes übertragen werden, ist bei einer 1:1-Abbildung zwischen Cluster und Segment lediglich die Verkettung der clusterbildenden Records zu löschen, und die rechnerinterne Darstellung kann seitenweise übertragen werden, ohne daß interne Verkettungen beachtet werden müssen.

In den Fällen (b) und (c) besteht die Schwierigkeit zu entscheiden, welchem Cluster ein zu speichernder Record angehören soll, wie das nachfolgende Beispiel für den Fall (b) zeigt: Gegeben ist eine einfache Netzmasche aus den Record-Typen A, B, C und D, entsprechend der in Bild 4.14 angegebenen Datenstruktur, sowie eine vereinfachte Darstellung zweier Ausprägungen mit A als clusterbildendem Record und B, C und D als clusterinterne Records. Die Ausprägung Dij der Record-Type D kann ohne Probleme für die Clusterung mit Bi und Ci oder alternativ mit Bj und Cj verknüpft werden. Für i ungleich j ist das Problem jedoch nicht eindeutig lösbar!

Durch die Datenstruktur - zusammen mit der semantisch arm gewählten Buchstabenbezeichnung - wird suggeriert, daß zwischen B und C eine n:m-Beziehung besteht. Sieht man sich aber einige Datenbankentwürfe zu diesem Fall mit den Augen der Anwendung an, dann ist entweder die Beziehung i oder j nicht vorhanden. Typischerweise handelt es sich dann um eine B und C gemeinsame Unterstruktur einer rechnerinternen Darstellung für eine freie Fläche, Tabelle oder eine elektronische Schaltungseinheit, die sowohl B als auch C potentiell zugeordnet werden kann. Aber nie wird die g l e i c h e Ausprägung mehreren Ownern gleichzeitig zugeordnet, wie das bei n:m-Beziehungen der Fall ist. Könnte man bereits in der

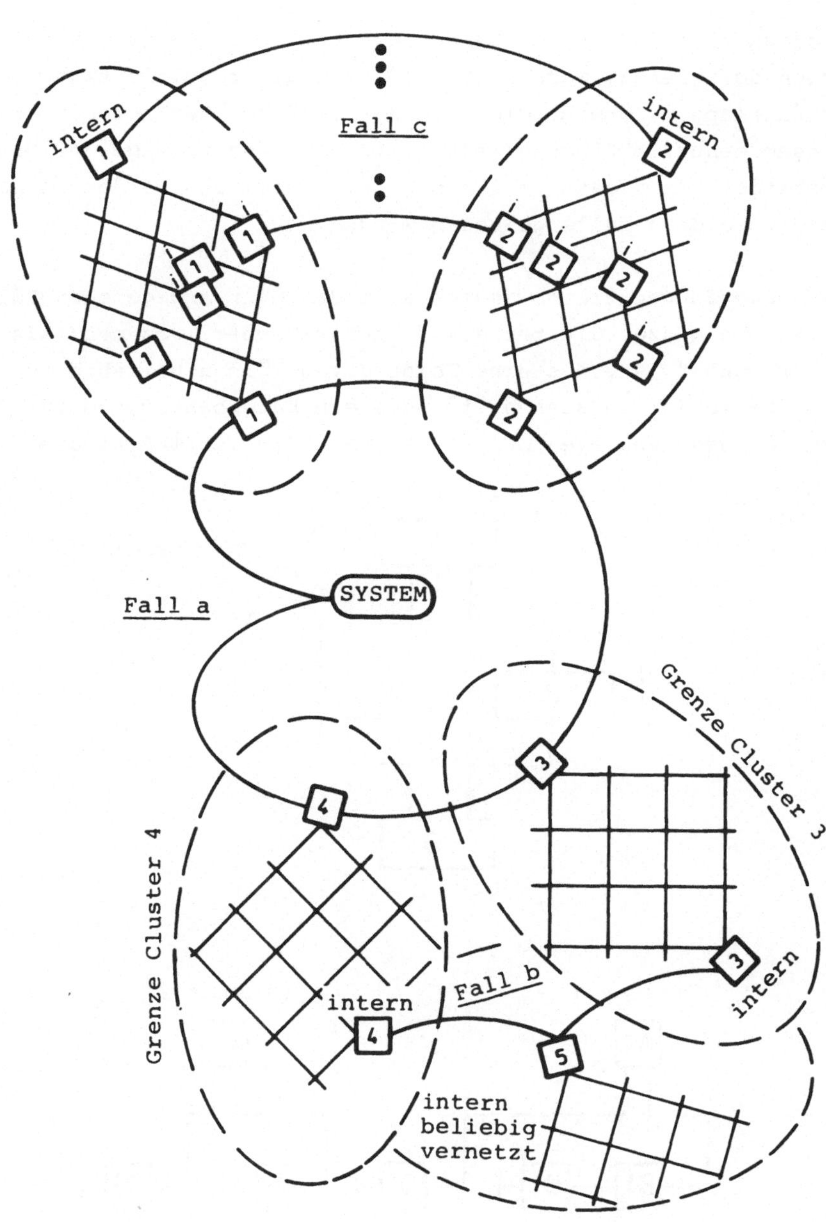

Bild 4.13: Clusterstrukturen mit drei verschiedenen Übergängen zwischen Clustern.

Datenstruktur zwischen den beiden Ownern B und C eine exklusive Oder-Funktion definieren, wäre klar, daß sich die resultierenden Cluster nicht überlappen, obwohl die Umfelder sich so überlappen, daß sich die gemeinsam genutzte Flächenstruktur in der Schnittmenge der Überlappungen befindet. In diesem Fall konnte eine mögliche Forderung nach disjunkten Umfeldern fallengelassen werden.

In CAD-Anwendungen treten jedoch alle der oben angegebenen Fälle auf, in denen ein ganzes Cluster ein "Cluster-Member" von mehr als einem "Cluster-Owner" ist. Als eine Fclge davon können beliebig vermaschte Cluster-Netze (c) entstehen, für die ein Datenbanksystem für CAD-Arbeitsplätze Lösungen anbieten muß (siehe dazu die CLUSTER-Klausel von PHIDAS).

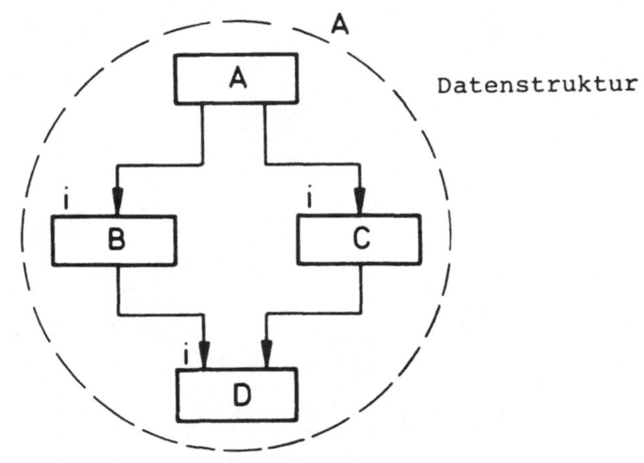

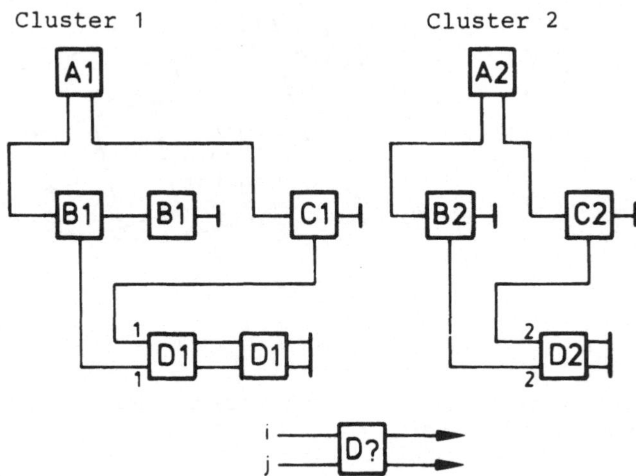

Bild 4.14: Die Zuordnung einer Ausprägung des Typs D zu einem Cluster ist ohne Kenntnis der Anwendung - nur mit der Datenstruktur allein - nicht zu entscheiden.

4.5 Integritätserhaltung

Es wird davon ausgegangen, daß die Integrität einer Datenbank soweit gegen Fehler der Anwendungsprogrammierer gesichert ist, wie das aufgrund einer Überprüfung des Datenbankinhaltes mit dem Datenkatalog erwartet werden kann. Weitere Gefahren für die Integrität eines Datenbestandes sind:

- Systemüberforderungen,
- Systemzusammenbrüche und
- Zerstörungen von Sekundärspeichern,

die alle zum "Absturz" der Datenbank führen können.

Aus der Sicht von CAD-Anwendungen sind zwei neuralgische Punkte in einem Datenbanksystem auszumachen:

- Der Systempuffer, in dem möglichst viele - aber meist doch nicht alle - Seiten aktueller rechnerinterner Darstellung im Hauptspeicher bereitgehalten werden.
- Die Langzeitarchive mit rechnerinternen Darstellungen, auf die in größeren Abständen immer wieder zugegriffen wird.

Der Schutz umfangreicher, mit hohen Kosten zusammengetragenen Datenbanken ist eine Hauptaufgabe universeller Datenbankmanagementsysteme. Die eingesetzten Techniken sind entsprechend aufwendig. Sie führen zu einer wechselseitigen Abhängigkeit von Subsystemen der Systempufferverwaltung, der Sperrverwaltung und dem Subsystem für Protokollführung und Wiederanlauf. Die globalen Regeln des Zusammenspiels sind [Här78]:

- Bevor ein geändertes Datenobjekt aus dem Systempuffer in die Datenbank zurückgeschrieben wird, muß die Log-Einheit L (undo) auf einen sicheren Platz der Datenbank geschrieben sein.
- Wegen der Forderung nach Wiederholbarkeit von Änderungen, muß die Log-Einheit L (redo) spätestens am Ende einer Transaktion auf einen sicheren Platz geschrieben werden.
- Die gesperrten Datenobjekte müssen immer gleich oder größer sein als die protokollierten Log-Objekte.

Diese Grundsätze gelten auch für CAD-Anwendungen; vorhandene Realisierungen können aber nicht übernommen werden. Eine flexible Lösung, die wie bei der Clusterung beide Anwendungsarten einschließt, zeichnet sich nicht ab. Die Gründe sind:

Auslagerungen von Seiten machen bei einer gut entworfenen CAD-Datenbank nur einen geringen Prozentsatz der Laufzeit aus oder können bei einem ausreichend großen Systempuffer ganz vermieden werden. Eine nur zu Protokollzwecken um mehrstellige Faktoren größere Anzahl von Seitenwechseln als für den Normalbetrieb notwendig wäre, scheidet von vornherein aus. Eher riskiert man den meist nur auf eine rechnerinterne Darstellung beschränkten Totalverlust, als eine Reduzierung der Geschwindigkeit in dieser Größenordnung [Atk80]. Ein mit der Transaktion in kommerziellen Anwendungen gleichzusetzender Dialogschritt ist zu kurz, als daß die Änderung mehrerer Seiten innerhalb der geforderten Antwortzeit protokolliert werden könnte.

Ein anderer Punkt betrifft die Objekte, die zu sperren wären. Da in kommerziellen Anwendungen ein Objekt in der Realität einem Record in der Datenbank noch am ehesten entspricht, besteht in dem Sperren des Record-Typs, dessen Record geändert werden soll, noch ein Sinn. Aber bei einem Würfel oder anderen Polyedern wird mit dem Sperren des Record-Typs Punkt die ganze Datenbank für alle anderen Anwender gesperrt!

In CAD-Anwendungen müssen statt Record-Typen Produktmodelle gesperrt werden, weil sie die kleinsten Einheiten sind, die in vielen CAD-Anwendungen verschiedene Benutzer gleichzeitig interessieren könnten. Entspricht eine rechnerinterne Darstellung des Produktes einem Cluster, das 1:1 auf ein Segment abgebildet ist, kann das Segment als ausreichend große Sperreinheit oder Protokolleinheit herangezogen werden. Unter Ausnutzung dieses Tatbestandes lassen sich für CAD-Arbeitsplätze effiziente Schutz-Komponenten entwickeln, getrennt nach gemeinsam benutzten Archiven auf der einen Seite und Bildschirmen zugeordneten Systempuffern auf der anderen Seite.

4.5.1 Sperren und Protokollieren bei Archivänderungen

Statt die Sperren mehrerer Segmente einer Datenbank zu verwalten, ist es einfacher, die zu sperrenden rechnerinternen Darstellungen nach verschiedenen Kriterien in mehreren Archiven zusammenzufassen und den Zugang zu den Archiven nach Funktionen getrennt zu sperren. Das Ergebnis ist eine Unterteilung der Datenbank in mehrere Teildatenbanken. Jede dieser Teildatenbanken kann dann zu einer für CAD-Anwendungen lokaler Datenbanksysteme ausreichend feinen Sperreinheit erklärt werden.

Für die Teildatenbank kann - in abgewandelter Form - das alte AREA-Konzept von CODASYL herangezogen werden. Eine AREA ist dann keine physische Unterteilung einer Datenbank in mehrere Dateien, sie wird vielmehr auf logischer Ebene zu einer selbständigen und auch getrennt reorganisierbaren Teildatenbank mit eigenen Schutzrechten aufgewertet. In einer AREA werden rechnerinterne Darstellungen mit gemeinsamen Kriterien archiviert und als Nebeneffekt auch auf gemeinsamen Dateien (files) eines gemeinsamen Laufwerkes zusammengepackt.

Bei Bedarf können viele anwendungsorientierte Archive geschaffen werden. Jede Veränderung durch hinzukommende oder ausgetragene rechnerinterne Darstellungen wird zusätzlich auf ein Protokollband mitgeschrieben. In diesem Fall ist die Area die Sperreinheit und das Segment die Protokolleinheit. Das Segment ermöglicht ein schnelles Archivieren, weil nicht recordweise, sondern seitenweise übertragen werden kann. Jedes Archiv sollte gleich behandelt werden. Es gibt dann keinen Unterschied zwischen änderbaren rechnerinternen Darstellungen in Datenfeldern und rechnerinternen Darstellungen in einem Archiv von "Konserven".

Mit dieser Technik lassen sich der Organisation angepaßte Area-Strukturen aufbauen. Ein Beispiel zeigt Bild 4.15 [FiGa77]. Gearbeitet wird in diesem Beispiel in einer dem Bildschirm zugeordneten Public-Area, für die keine Sicherung gegen Plattenausfälle besteht, wohingegen die Langzeitarchive für freigegebene Einzelteile, Werkzeuge und NC-Bahnen gesichert werden können. Von dem Sicherungspunkt einer Plattenkopie ausgehend, kann jeder Archiviervorgang Darstellung um Darstellung von einer Log-Datei wiederhergestellt werden.

4.5.2 Schutz des Systempuffers gegen Systemfehler

Beim Schutz des Systempuffers kann für eine Protokollstrategie davon ausgegangen werden, daß nicht nur alle betroffenen Segmente, sondern auch die Systempuffer für andere Anwender gesperrt sind. Denn schon aus Effizienzgründen ist es notwendig, für jeden Bildschirm einen eigenen Systempuffer anzulegen. Es wäre unsinnig, auf der einen Seite Aufwand in eine optimale Clusterung der Daten zu stecken und diese Clusterung nachher durch Konkurrenz um freie Seiten (Kacheln) in einem gemeinsamen Systempuffer wieder zu zerstören. Deshalb können Zufälligkeiten im Wechsel mit anderen Benutzern des Datenbanksystems ausgeschlossen werden.

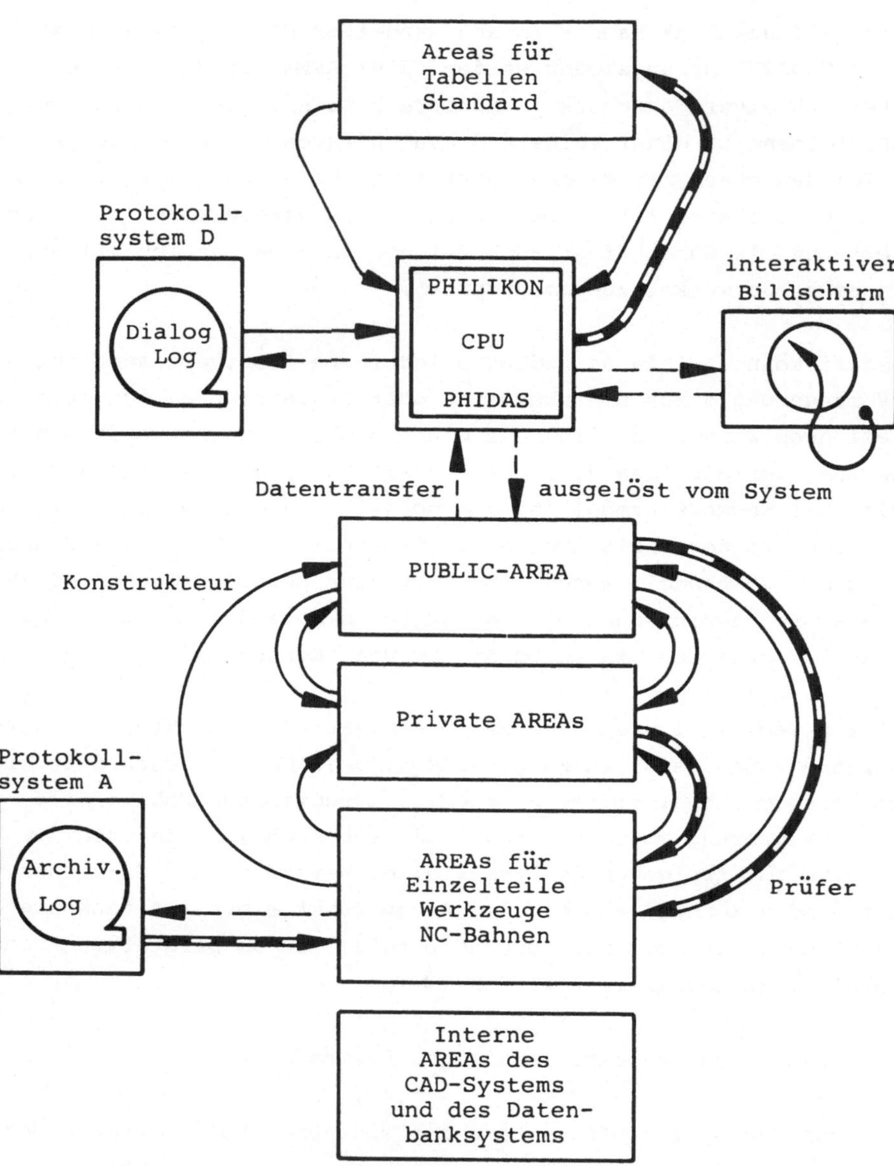

Bild 4.15: Datensicherung mit getrennten Protokollen für Dialoge und Archivänderungen sowie einer Beschränkung der Zugriffsmöglichkeiten auf ausgewählte Archive.

Die Sicherungspunkte müssen durch den Benutzer selbst oder aufgrund bekannter Heuristiken des Benutzerverhaltens gesetzt werden. Einige typische Zeitpunkte für eine Sicherung des Ist-Zustandes rechnerinterner Darstellungen sind die Wahl eines neuen Bildausschnittes, das Auffrischen einer begleitenden Übersicht auf einem Speicherbildschirm vor oder nach einer Serie von Änderungen, oder die Beschaffung von Daten aus anderen Archiven, wenn notwendig über das Datennetz.

In diesen Fällen kann eine Kopie aller Seiten des Segmentes in Form eines identischen Schattens [Här78] im Hintergrundspeicher angelegt werden. Der Schatten bildet dann den Ausgangspunkt, von dem aus ein aktueller Zustand wiederhergestellt wird (recover). Zur Auswahl einer geeigneten Protokolleinheit können die folgenden Beobachtungen an CAD-Systemen ausgenutzt werden:

- Die Anzahl der Operationen an der Schnittstelle zur Datenbank ist um zweistellige Faktoren häufiger als an der Schnittstelle zur Graphik.
- Versuche, einen 5 min langen Konstruktions-Dialog an der Schnittstelle graphischer Systeme auf Band mitzuschreiben - um damit geräteunabhängige graphische Systeme auf ihre Effizienz zu testen [Bau81] - haben gezeigt, daß die Protokollierung von Dialogschritten subjektiv nicht als Verlängerung der Antwortzeiten wahrzunehmen ist.
- Wegen der Ausschaltung von Zufälligkeiten kann, von einem Schatten ausgehend, jeder Schritt entsprechend dem Protokoll wiederholt werden. Sogar die für die PICK-Funktion notwendige Korrelation zwischen Bild-Segmentnummern und systemvergebenen Datenbankschlüsseln bleibt erhalten.

Das Dialog-Protokoll war ursprünglich [Bau78] zur Einführung eines "Probierdialoges" in der Konstruktion gedacht und soll auch weiterhin in diesem Sinn eingesetzt werden. Das Protokoll kann an allen Stellen angehalten werden, in denen eine Position (locator) oder Werteingabe (valuator) stattgefunden hat, um geometrische Veränderungen bei gleicher Topologie mit einem reduzierten Eingabeaufwand vorzunehmen; ein weiterer Grund, graphische Eingabefunktionen n u r in ihrem logischen Sinn zu gebrauchen.

Weitere Einzelheiten der Implementation geeigneter Datenbanksysteme für CAD-Arbeitsplätze sind so spezifisch für die einzelnen Datenmodelle, daß sie besser an einem konkreten System vorgestellt werden. Das neue System kann die Erwartungen der Anwendung nur dann erfüllen, wenn die vorgestellten Änderungswünsche in einer vollständig neuen Implementation berücksichtigt werden. Die Änderungen an dem Datenmodell selbst müßten sich bei der Verwendung des CODASYL-Netzwerkmodells in noch vertretbaren Grenzen halten lassen.

5 EXEMPLARISCHE REALISIERUNG EINES DATENBANKSYSTEMS FÜR CAD-ARBEITSPLÄTZE

Mit dem Datenbankmanagementsystem PHIDAS [BlFi78,Fi79a,Fi79b,Fi82] wurden die Erfahrungen aus der Implementation von CAD-Datenverwaltungssystemen mit speziellen Speicherungsstrukturen wie ASP, der Analyse hauseigener [Phi74a,Phi74b,Sche74] und fremder [AcBo73,Grt78] CODASYL-Systeme und die Folgerungen aus dem Vergleich von Datenverwaltungssystemen in technischen und kommerziellen Anwendungen in eine neue, exemplarische Realisierung eines Datenbanksystems für CAD-Arbeitsplätze eingebracht.

Unter "exemplarisch" wird die Erprobung in mehreren industriellen Pilotanwendungen auf verschiedenen Betriebssystemen und mit graphischer Peripherie aller Ausbaustufen verstanden. Die Anwendungsgebiete sind die Bereiche Maschinenbau, Design technischer Produkte und die Entwicklung elektronischer Systeme.

Eines der vorgegebenen Ziele war, möglichst keinen "Gegenstandard" zu den Arbeiten der CODASYL FORTRAN DATA BASE FACILITY zu schaffen [DMLC75,DMLC77,DMLC80], weil das Netzwerkmodell - als ein von CAD-Anwendungen kommendes Grundkonzept - für diese Anwendung als geeigneter angesehen wurde. Die notwendige konzeptionelle Restauration des Vorschlages der Data Base Task Group mußte, wenn möglich, durch gezieltes Weglassen "überflüssiger Kleider" [Hao81] erreicht werden. Sollte die Annahme berechtigt sein, daß die Unverträglichkeiten vorhandener Systeme mit CAD-Anwendungen ihre Ursache in der Anpassung des Netzwerkmodells an kommerzielle Anwendungen haben, dann sollte das ohne große Änderung an den Konzepten des Datenmodells gelingen. In der Implementation des Datenbankmanagementsystems PHIDAS wurden, gegenüber den bisher angebotenen CODASYL-Systemen, die in Kapitel 4 im Konzept vorgestellten anderen Wege beschritten.

Die Besonderheiten von PHIDAS gegenüber den als bekannt vorausgesetzten CODASYL-Systemen, werden aus der Sicht des Datenbankentwurfes und der Anwendungsprogrammierung, der Laufzeitoptimierung und der Implementation des Systems selbst vorgestellt. Den konkreten Ergebnissen aus einer Pilotanwendung ist dann ein nachfolgendes eigenes Kapitel gewidmet.

5.1 Das Datenbankmanagementsystem PHIDAS aus der Sicht der Anwender

Die Abweichungen von PHIDAS gegenüber der logischen, durch DDL und DML definierten Ebene von CODASYL-Systemen, werden aus der Sicht von Datenadministratoren und Anwendungsprogrammierern vorgestellt.

5.1.1 Die Architektur des Datenbanksystems

Die Konzeption zeigt nach außen die drei Ebenen des bekannten ANSI-Vorschlages (Bild 5.1). Die entsprechend Abschnitt 4.3 an Bindezeiten orientierte Lösung führt aber zu einem zur Laufzeit wesentlich einfacheren Datenbanksystem. Aus den Beschreibungen der drei Subschemata des Beispiels wird zusammen mit der anderen Schemainformation ein Zugriffsbeschreibungsblock generiert, der aus zwei Teilprogrammen INVSn und SUBSn besteht. Das INVSn-Programm wird an das Anwenderprogramm des Subschemas n und das SUBSn-Programm - zusammen mit anderen SUBSn-Programmen - an das Datenbankmanagementsystem gebunden. Mit dieser Zugriffsbeschreibung werden zur Laufzeit alle Zugriffe des Anwenderprogramms auf die Datenbank gelenkt und überprüft (Bild 5.2 und Bild 5.3).

Bei einer Änderung der Schemata müssen die Zugriffsbeschreibungen neu generiert und das Datenbanksystem neu gebunden werden. Abweichend von der üblichen 1:1-Zuordnung von Anwenderprogramm und Subschema, können mehrere Zugriffsbeschreibungen für verschiedene Subschemata an ein gemeinsames Anwenderprogramm gebunden werden. Dadurch soll die Schaffung von mehreren abstrakten Datentypen der Anwendung, bestehend aus einem Subschema und allen auf dem Subschema ablaufenden Operationen, unterstützt werden.

Das Programm INVSn enthält alle Daten, die zur Entschlüsselung eines in den Datenpuffer einer Anwendung (user working area UWA) geladenen Records notwendig sind. Außerdem enthält es die Katalogdaten zur unterschiedlichen Interpretation von Items zwischen Schema und Subschema.

Das Programm SUBSn beinhaltet die Listen der AREAS sowie die der RECORD- und SET-Typen eines Subschemas. Eine Set-Beschreibung enthält z.B. die interne Kennung der Set-Typen, den Set-Mode (die Art des Zugriffspfades, mit dem der Set realisiert ist), Verweise auf die Beschreibungen der Owner- und Member-Record-Typen und gelegentlich auch Angaben, nach denen die Sortierung eines Sets zu gewährleisten ist.

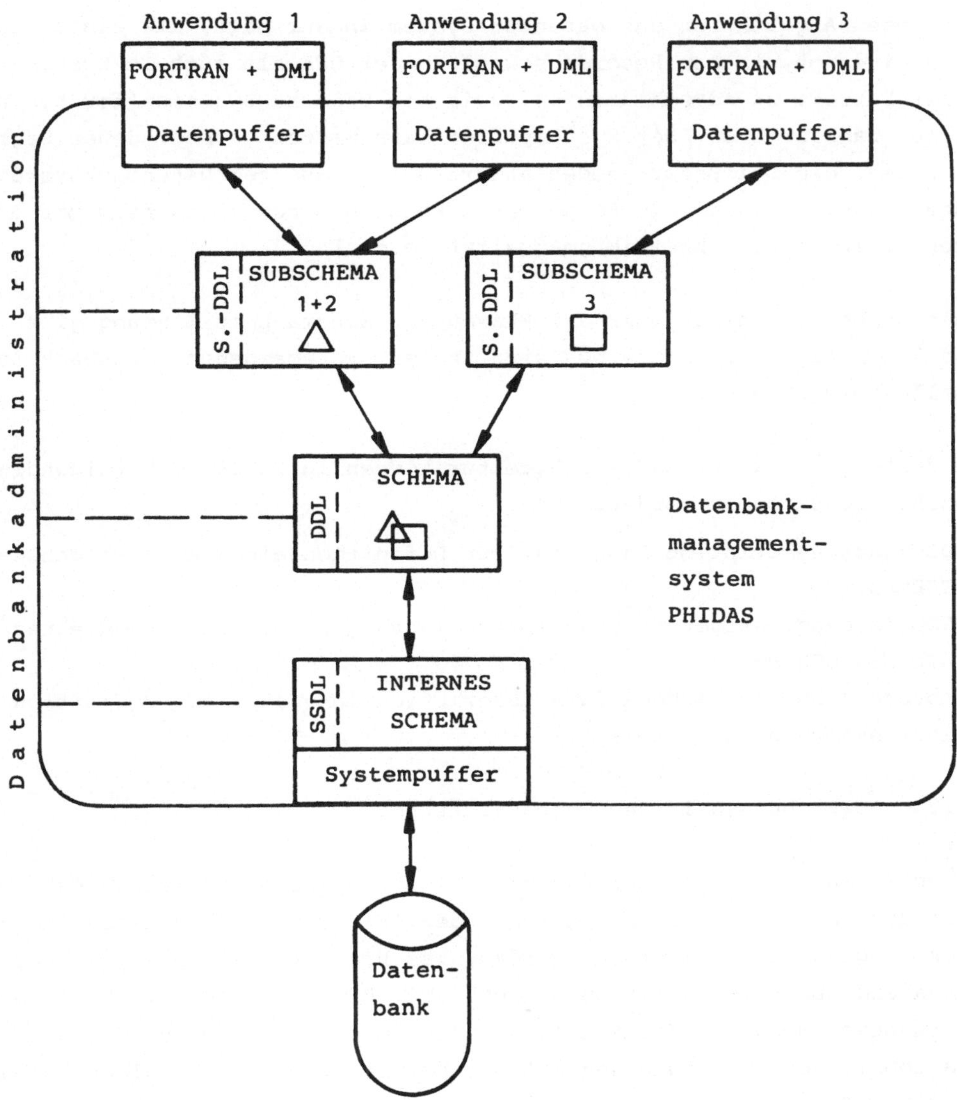

Bild 5.1: Die ANSI-Architektur von PHIDAS aus der Sicht eines Datenbankadministrators.

Mit diesen Angaben ist das Datenbanksystem in der Lage, die einzelnen Teile eines physischen Records sowohl in der UWA als auch im Systempuffer korrekt zu adressieren und zwischen UWA und Systempuffer hin und her zu transferieren. Der Systempuffer kann Seiten verschiedener Segmente enthalten, die bei Bedarf gegen andere Seiten aus dem Datenbanksystem ausgewechselt werden (als Folge davon kann an einem Bildschirm mit mehreren Objekten gleichzeitig gearbeitet werden).

Einen groben Überblick über die Phasen der Schema-Compilierung gibt Bild 5.4. Die Zwischenkataloge sind in der systemeigenen Datenbank in Tabellenform abgelegt.

Die drei Schemata der ANSI-Architektur können in PHIDAS mit folgenden Sprachen beschrieben werden:

- DDL (data description language) zur Definition eines konzeptionellen SCHEMAs.
- SSDL (storage structure description language) zur Definition eines INTERNEN SCHEMAs.
- Subschema-DDL (subschema data description language) zur Definition eines externen Subschemas.

5.1.2 Abweichungen in den Datenstrukturen

Die vollständige Syntax der Datendefinitionssprache DDL ist im Anhang zu finden. Sie ist gegenüber der DDL der DBTG von 1973 im wesentlichen durch "Weglassen" vereinfacht worden. Das Ergebnis ist eine leichter zu handhabende Datenmanipulationssprache DML. Hier sind lediglich die markanten Abweichungen aufgelistet; die Begründung erfolgt bei der DML. Eine hoheitliche Trennung von DDL und DML ist zwar die Kernidee, wenn es um die Integrierbarkeit unabhängig entwickelter Anwenderprogramme zu Großsystemen geht. Die Trennung ist aber ungeeignet für das Verständnis logischer Zusammenhänge in einem Datenmodell oder Datenbanksystem.

SUBSCHEMA:

Die DDL von Subschema und Schema unterscheidet sich nur in der Subschema-Klausel

```
SUBSCHEMA NAME IS integer-Zahl OF SCHEMA
DATE WRITTEN integer-Zahl.
```

Eine Umbenennung von Namen ist an dieser Stelle nicht möglich, sondern erst bei der Ankopplung des Subschemas an ein Programm mit dem INVOKE-

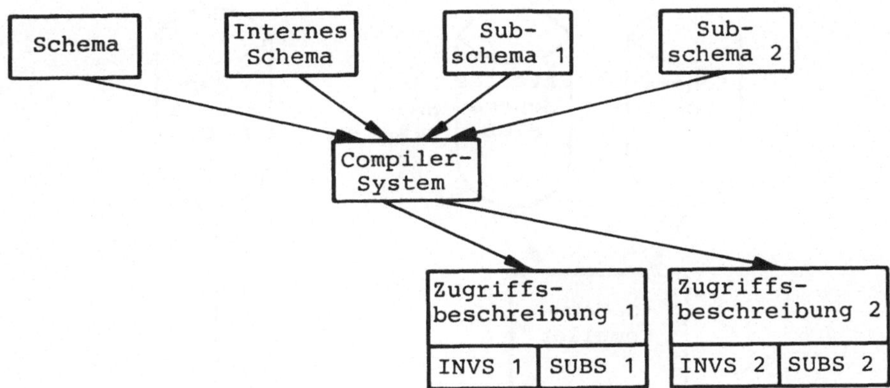

Bild 5.2: Quellen und Objekte des Compiler-Systems für die Datenbankbeschreibungen.

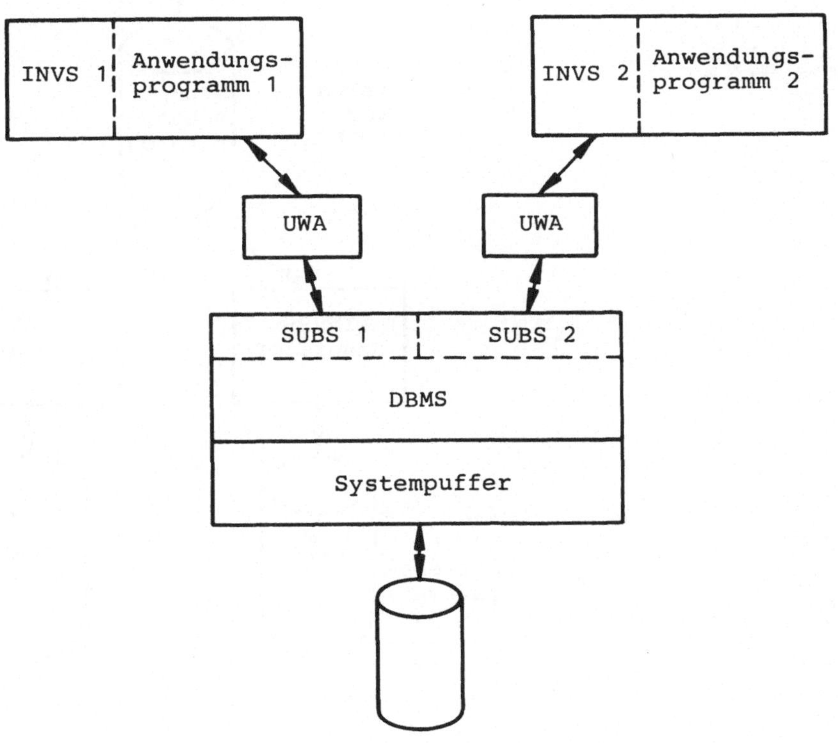

Bild 5.3: Die Architektur von PHIDAS zur Laufzeit.

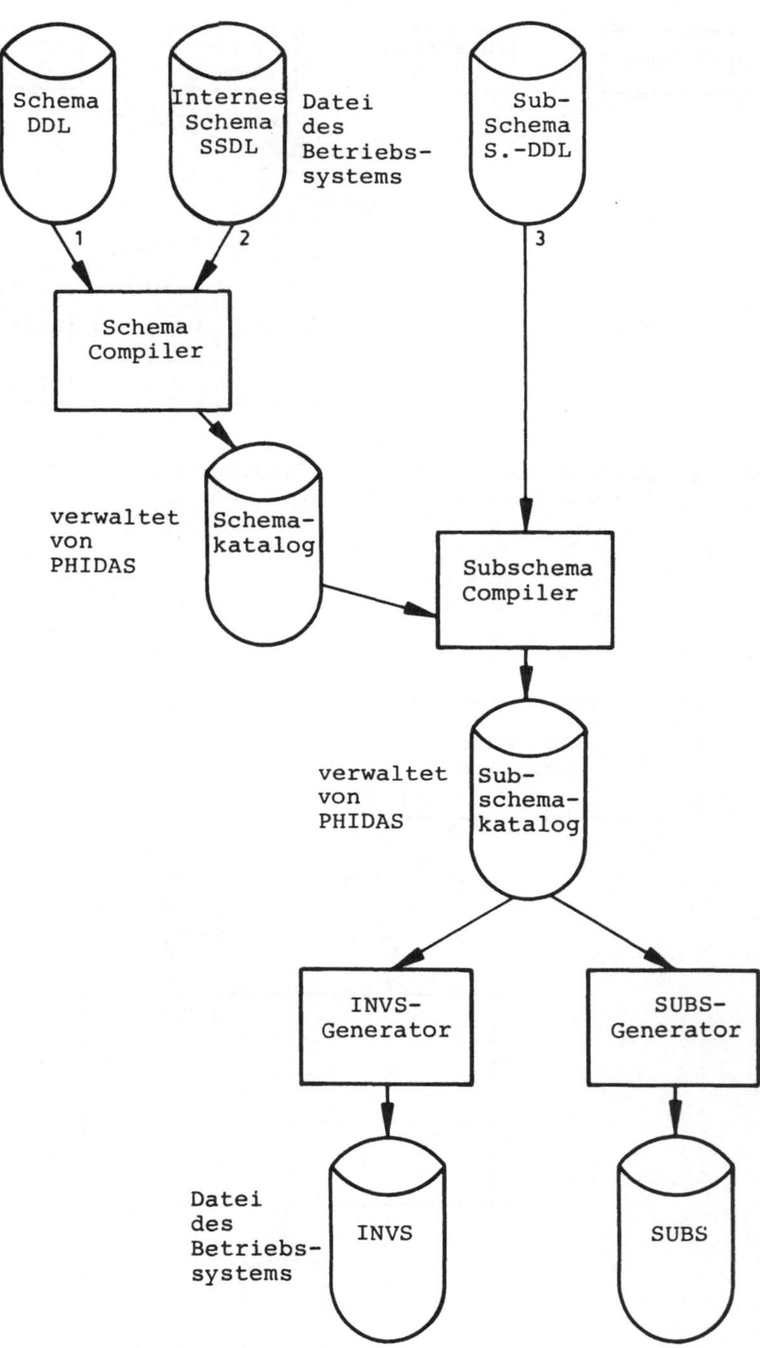

Bild 5.4: Ablauf des Übersetzungsvorganges für eine vollständige Datenbankbeschreibung.

Befehl. Zwischen Schema und Subschema können lediglich Teile der Schemabeschreibung unterdrückt und die FORTRAN-Typen der Itemwerte geändert werden. Das Subschema kann soweit reduziert werden, daß die Systemerreichbarkeit eines Records über seinen Owner aufgehoben oder ein ganzes Cluster nur noch durch einen Record-Typ vertreten wird. Das hat Konsequenzen in der Datenmanipulation, die bei den Löschregeln zum DELETE-Befehl erklärt werden.

DATENSTRUKTUREN:

Wegen der bei Netzwerken geforderten Systemerreichbarkeit eines jeden Records in Pfeilrichtung des Graphen, sind "frei fliegende Owner" (Bild 5.5) in der Datenstruktur des Schemas nicht zugelassen worden.

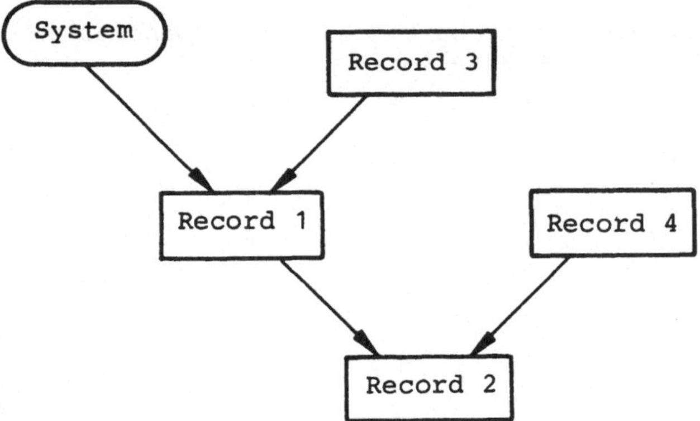

Bild 5.5: Ein Beispiel für nicht zugelassene "frei fliegende" Owner.

Der Vereinfachung des Datenmodells dient das Verbot der "gegenläufigen Hierarchien" und der "zyklischen Strukturen" (Bild 5.6).

Da in Datenbankentwürfen für CAD-Anwendungen diese Strukturvariante oft aus Beziehungen mit eigenen Attributen besteht, muß als Vertreter der Beziehung und zur Aufnahme der Beziehungsattribute jedesmal ein Relations-Record zwischengeschaltet werden. Die verbotenen Strukturen lassen sich dann wie in Bild 5.7 realisieren. Diese Alternativen zu den verbotenen Strukturen sind aus dem semantischen Entity-Relationship-Modell von CHEN [Che76] hergeleitet (Bild 5.8).

Auch die Klauseln MANDATORY, AUTOMATIC und SET SELECTION und das mit dem Netzwerkmodell der DBTG verbundene CURRENCY-Konzept sind fallengelassen und durch andere Konzepte ersetzt worden.

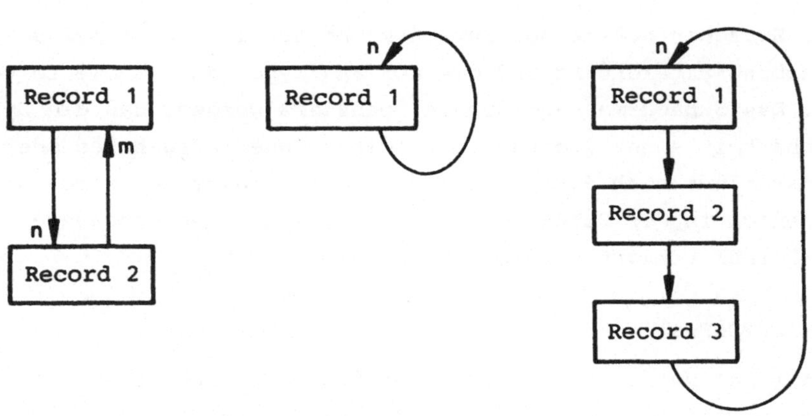

Bild 5.6: Beispiele für nicht zugelassene gegenläufige Hierarchien und zyklische Strukturen.

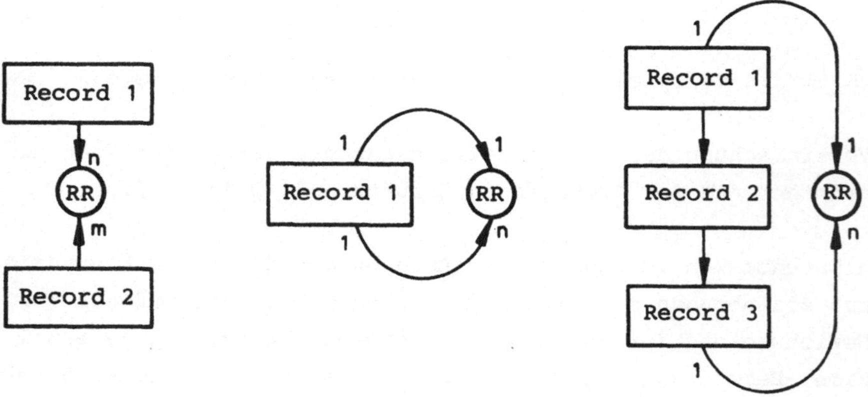

Bild 5.7: Die Realisierung gegenläufiger Hierarchien und zyklischer Strukturen über Relationsrecords.

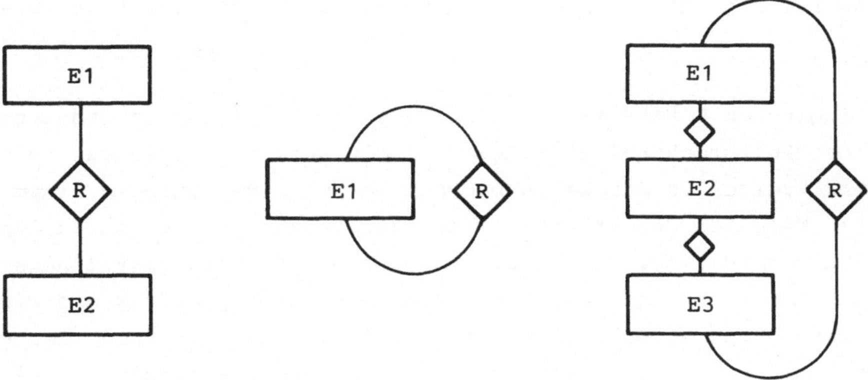

Bild 5.8: Die zu Bild 5.7 äquivalente Darstellung nach dem semantischen Modell von CHEN [Che76].

AREA:

Das AREA-Konzept der DBTG ist den jüngsten Bewegungen in den CODASYL-Spezifikationen zum Opfer gefallen. Es ist aber noch in CODASYL-Datenbanksystemen als Zusammenfassung a l l e r Records eines oder mehrerer Record-Typen auf einem gemeinsamen Datenträger vorhanden. Jede dieser Areas ist außerdem eine Sperreinheit für den konkurrierenden Datenbankzugriff.

In PHIDAS ist mit dem Namen AREA nur die Eigenschaft der Sperreinheit übernommen worden. Als neues Konzept verbirgt sich hinter einer Area die konventionelle Vorstellung eines technischen Dokumentenarchives mit vielen rechnerinternen Darstellungen. Auf die Dokumente eines Archives kann ein Zugriff gewährt werden oder auch nicht. Eine rechnerinterne Darstellung kann in verschiedenen Areas gespeichert und umarchiviert werden. Das hatte Konsequenzen für die WITHIN-Klausel in den Typdeklarationen der Records.

Die WITHIN AREA-Klausel listet alle Areas auf, in die ein Record eines bestimmten Typs zur Laufzeit gespeichert oder umarchiviert werden kann. Diese Klausel ist bei allen clusterbildenden Records zu finden. Die clusterinternen Records enthalten meist die Klausel WITHIN AREA OF ANY OWNERS. Die Angabe gilt als Default-Klausel, wenn weiter nichts angegeben ist. Eine Definition von Area-Zugehörigkeiten der Art, daß es zu Beziehungen zwischen Records in verschiedenen Areas kommen kann, ist verboten und wird von den Prüfprogrammen der DDL-Compiler verworfen [JeLa81]. Damit soll sichergestellt werden, daß eine Area als selbständige und für sich geschützte Teildatenbank isoliert reorganisierbar bleibt.

In der logischen Unterteilung einer Datenbank in Areas ist konzeptionell eine "Sollbruchstelle" eingebaut, mit der eine Datenbank in mehrere lokal verteilte Stücke zerbrochen werden kann, wenn in einem erweiterten Netz von CAD-Arbeitsplätzen der Spezialisierungsgrad der einzelnen Knoten zunimmt. Der Austausch rechnerinterner Darstellungen zwischen den Areas erfolgt dann wie bisher mit der Kopierfunktion einer erweiterten Datenmanipulationsschnittstelle. Diese Funktion wird noch vorgestellt. Später ist "lediglich" das Datennetz zwischengeschaltet.

5.1.3 Die Datenmanipulations-"Sprache" DML

Die Datenmanipulationsbefehle sind zusammen mit Programmbeispielen dem Anhang zu entnehmen.

Die DML-Schnittstelle ist eine Zusammenfassung von in FORTRAN aufrufbaren Operationen (CALL) auf die Datenkonstrukte des Netzwerkmodells. (Das steht im Gegensatz zur Kopplung von Anwenderprogrammen und Datenbanksystemen über einen Pre-Compiler oder eine Erweiterung der Programmiersprache [DMLC80]). Bis auf die später beschriebenen Abweichungen wurde jedoch die Semantik der in der CODASYL FORTRAN DATA BASE FACILITY spezifizierten Operationen eingehalten.

5.1.3.1 Ankopplung der Anwenderprogramme an das Datenbanksystem

Eine CALL-Schnittstelle hat gegenüber einer Pre-Compiler-Version folgende Vorteile:

- Der Zeitpunkt des Bindens an eine Anwendung liegt später.
- Überflüssige Compiler-Läufe mit allen auf der Datenbank direkt ablaufenden Anwenderprogrammen werden vermieden.
- Die Schnittstelle wird wie gewohnt gehandhabt; der Programmierer muß sich noch in die Operationen eines neuen Moduls einarbeiten, nicht aber in eine neue Art, den Modul anzusprechen.
- Eine Erweiterung von FORTRAN würde den (letzten?) großen Vorteil gegenüber anderen Sprachen aufheben, nämlich den, einfach zu sein.

Eine Spracherweiterung wie z.B. in Pascal-R [Sch77] hätte den Vorteil, daß bereits zum Zeitpunkt der Übersetzung - und nicht erst zur Laufzeit des Anwenderprogramms - viele Programmierungsfehler aufgedeckt werden könnten [LaPi80]. Da dieser Vorteil nur die Programmierung einer anwendungsorientierten Schnittstelle zur Datenbank und nicht die gesamten Anwenderprogramme betrifft, ist er im Vergleich zu den Schwierigkeiten der Einführung einer erweiterten Programmiersprache nicht so stark zu bewerten, wie bei einer direkteren Benutzung des Datenbanksystems durch weniger erfahrene CAD-Anwendungsprogrammierer. Wenn aber die Prüfung erst zur Laufzeit stattfindet, muß mit einer gut entworfenen CALL-Schnittstelle die Anfälligkeit gegen Programmierfehler und die Abhängigkeit von maschinennahen Eigenheiten der FORTRAN-Compiler reduziert werden [Fi79d].

Das Hauptproblem der Kopplung ist die Zuordnung interner Namen des Datenbanksystems zu externen Namen des Anwenderprogramms und, speziell in FORTRAN, das Hantieren mit den in dieser Sprache nicht vorgesehenen strukturierten Datenobjekten.

INVOKE:

Der INVOKE-Befehl eröffnet zur Laufzeit die Kommunikation zwischen Anwenderprogramm und Datenbanksystem. In PHIDAS besteht der Befehl aus einem Block von vier aufeinanderfolgenden Aufrufen; dem eigentlichen Invoke und den Befehlen zur Übergabe von systemintern vergebenen Set-Typ-, Record-Typ- und Area-Namen an FORTRAN-Variable, die vom Anwender als Synonym benutzt werden. Weil FORTRAN keine Unterprogramme mit variabler Parameterzahl, keinen RECORD wie z.B. Pascal und kein union-Konzept wie Algol68 kennt, muß für jedes Subschema ein neuer Satz von Invoke-Programmen vom Compiler-System aus den Subschemata generiert werden. Die einzelnen Aufrufe besitzen Entry-Points in den INVSn-Programmen, die an die Routinen der problemorientierten Schnittstelle gebunden werden. Die Befehle für den Aufruf eines Subschemas werden gleich mitgeneriert und können per Textverarbeitung (INCLUDE) in jedes Programm oder jeden Modul eingefügt werden.

Beispiel für ein Subschema 05:

```
DIMENSION IDSUB (15)
DIMENSION IARPU(2),IARNC(2),IARET(2)
CALL INVS05 (IDSUB,'SCHEMA')
CALL AREA05 (IARPU,IARNC,IARET)
CALL STYP05 (ISYSTE,ITEILI,ITEIPU,ILIPUR,IPULIR)
CALL RTYP05 (IRCTEI,IRCLIN,IRCLIP,IRCPUN)    .
```

Die Namen für Areas, Sets und Record-Typen werden vom Subschema-Compiler aus den Kurzbezeichnungen (SHORTNAME) generatorisch zusammengestellt. PU, NC und ET sind die Kurznamen für eine Public-, NC- und

Einzelteil-Area. Die Kurznamen für die Set-Typen sind 6-stellig und entsprechen den FORTRAN-Konventionen. Bei den Record-Typen stehen die Kurznamen TEI, LIN, LIP und PUN für Teil, Linie, Linien-Punkt-Relation und Punkt.

Weil es für den Anwendungsprogrammierer bequemer ist, bei den vorgeschlagenen Namen zu bleiben, werden in den Anwenderprogrammen gleiche Namen für gleiche Konzepte benutzt. Es ist aber auch möglich, von den Namensvorschlägen abzuweichen, da in FORTRAN der Platz in der Parameterliste und nicht der Name zählt. Eine ALIAS-Klausel in der Subschema-DDL wäre wirkungslos und ist deshalb entfallen.

Die Variable IDSUB taucht in jedem DML-Befehl wieder auf. Ein Anwenderprogramm kann mit mehreren Subschemata arbeiten und das aktuelle Subschema von einer Subroutine zur anderen wechseln. Deshalb muß gesagt werden, auf welches Subschema der Befehl sich bezieht. Der Name wird meist in die Bezeichnung eines größeren anwendungsorientierten Datentyps umgeändert, z.B. IDMAS für Maße. Alle Operationen der anwendungsorientierten IML-Schnittstelle auf Maße haben dann dieses Subschema eingebunden. Hinter IDSUB verbirgt sich ein Kommunikationsfeld, das folgende, nur von Datenbankbefehlen interpretierbare Angaben enthält:

- Die Nummer des Subschemas.
- Den Fehlerzustand des letzten DML-Befehls und den Fehlercode.
- Die Item-Transfer-Richtung (Anwendervariable - UWA und umgekehrt oder von einem Record zum anderen, um beim Kopieren mit dem STORE-Befehl das unnötige Laden der UWA zu vermeiden).
- Die Suchbedingungen für den FIND SEARCH (using list [DMLC80]).

ITEM-TRANSFER:

Die Schnittstelle für den Datentransfer in beide Richtungen ist der Benutzerarbeitsbereich UWA (user working area). Um Maschinenabhängigkeiten durch die Abbildung von z.B. Integer-Arrays auf andere FORTRAN-Datentypen per EQUIVALENCE zu vermeiden, steht für jeden Record-Typ pro Subschema eine spezielle Routine zur Verfügung, die den Transfer zwischen der unstrukturierten UWA und den Variablen des Anwenderprogramms übernimmt. Der sonst an dieser Stelle übliche Einsatz von EQUIVALENCE-Statements ist für maschinenunabhängige Software-Pakete unzulässig [L-L76,TKB78]. (Eine Real-Zahl entspricht z.B. zwei Integer auf einer PDP 11/.. und drei Integer auf einer Philips 8.. .) Die Aufrufe der Transfer-Routine werden ebenfalls aus dem Subschema generiert. Für jede existiert ein Entry-Point in der INVSn-Routine des Subschemas, weil die

Liste der zu übertragenden Items eines Records vom Subschema abhängig ist. Transfer-Routinen haben den Aufbau:

```
CALL  R XXX nn    (IDSUB, Items des Records im Subschema)
        XXX         ist wieder der Kurzname des Records
            nn      ist die Nummer des Subschemas. Sie muß mit dem
                    INVOKE-Befehl übereinstimmen.
```

Die Transferrichtung wird über ein "Flip-Flop" in IDSUB gesetzt. Deshalb ist die Reihenfolge von DML und Transferbefehlen vorgeschrieben.

Beispiel STORE (Speichern eines Punktes):

```
X: ...
Y= ...
IPUTYP= ...
CALL RPUNO5 (IDSUB,X,Y,IPUTYP)
CALL STORE  (IDSUB, ... ,IRCPUN, ...)
IF (IDBERR(IDSUB)) ... , ... , ...
```

Beispiel GET (Lesen eines gefundenen Punktes).

```
CALL GET (IDSUB,NAMPUN,IRCPUN)
CALL RPUNO5 (IDSUB,X,Y,IPUTYP)
IF (IDBERR(IDSUB)) ... , ... , ...     CO Fehlerabfrage OC
```

5.1.3.2 Änderungen an der Datenmanipulationssprache

Einige der DML-Befehle oder ihre Unterformate sind ersatzlos gestrichen worden.

Physische FIND-Befehle:

Durch das Weglassen aller navigatorischen FIND-Befehle in den alten physischen Areas (oft gleichgesetzt mit Dateien von Records eines Typs), konnte die DML vereinfacht und von physischen Abhängigkeiten befreit werden. Ein FIND FIRST RECORD WITHIN AREA oder das Aufsuchen eines ersten Records eines bestimmten Typs, gleichgültig, in welcher Beziehung er zu seiner Umwelt steht, macht bei dem geänderten logischen Area-Konzept von PHIDAS und bei einer nach Objekt- und nicht Record-Typen orientierten Clusterung keinen Sinn mehr.

Der FIND OFFSET wurde dagegen nicht nur wegen seiner Datenabhängigkeit gestrichen (der Befehl zielt auf die effiziente Nutzung des i-ten Zeigers in einem Zeigerfeld). Der Hauptgrund ist die Anfälligkeit gegen Programmierfehler. Ein Löschvorgang in einem CODASYL-Set kann bewirken, daß ein FIND 5-TH RECORD in diesem Set den ursprünglich 6. Record liefert. Gerade in Dialoganwendungen mit ihren nachträglich schwer zu rekonstruierenden Schrittfolgen sind diese Fehler oft schlecht zu finden.

Damit entfallen folgende FIND-Befehle des Formates 4

(positional access [DMLC80]) ersatzlos:

```
<record selection expression 4>::=
<position>[,RECORD=<record name>],{REALM=<realm name>}
<position>::=FIRST/LAST/NEXT/PRIOR/{OFFSET=<integer exp.>}
und
{OFFSET=<integer exp.>}[,RECORD=<record name>],{SET=< SET NAME>}
```
(REALM im DMLC-FORTRAN ist eine im Subschema angesprochene Area)

CURRENCY-Konzept:

Eine weitere Vereinfachung der Programmierung ergibt sich aus dem Wechsel vom CODASYL-Currency-Konzept zum Konzept der temporären Datenbankschlüssel (temporary data base keys) als Bezugspositionen in den DML-Befehlen.

Nach dem CURRENCY-Konzept werden mehrere aktuelle Einstiegspunkte in den Ausprägungsgraphen vom Datenbankmanagementsystem verwaltet. Die Einstiegspunkte sind:

- Die letzte bearbeitete Area.
- Der letzte Record eines jeden Record-Typs.
- Der letzte Set eines jeden CODASYL-Set-Typs.
- Der letzte Record überhaupt, der in einem DML-Befehl eines Anwenderprogramms angesprochen wurde.

Diese Einstiegspunkte werden von DML-Befehlen wie z.B. FIND NEXT auf den nächsten, dann aktuellen (current) Record weitergeschaltet. Will man das verhindern, muß das Weiterschalten durch einen Befehlszusatz unterdrückt werden (suppress [DBTG71], retain [DMLC80]).

Da sich alle DML-Befehle - sowohl die navigierenden als auch die Beziehungen knüpfenden - auf die gerade aktuellen Records und Sets beziehen, ist eine Programmierung ohne das Wissen um die vom System verschobenen "Marken" auf dem Ausprägungsgraphen nicht möglich. Das Konzept ist eigentlich nur in Stapelprogrammen mit nachvollziehbaren Befehlsfolgen zu handhaben; es bleibt eine Quelle für Programmierfehler. Das ist auch entsprechend früh - aber ohne Konsequenzen - kritisiert worden [Eng71].

In graphischen Dialogen ist der Vorzustand uninteressant, wenn der "Current" Record von der PICK-Funktion häufig als neuer Einstiegspunkt in die Datenbank bestimmt wird. Hierfür müßten die Datenbankschlüssel der Einstiegspunkte mit ACCEPT KEY = Bildsegmentnummer bei der Generation der graphischen Darstellung erfragt und mit FIND KEY = Bildsegmentnummer wieder Current gesetzt werden. Die eigentlichen aktuellen Schlüssel sind die an die Graphik weitergegebenen Datenbankschlüssel. Diese sind vielfach a l l e vom g l e i c h e n Record-Typ (z.B. Linie). Hinzu kommen noch wenige Einstiegspunkte in die Datenstruktur, die von einzelnen Anwendungsalgorithmen zur Laufzeit zwischengespeichert werden. Ein Beispiel ist der Algorithmus, der eine geschlossene Kontur auf Achsensymmetrie prüft (Bild 5.9).

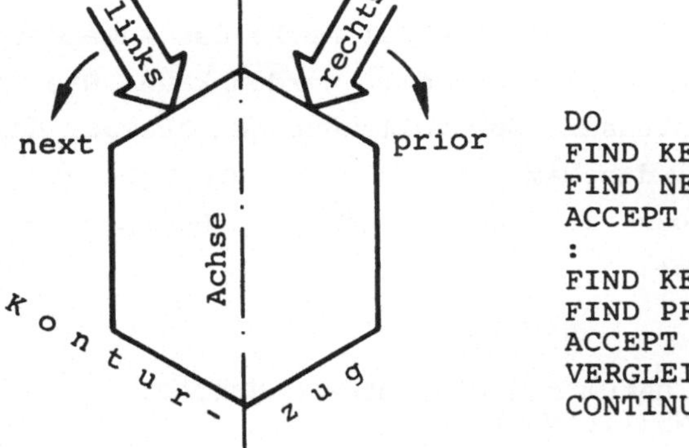


```
DO
FIND KEY links
FIND NEXT Linie
ACCEPT KEY links
:
FIND KEY rechts
FIND PRIOR Linie
ACCEPT KEY rechts
VERGLEICH (links, rechts)
CONTINUE
```

Bild 5.9: Test einer Kontur auf Symmetrie mit zwei umlaufenden Marken gleichen Record-Typs.

Für den Algorithmus laufen zwei Marken gleichen Record-Typs in entgegengesetzter Richtung um die Kontur, und es wird geprüft, ob die Punkte der markierten Kanten gleichen Abstand zur Achse haben. Das Weiterschalten der Marke auf die nächste Linie erkennt man nur an der fehlenden SUPPRESS-Klausel des FIND NEXT. Der erste FIND KEY dient lediglich dazu, den richtigen Einstiegspunkt zu setzen, den der FIND NEXT als CURRENT KEY voraussetzt. Der Schlüssel der darauffolgenden Kante muß sofort mit ACCEPT ausgelesen werden, weil der FIND NEXT und der FIND PRIOR sich gegenseitig die aktuellen Linienschlüssel verschieben.

Bereits an diesem sehr vereinfachten Beispiel (die eigentliche Länge des Programms beträgt zwei Seiten) ist abzusehen, daß es unsinnig ist, CAD-Anwendungsprogrammierern nur e i n e n Einstiegspunkt für a l l e Record- und Set- T y p e n anzubieten. Außerdem ist die Verwaltung unsinniger Einstiegspunkte in die Datenbank durch das Datenbankmanagementsystem hinderlich aufwendig und bietet keine zusätzliche Sicherheit gegen den Mißbrauch von Datenbankschlüsseln. Die wirklich relevanten Schlüssel werden als Marken der Anwendung auch weiterhin nicht unter der Kontrolle des Systems, sondern der der Anwendung und Graphik verwaltet.

In PHIDAS hat nur der Anwendungsprogrammierer Hoheitsrechte über die Einstiegspunkte in der Datenbank. Das CURRENCY-Konzept und mit ihm die SUPPRESS (retain [DMLC80])-Klausel, der FIND KEY- und der ACCEPT-Befehl wurden ersatzlos gestrichen.

Stattdessen ist die Parameterliste der DML-Aufrufe in PHIDAS um die Angabe des aktuellen Einstiegspunktes (CURRENT RUN UNIT) und einer getrennten Ausgabe des gefundenen neuen Einstiegspunktes erweitert worden. Die Trennung erfolgte, damit der Inhalt einer Marke des Anwenderprogramms nicht durch einen DML-Befehl verändert werden kann. Die Inhalte der Marken sind Datenbankschlüssel. Zur vollständigen Auswahl des Records enthält ein DML-Befehl die Namen der Record- und Set-Typen entsprechend dem Aufruf des Subschemas. Das vorgenannte Beispiel hat in PHIDAS das folgende Aussehen:

```
DO
.
LINALT=LINNEU       CO links herum mit FIND MEMBER NEXT OC
CALL FINDMN (IDSUB,LIALT,KONSET,LINEU)
.
IREALT=IRENEU       CO rechts herum mit FIND MEMBER PRIOR OC
CALL FINDMP (IDSUB,IREALT,KONSET,IRENEU)
.
Vergleich (LINEU,IRENEU)
.
CONTINUE
```

Eine interne Annahme, die ein Anwendungsprogrammierer beachten muß, ist die beschränkte Gültigkeitsdauer der Marken auf den einzelnen (Record-) Knoten des Ausprägungsgraphen einer rechnerinternen Darstellung. Ihr Inhalt ist ein temporärer Datenbankschlüssel TDBK (temporary data base key), der zwischen dem Öffnen und Schließen einer AREA gültig ist, aber nur so lange, wie der Record auch gespeichert ist. Diese Lebensdauer deckt sich erst neuerdings mit einer Minimalforderung der FORTRAN-DMLC. In CODASYL-Systemen ist meist eine längere Lebensdauer über das Ende des Anwenderprogramms hinaus realisiert (end of run unit). Dann kann der Datenbankschlüssel wieder in der Datenbank gespeichert werden, und das System sorgt mit einer Schlüsseltabelle für die ständige Korrelation zu den physischen Adressen der gespeicherten Records.

Da die Korrelationstabelle für alle Records der Datenbank, d.h. nicht nur für die pickbaren Records und die Marken in den Anwenderprogrammen, sehr viel Speicherplatz beansprucht, muß allein für die Suche nach der physischen Adresse mit 1 bis 3 Seitenzugriffen gerechnet werden [Här78]. Bei temporären Datenbankschlüsseln kann der Verwaltungsaufwand in der Datenbank entfallen, weil direkt mit der physischen Adresse gearbeitet werden kann. Eine Speicherung von TDBKs über die Laufzeit hinaus und die Umplazierung von Records zur Laufzeit ist dann natürlich nicht mehr möglich. Dafür kann aber der Zugriff auf die Daten eines gepickten Records sehr effizient über die physische Adresse der Datenbank abgewickelt werden, die z.B. in der Variablen NAMLIN von einem Pick der Linie übertragen wurde.

```
.
CALL PICK (...,NAMLIN,...)
.
CALL GET (IDSUB,NAMLIN,IRCLIN)
```

Ein Seitenwechsel ist in den seltensten Fällen notwendig, weil sich die Daten des betroffenen Ausschnittes einer rechnerinternen Darstellung bereits aufgrund der Vorgeschichte im Systempuffer befinden. Dadurch kann für den deiktischen Zugriff auf eine Datenbank mit Antwortzeiten im Bereich von Millisekunden gerechnet werden.

MANDATORY, AUTOMATIC, SET SELECTION:

Der Wegfall der DDL-Klauseln MANDATORY, AUTOMATIC und SET SELECTION unter Beibehaltung einer Grundregel von Netzstrukturen, die besagt, daß alle Records einen Owner haben müssen, führt zu einem etwas tieferen Eingriff in die Semantik der DML-Befehle. Mit dieser Änderung verbunden ist ein Votum für die Vorschläge von OLLE [Oll75] und gegen die Vorschläge von NIJSSEN [Nij75]. Letztere würden mit der Abschaffung der INSERT- und REMOVE-Befehle [Merc80] und damit mit der Abschaffung der Beziehungen (relationships) - einem wichtigen Konzept dieses Datenmodells - enden. Von der Änderung betroffen sind die Befehle STORE, REMOVE und DELETE. (Zunächst soll angenommen werden, daß Schema und Subschema identisch sind.)

Wegen eines Prinzips von CAD-Anwendungen, das besagt, daß Beziehungen zwischen Records vom Anwender [Oll75] und nicht vom Datenbanksystem [Nij75] geknüpft werden, sind in PHIDAS alle Beziehungen nur mit Hilfe ausdrücklich angestoßener DML-Befehle knüpf- und lösbar. Es muß aber verhindert werden, daß gespeicherte Records oder ganze Netzstücke in der Datenbank nicht mehr für das System erreichbar sind, weil es keinen Einstiegspunkt mehr gibt, über den sie durch Verfolgung einer letzten Kante des Netzgraphen zu erreichen wären. Da in Netzen besonders die Owner gefährdet sind, die selbst keine Owner mehr haben ("frei fliegende Owner"), wurde diese Strukturvariante nicht zugelassen. (Die Owner von Bild 5.5 sind nach einem DELETE SELECTIVE oder ALL auf einem anderen Owner nicht mehr erreichbar.)

STORE:

Als Ersatz für die SET SELECTION-Klausel in einem Schema ist in der Parameterliste, z.B. des STORE-Befehls, die Identifikation eines Sets mit angegeben, in den der zu speichernde Record eingekettet werden muß. Gibt es noch keinen Bezugsrecord und keinen Set, ist der system-owned Set angegeben. In der Parameterliste ist anstatt des Owners SYSTEM der Name der Area anzugeben, in die der Record als erster gespeichert werden soll. In PHIDAS gibt es so viele Ausprägungen des Records SYSTEM, wie es Areas gibt. Auf diese Weise ist gleich bei der Speicherung der Netzzusammenhalt gesichert. Der vom STORE ausgegebene Datenbankschlüssel könnte jetzt auch wieder vergessen werden; der Record bleibt systemerreichbar.

REMOVE:

Mit diesem Befehl dürfen Beziehungen zu anderen Records nur so aufgehoben werden, daß der Record bis zu seinem endgültigen Löschen durch einen DELETE-Befehl noch immer einen Owner hat, über den er per Navigation zu erreichen ist. Ist überhaupt nur ein Set definiert, in dem der Record Member ist, kann der Befehl nicht benutzt werden.

DELETE:

Der einfache DELETE-Befehl läuft nur dann, wenn der Record nur noch Member in diesem letzten Set ist.

Zusammen verhalten sich die Regeln so, als ob für einen Set-Typ eines jeden Records die Klausel MEMBER IS MANDATORY AUTOMATIC spezifiziert wäre; nur, welcher Set das ist, wird erst zur Laufzeit entschieden. Durch das schrittweise Ausketten unter Beachtung aller in einer rechnerinternen Darstellung eingegangenen Beziehungen wird der Anwendungsprogrammierer gezwungen, die Konsistenz der Darstellung zu überdenken, bevor der Record aus einem komplizierten Netzwerk herausgelöscht wird.

Die Befehle DELETE SELECTIVE und ALL sind für das kontrollierte Löschen größerer Teilstrukturen konzipiert.

DELETE SELECTIVE, angesetzt auf einen Record, löscht rekursiv alle Member des Records über die ganze rechnerinterne Darstellung, solange diese Member nicht abhängig sind von einem anderen Owner, der sich außerhalb des betroffenen Löschbaumes befindet. In einem solchen Fall wird nur die Beziehung zu dem nicht löschbaren Record aufgehoben.

DELETE ALL löscht den ganzen abhängigen Baum. Anderweitige Beziehungen werden entkettet. Die unterschiedlichen Löschgrenzen, an denen entkettet wird, sind dem Beispiel in Bild 5.10 zu entnehmen.

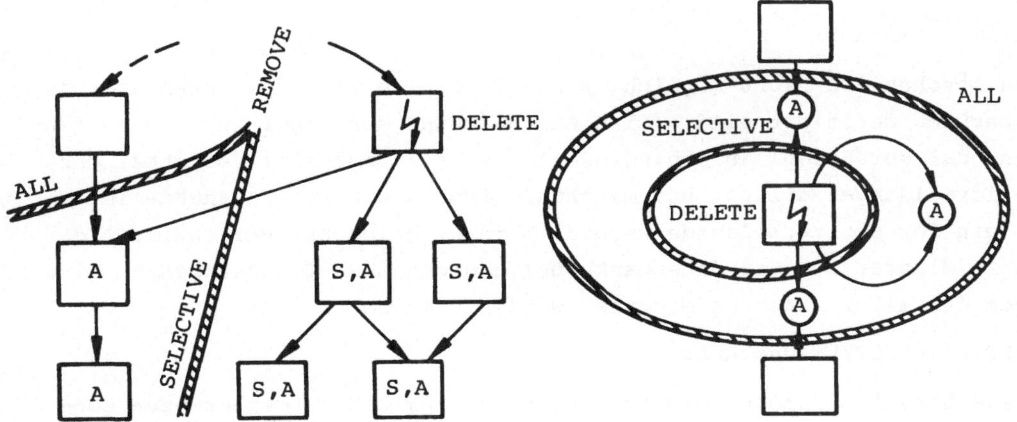

Bild 5.10: Die unterschiedlichen Löschgrenzen des DELETE SELECTIVE und des DELETE ALL.

Der Grund für das Verbot zyklischer Strukturen und gegenläufiger Hierarchien liegt darin, daß die Folgen des DELETE SELECTIVE oder DELETE ALL nicht auf einfache Weise aus dem Typgraphen der Datenstruktur abzulesen sind (die rechnerinterne Darstellung "ribbelt auf"). Werden die verbotenen Strukturen aber über Relationsrecords realisiert, können die Löschgrenzen wie in Bild 5.10 anhand des Typgraphen beurteilt werden. Das "Aufribbeln" einer über Relationsrecords realisierten rekursiven Beziehung zwischen Objekten wird auch beim DELETE ALL verhindert, weil ein Relationsrecord immer einen zweiten Owner hat, von dem er vorher entkettet werden muß. Damit wirken Relationsrecords wie Bremsen, die einem unkontrolliert rekursiv sich fortpflanzenden Löschvorgang Einhalt gebieten.

Der DELETE SELECTIVE entkettet vor und der DELETE ALL hinter einem Relationsrecord.

Löschregeln bei SUBSCHEMA-SCHEMA-Abweichungen:

Zunehmend kompliziert wird das Ändern rechnerinterner Darstellungen, wenn die Sicht des Subschemas gegenüber dem Schema zu sehr beschränkt wird. Auf die Zulässigkeit der DML-Befehle hat das folgende Konsequenzen:

STORE:

Eine Speicherung ist nicht möglich, wenn nicht wenigstens ein Owner ebenfalls im Subschema definiert ist.

DELETE (einfach):

Das Löschen ist nicht möglich, wenn nicht alle Set-Typen ebenfalls im Subschema definiert sind. (Eine Abschwächung der Regel würde dazu führen, daß der Befehl in Abhängigkeit vom Datenbankinhalt manchmal ohne Fehlermeldungen abläuft und manchmal nicht.) Wichtige Ausnahme ist allein der clusterbildende Record. Wird er gelöscht, verschwindet das ganze Cluster aus der Datenbank. Beziehungen über Clustergrenzen hinaus, auch die aller internen Records, werden zwangsentkettet.

DELETE SELECTIVE und ALL:

Diese Befehle sind nur möglich, wenn innerhalb der Löschgrenzen Subschema und Schema übereinstimmen.

Für CAD-Anwendungen erzwingt das die weitgehende Übereinstimmung von Subschema und Schema für in sich geschlossene Teile eines Produktmodells. Andernfalls ist eine effiziente Löschung überflüssig gewordener Einzelheiten oder Hilfskonstruktionen nicht möglich.

Die Anwendbarkeit jedes einzelnen DML-Befehles zusammen mit einem bestimmten Subschema wird bereits bei der Übersetzung der Subschema-DDL festgestellt und sowohl im Zugriffsbeschreibungsblock gespeichert als auch zusätzlich dem Benutzer eines Subschemas als Warnung bekanntgegeben. Langwierige Subschema-Schemavergleiche zur Laufzeit können somit entfallen. Ohne diese Warnungen würde der Anwendungsprogrammierer nicht merken, daß sein Subschema nur einen Ausschnitt der von ihm benutzten Datenbank definiert.

5.2 Die internen Ebenen von PHIDAS

Zu den internen Ebenen eines Datenbankmanagementsystems gehören

- die Ebene der Speicherungsstrukturen und
- die Ebene der Speichermedienverwaltung.

Fast alle auf diesen Ebenen gefällten Entscheidungen der Implementation des Datenbankmanagementsystems und des Datenbankentwurfes wirken sich direkt auf die Effizienz des gesamten CAD-Systems aus.

5.2.1 Die Speicherungsstrukturen von PHIDAS

Die Speicherungsstruktur einer Datenbank wird im Internen Schema mit der Speicherungsstruktur-Definitionssprache SSDL festgelegt. Die im Datenbankmanagementsystem PHIDAS realisierten Speicherungsstrukturen sind der SSDL-Grammatik im Anhang zu entnehmen. Die Abweichungen gegenüber den üblichen Zugriffstechniken anderer Systeme sind:

- Die Ringstruktur SHARED für sog. "Subrecords" [Pal78].
- Das weitere Angebot der flexiblen assoziativen Speicherungsstruktur ASP.
- Der Einsatz von B*-Bäumen im Gegensatz zu Hash-Techniken (CALC) oder Zeigerfeldern (POINTER ARRAY).

Die flexible, anwendungsorientierte Packungsmöglichkeit von Daten nach logischen Kriterien auf gemeinsamen Datenträgern, die durch die in Datenbankmanagementsystemen bisher unbekannte CLUSTER-Klausel der SSDL von PHIDAS gesteuert wird, ist von entscheidenderer Bedeutung für CAD-Anwendungen als die vergleichsweise geringen Abweichungen in den Zugriffspfaden.

5.2.1.1 Besondere Zugriffspfade

CHAIN SHARED WITH set-type-name:

Bei Ringstrukturen muß pro Set-Typ mindestens ein Zeigerplatz im Steuerteil eines physischen Records vorgesehen werden. Das ist sehr aufwendig, wenn die möglichen Member-Records eigentlich nur alternative Verlängerungen des Owners sind, sog. "Subrecords" (Bild 5.12a). In diesen Fällen ist eine Reservierung vieler unbesetzter Plätze eine Verschwendung. Wenige Member-Records verschiedenen Typs können ohne Laufzeitnachteile zusammen in einen Ring geknüpft werden, den sich mehrere Set-Typen teilen (SHARED) (Bild 5.12b).

DYNAMIC MEMBER und DYNAMIC OWNER:

Ist in einer SET-MODE-Klausel für den Zugriffspfad eines CODASYL-Sets beides definiert, entspricht die Speicherungsstruktur direkt einer ASP-Realisierung (Bild 5.13).

Der Grund, diese Struktur in ein CAD-Datenbanksystem zu übernehmen, liegt in der bewährten Flexibilität von ASP-Strukturen gegenüber logischen Schemaänderungen.

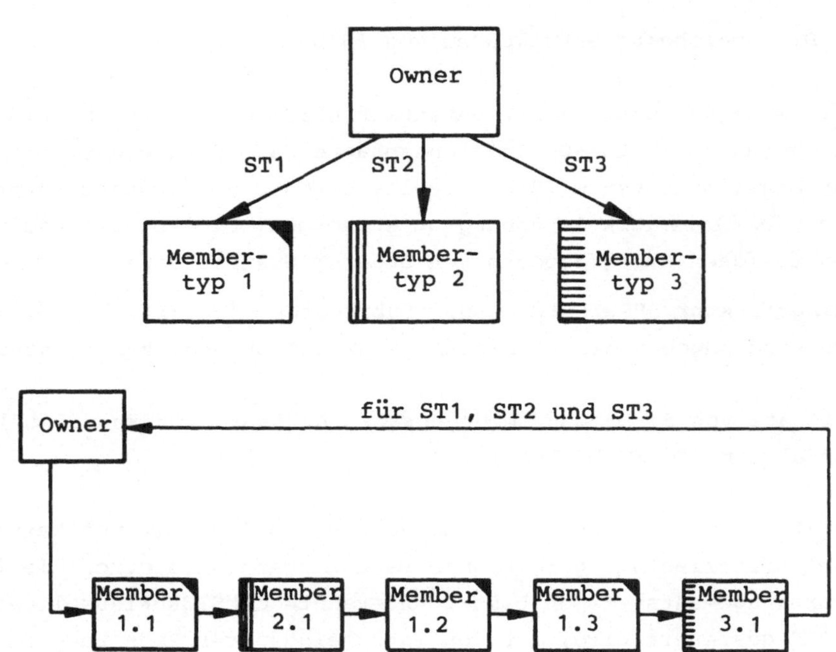

Bild 5.12: Die Speicherungsstruktur SET MODE IS CHAIN SHARED WITH ST1, ST2, ST3. Alle physischen Member-Records liegen auf einem gemeinsamen Zugriffspfad.

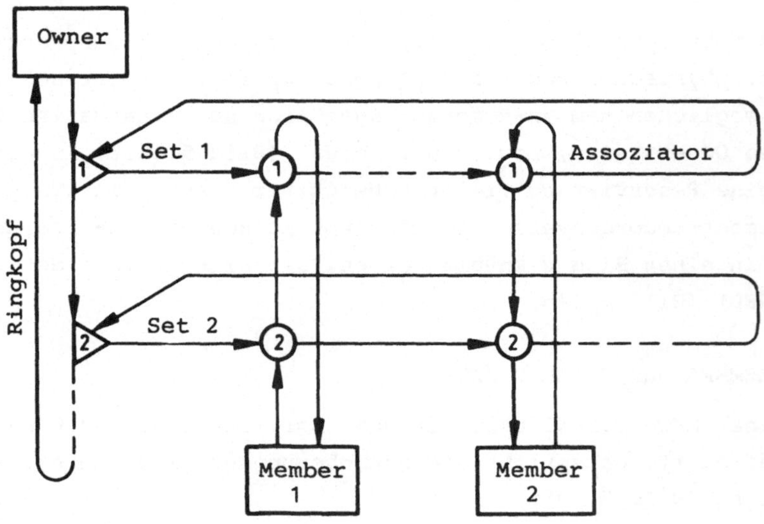

Bild 5.13: SET MODE IS DYNAMIC OWNER DYNAMIC MEMBER ist ein Zugriffspfad entsprechend der ASP-Ringstruktur. Diese Speicherungsstruktur muß auch bei SCHEMA-Änderungen nicht reorganisiert werden.

Kommen später ein paar Record- und Set-Typen mehr oder weniger in das Schema, als im Datenbank-Entwurf vorgesehen waren, müssen bei Verwendung dieses SET MODEs nur die Schemata neu übersetzt und das Datenbanksystem neu gebunden werden. Eine Reorganisation aller alten Datenbestände ist jedoch nicht notwendig. Die Anzahl und Position der Zeiger sowie die Länge des physischen Records bleiben konstant, weil alle Zeigerplätze "dynamisch" verkettet sind und mit den Set-Typ-Namen (nicht Record-Namen!) "assoziativ" nach dem richtigen Zeiger der Beziehung gesucht wird.

Zusammen mit einer möglichen direkten Interpretation des tabellierten Datenkataloges und dieser beibehaltenen CAD-Lösung für das Reorganisationsproblem, ist vom Entwurf her eine Hintertür für dynamische Schemaänderungen offengelassen worden. Es sollte sich dann aber ausschließlich um lokale Erweiterungen handeln, die ohne globale Bedeutung für ein i n t e g r i e r t e s CAD-System sind. ("Updating a type is forbidden except by the project chief" [FoVa81].)

Alternativen zu CALC und POINTER ARRAY:

Statt der Hash-Technik und Zeigerfeldern (pointer array) werden in PHIDAS B*-Bäume eingesetzt [Wed74b]. Sie haben gegenüber der Hash-Technik den Vorteil, daß sie selbst-reorganisierend sind.

Damit die aufwendige dynamische Reorganisation möglichst selten abläuft, wird von den Algorithmen dafür gesorgt, daß jeder Knoten des Suchbaumes möglichst nicht voll ist, damit weitere Eintragungen Platz haben, aber auch nur halbleer ist, um den Speicherplatzverschnitt und damit indirekt auch die Zugriffszeit gering zu halten. Eingesetzt wird diese Technik für die Suche nach Primär- und Fremdschlüsseln in einigen relationalen Datenbanksystemen wie SYSTEM-R und in PHOLAS und UDS für eine überlagerte Indizierung über Record-Typen [Här78].

In PHIDAS können Ringstrukturen durch Angabe der Klausel INDEXED im SET MODE mit B*-Bäumen überlagert werden, die sich auf ein Item der Member-Records beziehen. Die Item-Werte müssen nicht eindeutig sein. Zugelassen sind Item-Werte vom Typ INTEGER, REAL und CHARACTER.

Die FIND SEARCH-Befehle optimieren den Zugriff dahingehend, daß sie möglichst zuerst einen vorhandenen B*-Baum benutzen, wodurch das erste Kriterium mit Sicherheit nach fünf Plattenzugriffen erreicht ist und erst anschließend Ringpfade durchlaufen werden. Da diese Strukturen meist dann eingesetzt werden, wenn beim FIND NEXT MEMBER ein häufiger Seitenwechsel zu erwarten ist, sollten alle B*-Bäume mit CHAIN LINKED TO PRIOR LINKED TO OWNER oder nur mit LINKED TO OWNER zusammen verwendet werden (Bild 5.14, 5.15 und 5.16). Der letzte Fall ist die Realisierung von POINTER-ARRAY in PHIDAS. Vorteile gegenüber variabel langen Zeigerfeldern sind dann gegeben, wenn diese so groß werden, daß die Arrays nicht mehr in den Freiräumen weniger Seiten unterzubringen sind. Das ist in PHIDAS bei mehr als 500 Member-Records der Fall.

Die charakteristischen Eigenschaften der PHIDAS-Variante von B*-Bäumen sind:

- Alle Baumknoten haben eine feste physische Länge, die bei der Installation auf 1/10 einer Seite festgelegt wird.
- Eine Seite, in die ein Baumknoten abgelegt wurde, ist für alle weiteren Daten gesperrt. Damit soll eine Clusterung von B*-Bäumen und ihr möglichst langer Verbleib im Systempuffer durch häufigere Erhöhung des Seitenzugriffszählers sichergestellt werden.
- Für die Werte der Indizes gelten die FORTRAN-Typen entsprechend dem Schema.
- Die Adreßlänge der Zeiger ist abhängig davon, ob zu den Blättern der B*-Bäume Clustergrenzen überschritten werden oder nicht.

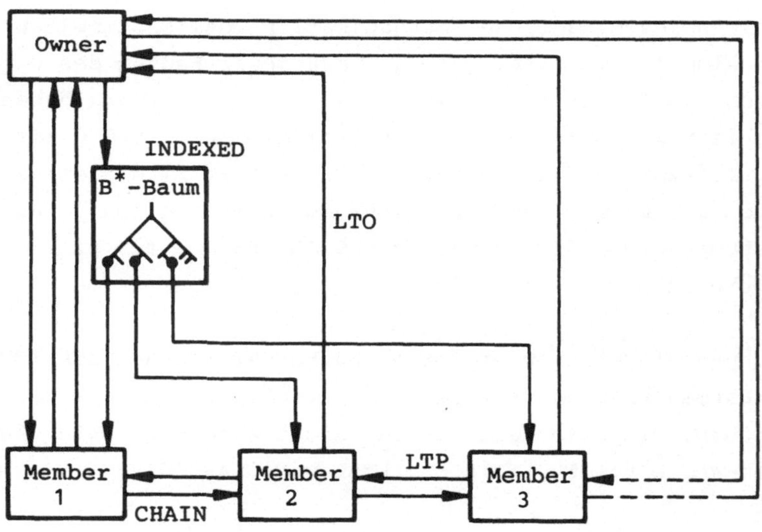

Bild 5.14: Die Überlappung von Ringstrukturen mit B*-Bäumen für den Zugriff mit anwendervergebenen Schlüsseln beim SET MODE IS CHAIN LINKED TO PRIOR LINKED TO OWNER INDEXED.

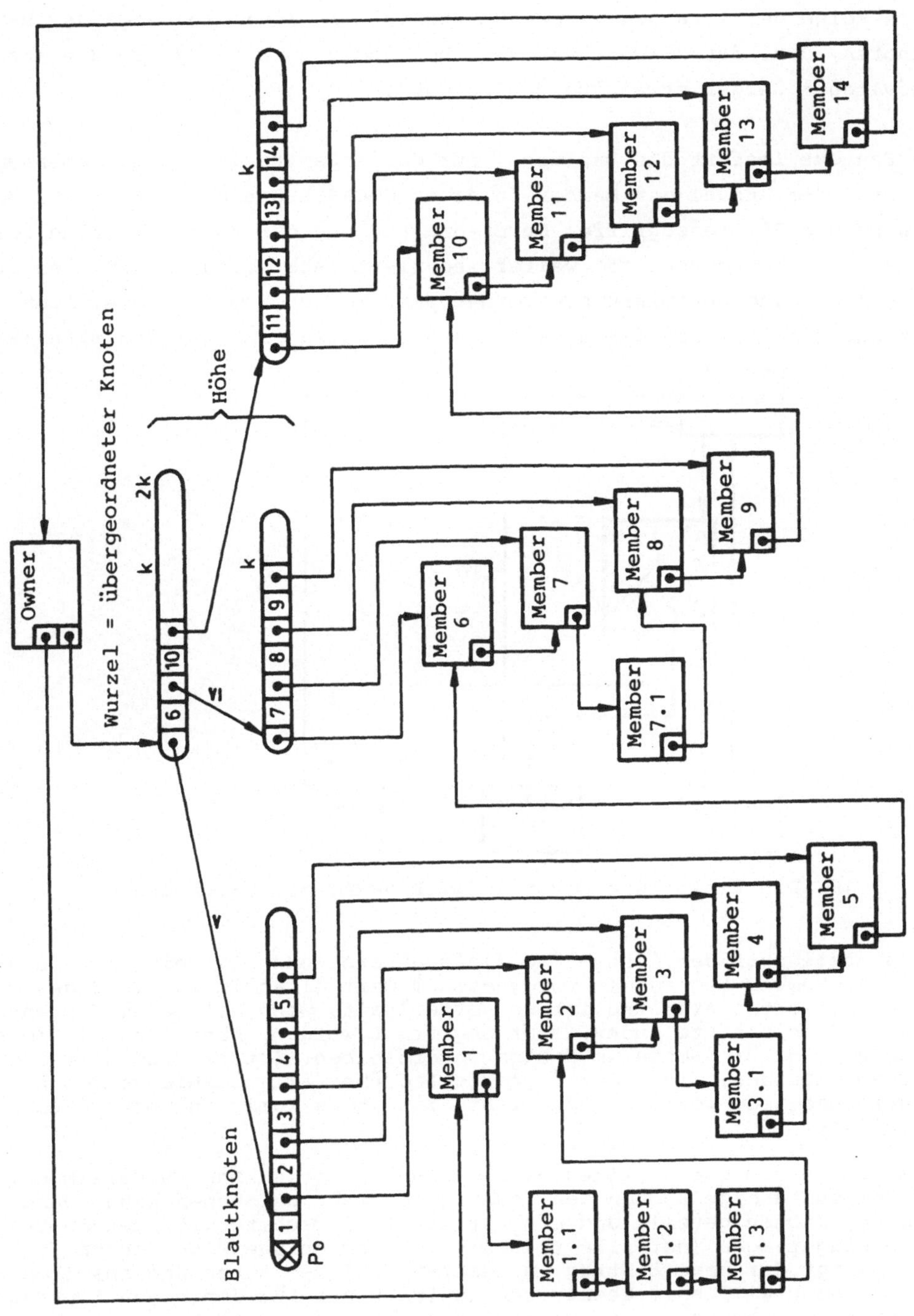

Bild 5.15: Die Behandlung von Duplikaten in B*-Bäumen.

- Als Folge der vorangegangenen Punkte ist die logische Länge der Baumknoten, d.h. der 2k-Wert variabel und damit auch das durch die Anzahl möglicher Zeiger erreichbare "Fan-Out".

Das Fan-Out liefert die Basiszahl für den logarithmischen Zusammenhang zwischen der Anzahl der Member in einem CODASYL-Set und der Anzahl der notwendigen Plattenzugriffe. Durch die Packung der Knoten in eine Seite werden die Plattenzugriffe weiter reduziert. Aber auch in den Algorithmen selbst sind Optimierungen vorgenommen worden, um die anteiligen Plattenzugriffe durch die dynamische Reorganisation zu reduzieren [Skl81].

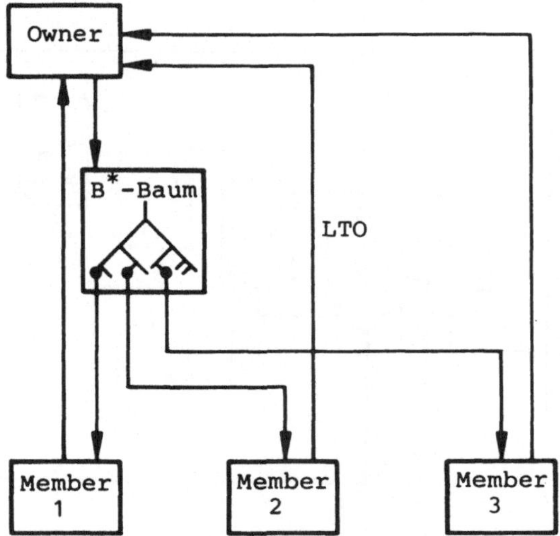

Bild 5.16: Die Realisierung von POINTER ARRAY mit B*-Bäumen.

Bestandteil auch der Lösch- und Einfügeoperationen ist eine Suche nach dem Member-Record mit vorgegebenem Wert eines Items als Index. Bei einem sortierten Arbeiten ist es vorteilhaft, wenn bei jedem Knoten der erste und der letzte Index zuvor abgefragt werden. Dann kann die sonst notwendige binäre Suche im Knoten unterbleiben. Ist ein Index irgendwo im Baum gefunden, liegt der Zugriffspfad über alle nachfolgenden p0-Zeiger ohne jede weitere Suche fest. Ein Index kommt in jedem Baum nur einmal vor.

Beim Einfügen eines neuen Member-Records kann es vorkommen, daß der zuständige Knoten den Index nicht mehr aufnehmen kann. Dann wird der Knoten geteilt und ein Verweis in der übergeordneten Knotenebene eingetragen (notfalls rekursiv bis zur Anlage einer neuen Wurzel). Liegt der neue Eintrag im rechten Teil des alten Knotens (Position $<$ k+1), dann wird beim Übertragen gleich Platz für den neuen Eintrag gelassen, um nachträgliche Verschiebezeiten einzusparen.

Das Löschen eines Index ist mit der Suche nach einem anderen geeigneten Index verbunden, der die Verzweigungsaufgabe des zu löschenden Index übernimmt. Zur Wahl stehen der größte Index im linken Subknoten und der kleinste Index im rechten Subknoten. Genommen wird der kleinste Index im rechten Subknoten, weil seine Lage ohne weitere Plattenzugriffe aus den gekellerten Daten des Suchalgorithmus bekannt sind.

Kommt es beim Löschen zu Unterläufen der Halbfüllung k, muß der Mangel durch Ausgleich oder Verschmelzen von Knoten kompensiert werden. Dieser Vorgang ist ebenfalls rekursiv und kann zum Schrumpfen der Baumhöhe führen. Ausgeglichen wird, indem gleich die Hälfte des Überschusses aus einem benachbarten in den defizitären Knoten übertragen wird. Der Nachbar wird so gewählt, daß primär Verschmelzungen und sekundär Verschiebungen vermieden werden.

5.2.1.2 Anwendungsoptimale Packung von Daten

Mehr noch als in den Zugriffspfadvarianten unterscheidet sich PHIDAS von anderen Datenbankmanagementsystemen durch die Flexibilität der Clusterung von Teilnetzen und die Vielfalt der möglichen Beziehungen zwischen Clustern als neuen makroskopischen Einheiten komplexerer Netzstrukturen. Die Klausel der SSDL, die die anwendungsoptimale Packung von Daten auf gemeinsamen Datenträgern bewirkt, lautet:

```
CLUSTER NAME IS name-des-umfeldes
ENTRY IS name-des-clusterbildenden-records
INTERNAL RECORDS record-name, ... ,record-name
POPULATION IS anzahl
```

Sollte das in PHIDAS verwendete Datenmodell einmal vom Netzwerkmodell in ein "Quadro-Modell" mit Gegenständen, Attributen, Beziehungen und Umfeldern erweitert werden, wandern die ENTRY- und INTERNAL-Klauseln als Definition des Umfeldes in die DDL und mit ihr alle Operationen der Clustermanipulation in die DML! Dann ist es ausreichend, sich mit CLUSTER NAME IS ... auf einen durch Record-Typ und Umfeld definierten PLEX der logischen Datenstruktur zu beziehen. Zu Beginn der Implementation von PHIDAS [BlFi78] wurde die Clusterung noch ausschließlich als ein Mittel zur Verbesserung der Effizienz und nicht als logisches Strukturierungsmittel komplexer Strukturen angesehen. Eine Änderung des Umfeldes ist aber eine so tiefgreifende Änderung der Anwendung, daß sie nicht im Sinne einer physischen Datenunabhängigkeit von einem Datenbankmanagementsystem auf einer internen Ebene abgefangen werden kann!

Mit der Anzahl in POPULATION wird angegeben, wieviele Ausprägungen eines Clusters in einem Segment gespeichert werden sollen. Ist die Anzahl eins (SINGLE), wird mit jedem clusterbildenden Record ein neues Segment mit einer vorläufig ersten Seite eröffnet. Weitere Seiten folgen, sobald sie zur Aufnahme der mit dem Entry-Record verketteten internen Records benötigt werden. Bei einer Population größer als eins werden soviele Entry-Records zusammen mit ihren internen Records in einem Segment gespeichert, wie die Zahl angibt. Wird die Anzahl überschritten, wird ein neues Segment eröffnet.

Auch zwischen Clustern können Beziehungen definiert werden. Ihre Realisierung und Konsistenzerhaltung nimmt an Schwierigkeit zu, je nachdem, ob es sich um

- disjunkte Cluster,
- Clusterbäume oder
- wieder Netze von Clustern handelt.

In PHIDAS sind in allen drei Fällen implementierte Lösungen vorhanden.

Disjunkte Cluster:

Disjunkte Cluster liegen dann vor, wenn n u r Beziehungen zwischen den Entry-Records möglich sind. Die Records haben dann das SYSTEM (der Area) als Owner. Jeder Systemanker einer Area besitzt ein eigenes Segment, das Verwaltungsdaten für alle angelegten Segmente, die Anfänge des Zugriffspfades und möglichst auch B*-Bäume auf die Entry-Records enthält. Die Zeiger für clusterüberschreitende Zugriffspfade bestehen aus einem zweiteiligen Datenbankschlüssel, dem

- TDBK1 mit der datenbankabsoluten Segmentnummer und dem
- TDBK2 mit der segmentinternen Record-Adresse.

Zugriffe innerhalb des Clusters benutzen nur die segmentinterne Record-Adresse. In disjunkten Clustern ist es nicht möglich, einen Record der einen Clusterausprägung mit einem internen Record einer anderen Clusterausprägung zu verketten. Das Ansinnen wird vom Datenbanksystem gesperrt. Da das nicht aus dem Typgraphen des Schemas ersichtlich ist (siehe dazu Bild 4.14), müssen auch die Clusterdefinitionen des internen Schemas bei der Programmierung beachtet werden. Das wird als ein Mangel des Datenmodells und nicht der Datenunabhängigkeit gesehen, die nur eine Folge dieses Mangels ist.

Clusterbäume:

Es können auch Clusterbäume definiert werden. Dann gibt es zusätzlich Beziehungen über Clustergrenzen hinweg, bei denen interne Records des hierarchisch höheren Clusters MEMBER besitzen, die ihrerseits clusterbildend sind (Bild 5.17).

Wird dieser Fall von den SSDL-Compilern entdeckt, werden für alle Zeiger dieses Set-Typs die langen Zeiger aus TDBK1 und TDBK2 vorgesehen. Ob die Member-Records dann allein oder zu mehreren auf ein PHIDAS-Segment abgebildet werden, bleibt weiterhin freigestellt. Auch besteht hinsichtlich der Anzahl der Owner-Typen, wie im Netzwerkmodell üblich, keine

Einschränkung. Deshalb lassen sich mit dieser Variante der Clusterbeziehungen auch Netzwerke von Clustern realisieren.

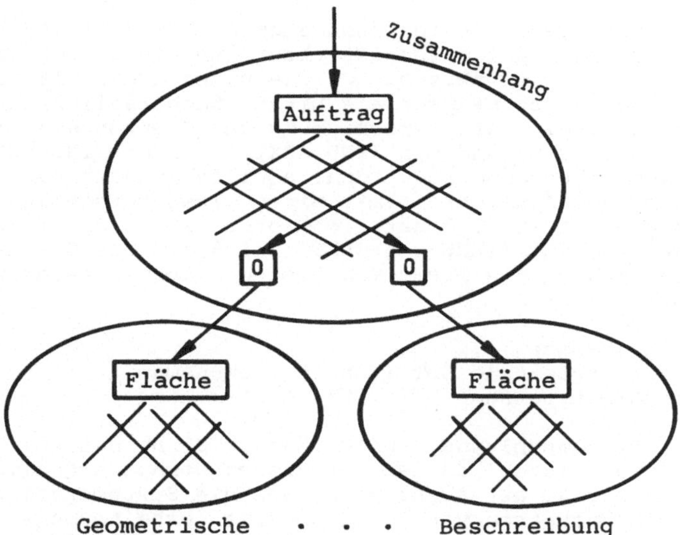

Bild 5.17: Beispiel eines Clusterbaumes mit clusterbildenden Member-Records vom Typ Fläche.

Clusternetze:

Zur Realisierung von Clusternetzen mit beliebigen Beziehungen zwischen internen Records, müssen die durch CODASYL-Sets gegebenen funktionellen Abhängigkeiten - wie bei den "zyklischen Strukturen" oder "gegenläufigen Hierarchien" - in zwei, über einen Relationsrecord verbundene Sets aufgeteilt werden. Der Relationsrecord ist für sich clusterbildend mit einer hohen Wertvorgabe in der POPULATION-Klausel. Die an der Beziehung beteiligten internen Records der verschiedenen Cluster sind ihre jeweiligen Owner. Durch die starke Packung aller Relationsrecords wird die Anzahl der Grenzüberschreitungen von einem internen Record zum anderen auf zwei reduziert. Das ist wichtig, da die Optimierung clusterinterner Zugriffe auf Kosten der clusterüberschreitenden Zugriffe vorgenommen wurde. Für nachfolgende Zugriffe ist das Zeitverhalten dann günstiger, weil bei jedem Zugriff auf einen Relationsrecord der Seitenzugriffszähler erhöht wird. Dadurch hat die Segmentseite mit den Relationsrecords eine längere Verweilzeit im Systempuffer.

SET MODE PHANTOM:

Beziehungen zwischen rechnerinternen Darstellungen in verschiedenen Areas sind in PHIDAS zur Zeit nicht zugelassen. Dadurch sollen die Schwierigkeiten der getrennten Reorganisation von Areas mit einer wechselseitigen areaüberschreitenden Adressierung vermieden werden. Sind

Beziehungen dieser Art trotzdem notwendig, werden sie vom Anwender mit Hilfe von Schlüsseln verwaltet. Der Zugriff auf die Primär- und Fremdschlüssel kann dann in der Datenbank über B*-Bäume erfolgen.

Damit die Integrität dieser Beziehungen ebenfalls von PHIDAS überwacht werden kann, steht eine Speicherungsstruktur zur Diskussion, die es auch erlauben würde, die Grenzen zwischen Clustern und Areas mit weniger Änderungen in den Anwenderprogrammen als bisher nachträglich zu verschieben. Denn bisher muß bei einer Verschiebung der Grenzen ein FIND FIRST in einen FIND SEARCH FIRST und ein FIND NEXT in einen FIND NEXT DUPLICATE, oder umgekehrt, umgeändert werden. Abhilfe schafft ein neuer SET MODE, der wegen seiner Ähnlichkeit mit einem alten Vorschlag von BACHMAN [Bac74] PHANTOM genannt wird. Zusätzlich werden statt der bisherigen SET SELECTION-Klausel die SET ITEMS von OLLE [Oll75] in die DDL eingeführt. Fehlt die Angabe, müssen die Items vom System zwangsvergeben werden. Die Set-Klausel lautet dann:

```
SET NAME IS set-type-name
    OWNER IS record-type-name SET ITEM IS item-name
    MEMBER IS record-type-name SET ITEM IS item-name
```

Das SET ITEM ist Primärschlüssel und Domäne im Sinne des Relationenmodells. Alle Fremdschlüssel dürfen nur dieser Domäne entnommen werden. Die Datenstruktur muß so aufgebaut sein, daß die Systemerreichbarkeit auch noch nach dem Entketten von "Phantom-Sets" erhalten bleibt. Zusätzlich müssen clusterbildende Records identifizierende Items besitzen, denn der Zugriff auf das richtige Cluster muß aus Gründen der Effizienz unbedingt über B*-Bäume erfolgen. Den Aufbau des ganzen Systems aus Zugriffspfaden für den SET MODE PHANTOM zeigt Bild 5.18.

Jeder Record, ob Owner oder Member, ist mit einem oder mehreren physischen Records verbunden, die folgende Such-Hilfs-Daten SHD enthalten:

- Den Areanamen der Areas, in denen der Owner oder die Member-Records zu suchen sind.
- Den Wert der Schlüssel-Items, der zum Auffinden des richtigen Clusters über den B*-Baum des system-owned Sets dient. Der Wert muß in der ganzen Area eindeutig sein, nicht aber in der ganzen Datenbank.
- Den Record-Typ, der von der Suche nach gleichen Primär- oder Fremdschlüsseln innerhalb des Clusters betroffen ist. Die Schlüsselwerte müssen aber nur innerhalb eines Clusters eindeutig sein, was in vielen Fällen der Eindeutigkeit innerhalb eines technischen Objektes entspricht.

Ein Member-Record enthält nur einen Anhang mit den Suchhilfsdaten für den Owner des Phantom-Sets, der Owner dagegen so viele SHDs, wie es Areas gibt, in denen eine Suche nach Member-Records erfolgreich ist. Alle Suchhilfsdaten sind zusätzlich mit den clusterbildenden Records verkettet. Der clusterinterne Pfad dient nicht nur der schnellen Suche innerhalb eines Clusters, sondern auch dem beschleunigten Abwurf clusterüberschreitender Beziehungen, bevor ein auf ein Cluster abgebildetes technisches Objekt von einer Area zur anderen kopiert wird. Die Beziehungen können in diesem Fall nicht aufrechtgehalten werden, weil nicht feststeht, welcher von zwei Ownern in Zukunft gelten soll, der alte oder der neu kopierte.

Durch die Verwendung von Item-Werten für die Verkettung bleibt der Zusammenhang zwischen Records verschiedener Areas auch nach einer isolierten Reorganisation erhalten. Bei den DML-Befehlen ist aber darauf zu achten, daß die Integrität der Datenstruktur weiterhin den bisherigen Änderungsregeln für CODASYL-Sets unterliegt.

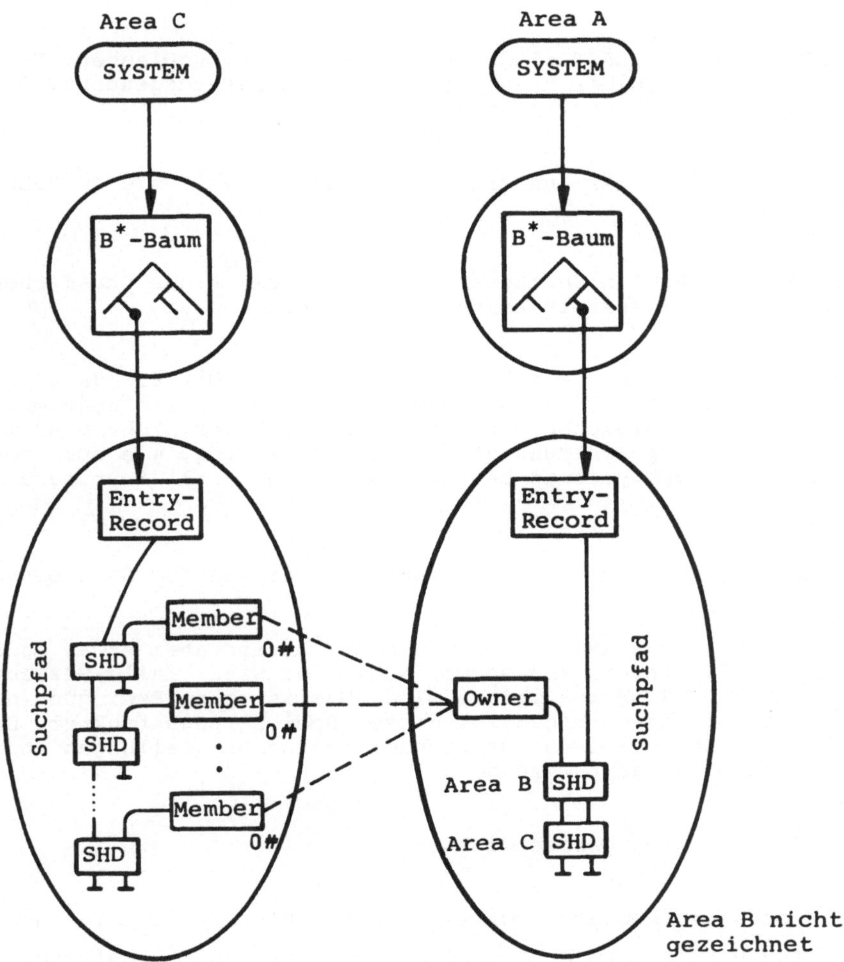

Bild 5.18: Das Zugriffspfadsystem des SET MODE PHANTOM.

STORE:

Die Nennung von Sets, die mit dem SET MODE PHANTOM realisiert sind, ist unzulässig. Beim STORE ist vom Anwender oder System ein systemkontrollierter eindeutiger Primärschlüssel zu vergeben. Alle Fremdschlüssel erhalten den Wert "0", der keinem gültigen Wert der Primärschlüssel-Domäne entspricht.

INSERT:

Der Befehl vergibt die Fremdschlüssel-Werte aus der Primärschlüssel-Domäne des Owners und legt die Suchhilfsdaten für Owner- und Member-Records an.

REMOVE:

Die Fremdschlüssel werden wieder zu "0" gesetzt und die Suchhilfsdaten, wenn notwendig, aus den Pfaden gelöscht.

FIND:

Bis auf FIND PRIOR und LAST sind alle Find-Befehle zugelassen. Es werden erst die Records in der Area des Bezugs-Records aufgesucht. Geschlossene Areas werden übersprungen.

GET:

Zugelassen auch auf Primär- und Fremdschlüssel, soweit sie im Subschema definiert sind.

MODIFY:

Für diesen Befehl gehören Schlüssel zum Steuerteil eines physischen Records. Der Befehl hat deshalb keine Auswirkungen.

MOD2FY:

Das Umverketten von Member-Records ist zugelassen. Der Fremdschlüssel des Members wird auf den Primärschlüssel des neuen Owners geändert. Ein Ordnen innerhalb der gleichen Set-Ausprägung ist aber nicht mehr möglich, da mit dieser Speicherungsstruktur eine Ordnung, wie auch von den relationalen Datenbanksystemen her bekannt, nicht realisiert werden kann.

DELETE:

Nicht zugelassen, so lange eine Verknüpfung über PHANTOM-Sets besteht.

DELETE SELECTIVE und ALL:

Die Befehle sind zugelassen. Das Löschverhalten ist aber etwas anders, da an Area- und Clustergrenzen sofort entkettet wird, falls Beziehungen mit dem SET MODE PHANTOM realisiert sind. Das ist eine Bedingung der Anwender für den Fall eines Einsatzes dieser Speicherungsstruktur. Damit sollen unüberschaubare Folgen für rechnerinterne Darstellungen anderer Archive (Areas) verhindert werden.

5.2.1.3 Kopieren von ganzen Clustern

Weil das recordweise Kopieren von technischen Einzelheiten in andere rechnerinterne Darstellungen auch dann noch sehr laufzeitaufwendig ist, wenn der Umweg per GET über die UWA und das zweimalige Zerlegen der Items mit

```
CALL FINDMN (... ,NAMREC)
CALL VIAREC (... ,NAMREC)
CALL STORE  (... ,KOPREC)
```

in PHIDAS vermieden wird, gibt es Hilfsprogramme, die disjunkte Cluster und ganze Clusterbäume aus einem Clusternetz ausketten und in eine andere Area kopieren können. Entspricht ein Cluster einem Segment, ist schnell ein ganzes technisches Objekt seitenweise ohne Betrachtung des Inhaltes kopiert. Das ist eine Realisierung einer Forderung von EIGNER [Eig80], die bisher in keinem anderen Datenbankmanagementsystem zu finden ist. Die Operationen auf Cluster heißen:

- COPY SINGLE CLUSTER und
- COPY CLUSTER TREE.

In einem erweiterten Datenmodell müßten diese Operationen in die DML übernommen werden. Das unterstreichen auch die mit der Clusterung verbundenen Löschregeln der DML-Befehle. Ein Cluster ist eigentlich eine Ausprägung des makroskopischen Datenkonstruktes Plex zur Strukturierung von Datenstrukturen, die auf der Record-Ebene nicht mehr beherrschbar sind. Die Strukturierung von Programmen ist heute selbstverständlich (?). In der Strukturierung von Datenstrukturen ist das ein Anfang, der durch die Komplexität von CAD-Anwendungen erzwungen wurde!

5.2.2 Speichermedienverwaltung

Bei 16-Bit-Rechnern sind dem adressierbaren Datenvolumen einer Datenbank auch bei einer Adressierung mit Segmentnummer und segmentrelativer Record-Adresse Grenzen gesetzt. Die Grenzen sind bei einer starken Strukturierung in viele Segmente und einer geringen Nutzung der internen Adressierbarkeit besonders schnell erreicht. Um eine Erweiterung der Datenmenge zu ermöglichen oder mit Datenbanken nach anderen Schemata zu arbeiten, können mehrere Datenbank - V e r s i o n e n definiert werden. Jede Datenbankversion ist ein in sich abgeschlossener Datenbestand, entsprechend einem zugeordneten (nicht notwendigerweise unterschiedlichen) Datenbankschema. Die Versionen werden in PHIDAS in einer internen Datenbank nach dem Schema von Bild 5.19 verwaltet. Lediglich zu Beginn des Programmlaufes der Management-Software ist es notwendig, den symbolischen Namen einer Datenbankversion anzugeben. Alle weiteren Anforderungen nach externen Datenträgern übernimmt das Datenbanksystem (notfalls durch Meldungen an den Operator).

Die Verwaltung wird nach folgenden Kriterien vorgenommen:

- Jede Datei ist eindeutig einer Area zugeordnet.
- Mehrere Dateien können der gleichen Area zugeordnet sein.
- Die Segmentnummern sind eindeutig in der ganzen Datenbankversion.
- Ein "Fenster" aus einer zusammenhängenden Folge von Segmentnummern wird eindeutig einer Datei zugeordnet.
- Eine Datei ist voll, wenn entweder alle freien Seiten oder alle freien Segmentnummern vergeben sind.
- Die Dateiauswahl erfolgt über ein pro Area frei wählbares PLACEMENT-ITEM der Entry-Records.

In vielen Anwendungen ist das PLACEMENT-ITEM mit dem Sortierschlüssel (Teilenummer) eines system-owned Sets identisch. Hat eine bestimmte

Area drei Dateien, kann über den Inhalt des PLACEMENT-ITEMS folgende Abbildung definiert werden:

Datei 1	Teile-Nr.	Anfang	bis	...1000
Datei 2	Teile-Nr.	...1001	bis	...2000
Datei 3	Teile-Nr.	...2001	bis	Rest.

Die Auswahl der Dateien erfolgt damit nach einem, wenn auch einfachsten Hash-Verfahren. Bei einem Überlauf kann die Anzahl der Dateien oder die Anzahl der Seiten einer Datei im Dialog erweitert sowie ein neues PLACEMENT-ITEM bzw. die Zuordnung zu den Dateien geändert werden.

Der FIND SEARCH arbeitet ebenfalls bevorzugt mit dem Placement-Item. Maximal muß nur eine Datei durchsucht werden.

In einigen Fällen wird die Ordnung aber durchbrochen, z.B., wenn die Datei von einem Operator nicht zur Verfügung gestellt werden kann oder ein MOD2FY die Umverlegung in eine andere Datei verlangt; eine Operation, die wegen des physischen Charakters temporärer Datenbankschlüssel erst nach dem Schließen (CLOSE) der Area möglich ist. Dieser Tatbestand wird dem Anwender durch eine Warnung mitgeteilt.

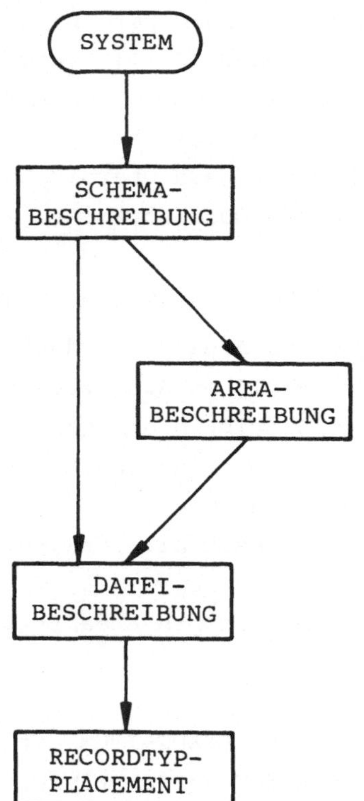

Bild 5.19: Das SCHEMA der Datenbankversionsverwaltung.

Um die Verkettungen zwischen Dateien zu vermeiden, ist nur ein system-owned Set pro Record-Typ zugelassen. Unverkettete, autonome Dateien können leichter den verschiedenen Arbeitsplätzen zur Verfügung gestellt werden.

Die Operationen auf die Versionsverwaltung sind Serviceprogramme für die Administration von Datenmedien. Die Bedienung erfolgt über Dialoge. Einige der Dienstleistungen sind unabhängig von den Schemata der Anwendung.

CREATE

Dialog zur Umwandlung von Files eines Betriebssystems in Datenbankdateien und ihre Aufnahme in die Datenbankversion.

DELETE

Das Gegenteil zu CREATE.

RENAME

Zum Umbenennen eines Platten- oder Segmentnamens einer Datei, wenn diese durch Serviceprogramme kopiert oder von einem anderen CAD-Arbeitsplatz mit Daten gefüllt wurde.

SYSRES

Zum Generieren, Löschen und Sichern der systeminternen Datenbanken.

DBVVW

Zum Ändern z.B. der Area-Paßworte oder des Placement-Items in der Versionsverwaltung. Für andere im Dialog angebotene Dienste wird das Schema der Anwendung mitberücksichtigt. Das gilt z.B. für:

DUMP

Zur Generation verständlicher Ausdrucke rechnerinterner Darstellungen und der zugehörigen Speicherbelegung.

LIST

Zur Ausgabe eines anwendungsbezogenen Inhaltsverzeichnisses einer Area.

DELETE

Zum Löschen von Anwenderobjekten aus einer Area.

COPY

Zum Kopieren und Reorganisieren ausgesuchter Anwenderobjekte von einer Area in eine andere des gleichen oder anderen CAD-Arbeitsplatzes. Hat einer der Arbeitsplätze keine PHIDAS-Datenbank oder ein anderes Daten-

bzw. Werkstückmodell, wird ein modifizierter GKS-Methafile zwischengeschaltet [GrMe82].

Die Dialoge werden noch ständig entsprechend dem Bedarf von Pilotanwendern ausgebaut. Die Entwicklung vieler Hilfsprogramme für ein universelles Datenbankmanagementsystem wie PHIDAS ist wirtschaftlich eher zu rechtfertigen als für eine spezielle CAD-Lösung der Datenverwaltung, weil die Entwicklungskosten von mehreren Anwendern getragen werden.

5.3 Der interne Aufbau des Datenbanksystems

Die Implementation von PHIDAS zeigt einige Techniken, mit denen ein modulares und weitgehend portables Datenbankmanagementsystem entwickelt wurde, das trotz dieser Eigenschaften - speziell für graphische CAD-Anwendungen - ausreichend schnell ist.

5.3.1 Systemübersicht

Eine Übersicht über die Ebenen, Schnittstellen, Module und Datenpuffer sowie die Ströme der Befehle, Verwaltungs- und Anwenderdaten zeigt Bild 5.20.

Die Programme einer Anwendung oder einer anwendungsorientierten IML-Schnittstelle eines CAD-Systems bilden die oberste Ebene. Die Programme enthalten den Aufruf eines Subschemas und Aufrufe der DML-Befehle sowie Serviceprogramme. Als Datenpuffer steht jedem Modul der Anwendung ein Arbeitsbereich UWA als Datenpuffer zur Verfügung. Er ist auf den Record-Typ mit dem längsten Datenteil ausgelegt. Der Systempuffer ist der untersten I/O-Ebene zugeordnet. Diese Ebene ist mit nur vier Seitentransferroutinen an ein beliebiges Betriebssystem anzupassen. Der gesamte Datenfluß mit externen Speichern läuft über den Systempuffer. Die Datenflüsse der Anwender- und Verwaltungsdaten verzweigen sich erst später in die UWA des Anwenders oder in das Datenverwaltungs-"Register" des Datenbank-Masters.

Zwischen der UWA und dem SYSTEMPUFFER ist das Datenbankmanagementsystem PHIDAS als eine Hierarchie von aufeinander aufbauenden, abstrakten Datentypen implementiert worden [Web78,Pao78]. Jede Ebene hat ihre eigene Schnittstelle, bestehend aus den Operationen auf alle der jeweiligen Ebene zugeordneten Datenkonstrukte. Die Dienste der einzelnen Module sind nur über diese Schnittstellen zugänglich. Das Prinzip der Hierarchie von Ebenen wird nur durchbrochen durch das rekursive Benutzen

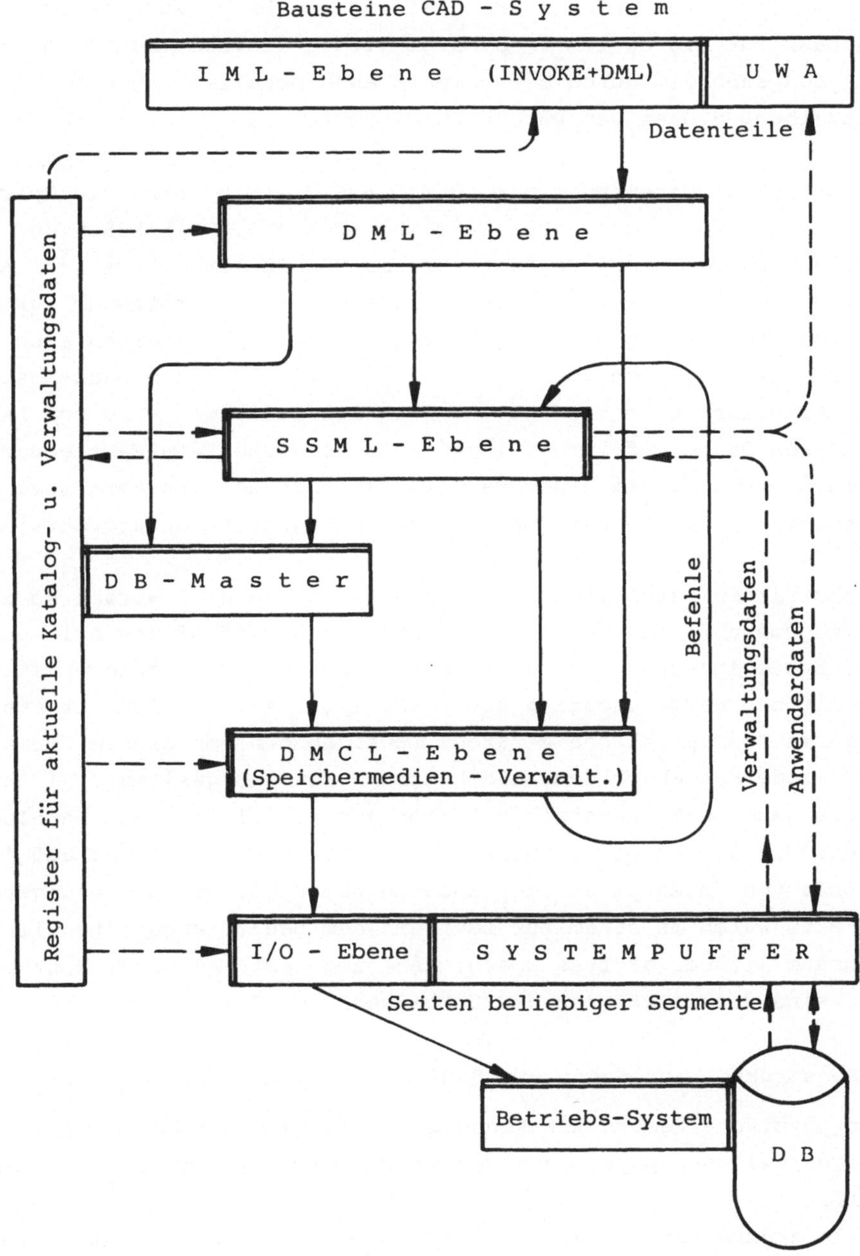

Bild 5.20: PHIDAS-Systemübersicht.

der SSML-Ebene zur internen Beschaffung von Daten aus der systemeigenen Datenbank für die Speichermedienverwaltung (device media control level; DMCL) und außerdem durch die allen Ebenen parallel angebotenen Zugriffsbeschreibungen über den Datenbank-Master.

Die abstrakten Datentypen der D M L - E b e n e sind die Operationen auf die Datenkonstrukte AREA, RECORD, ITEM und CODASYL-Set des Netzwerkmodells, das in PHIDAS de facto um das CLUSTER erweitert ist. Alle Operationen der Schnittstelle sind realisiert mit Operationen zur Manipulation von Speicherungsstrukturen. Die Programme beschaffen sich die benötigten Katalogdaten über die Schnittstelle zum Datenbank-Master. Jede Datenmanipulation von rechnerinternen Darstellungen wird zur Laufzeit mit diesen Daten auf ihre Zulässigkeit gegenüber den Festlegungen im Schema überprüft. Bei einem Wechsel zwischen den Clustern werden die zusätzlichen Dienste der Speichermedienverwaltung angefordert.

Die abstrakten Datentypen der S S M L - E b e n e wurden so definiert, daß die Operationen von einer bestimmten Zugriffspfadtechnik unabhängig sind. Erste Anregungen dazu lieferten Konzepte zur Implementation von DIAM mit den basic encoding units BEU [SeAl74]. Die BEU ist ein Standardformat für physische Records. Abweichungen von diesem Format aufgrund wiederkehrender Gemeinsamkeiten werden ausgeklammert (factoring) und als gemeinsame Zusatzinformation nur einmal in einem Katalog abgelegt. Ein Steuerteil enthält Zeiger auf andere BEUs und auf Anfang und Ende von Datenteilen oder anderen geschlossenen Codierungsteilen. Alle BEUs waren in einem zur Laufzeit dem Bedarf angepaßten linearen Adreßraum (linear address space; LAS) abgelegt. An diese Konzepte von SENKO sind die Datentypen der SSML-Ebene von PHIDAS angelehnt worden.

Die Konstrukte, auf denen die SSML-Operationen ablaufen, sind:

- Der physische Record mit Kennung, Steuerteil und Datenteil.
- Zeiger zwischen physischen Records, zusammengefaßt in einem Steuerteil.
  (Alle anderen Zeiger auf Codierungsgrenzen der BEU wurden ausgeklammert und in den Zugriffsbeschreibungsblöcken abgespeichert.)
- Segmente (die neue Namensgebung erfolgte in Anlehnung an die Techniken virtueller Systeme [Deg70]).

Alle gesetzten Zeiger der Steuerteile zeigen auf die Kennung am Anfang eines anderen physischen Records. In Abhängigkeit von der Kennung können das Format und die Lagen eines jeden Zeigers und des Datenteils aus der Zugriffsbeschreibung erfragt werden. Bei jeder Benutzung eines Zeigers wird eine von drei Marken auf den Segmenten auf und ab verschoben (Bild 5.21). Bei einem Segmentwechsel, veranlaßt durch eine Änderung der internen Segmentnummer (TDBK1) in einer der Marken, wird die Speichermedienverwaltung angestoßen, um bei Bedarf ein neues Segment bereitzustellen. Die Operationen der SSML benutzen die Datenbankschlüssel nicht direkt, sondern nur die Namen einer oder zwei dieser Marken. Die Marken heißen:

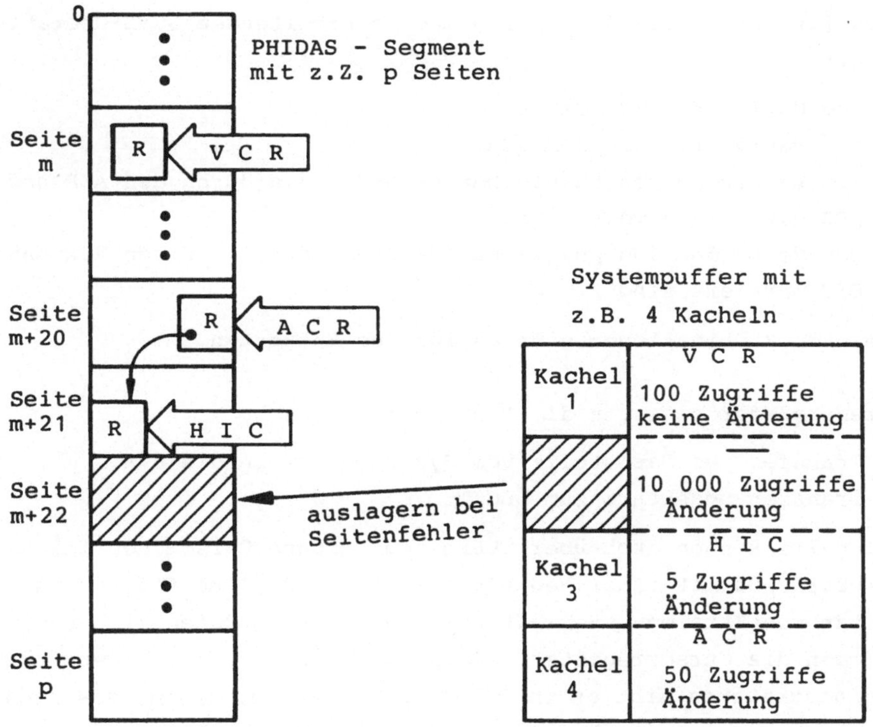

Bild 5.21: Die Cursor in PHIDAS besitzen eine doppelte Rolle. Zum einen sind es Marken auf aktuelle physische Records, die auf der SSML-Ebene anstelle physischer Adressen benutzt werden; zum anderen sind es Sperren gegen die ungewollte Auslagerung aktueller Daten aus dem Systempuffer bei einem Seitenfehler.

ACR

Aktuelles Cursor-Register. Es definiert einen internen CURRENT PHYSICAL RECORD der Anwenderdaten.

VCR

Verwaltungs-Cursor-Register. Es definiert einen CURRENT PHYSICAL RECORD der Verwaltungsdaten. Diese Marke steht meist auf einer Seite eines "Verwaltungssegmentes" der systemeigenen Datenbank.

HIC

Hilfs-Cursor-Register. Diese Marke wird in Kombination mit dem ACR oder dem VCR eingesetzt, wenn zwei Records ver- oder entkettet werden müssen.

Mit den Registerinhalten werden erst einmal alle über die DML-Schnittstelle eindringenden Datenbankschlüssel dahingehend verglichen, wieweit sie korrekt sind, bereits zerlegt vorliegen und ob bereits alle aktuellen Katalog- und Anwenderdaten in den Registern des Masters oder im Systempuffer verfügbar sind. Die weiterverarbeitenden SSML-Operationen sind z.B.:

DBNA.. zum Navigieren mit dem ACR.
DBNV.. zum Navigieren mit dem VCR.
DBBA.. zum Verbinden von physischen Records, die durch den ACR und den HIC markiert sind.
DBBV.. zum Verbinden von physischen Records, die durch den VCR und den HIC markiert sind.

Die gleichen Kombinationen gibt es für das Entketten.

Den Datentransfer besorgen die Routinen:

DBGET Transfer des Datenteils vom Systempuffer in die UWA.
DBMODI Transfer umgekehrt zum DBGET.

Cursorinhalte können auch über TDBKs oder andere Cursor neu initialisiert werden. Da mit einer Neuinitialisierung größere Änderungen in der Aktualität von Katalog-, Verwaltungs- und Anwenderdaten einhergehen können, werden die Cursorregister vom Datenbank-Master verwaltet. Für Datenbankadministratoren gibt es in PHIDAS ein Dienstprogramm, das nach einem Datenbankentwurf und der Übersetzung der Beschreibungen die Formate aller physischen Records ausdruckt. Es besteht die Möglichkeit, wenige extrem zeitkritische Operationen der SSML-Schnittstellen zu realisieren. Die Laufzeiten können dadurch um Faktoren zwischen zwei und drei gegenüber der DML-Schnittstelle gesenkt werden. Das ist aber nur bei Suchalgorithmen angebracht, weil der Laufzeitgewinn nur durch Umgehung der Integritätskontrolle und durch Verzicht auf Datenunabhängigkeit und Portabilität speziell dieser Routinen erkauft wird.

Die D M C L - E b e n e sorgt für die Bereitstellung ausreichend langer Segmente. Diese Segmente werden einzeln oder zu mehreren als seitenweise Auszüge im Systempuffer angeboten. Segmente werden in Dateien angelegt und solange erweitert, bis der Vorrat an Seiten oder Segmentnummern nicht erschöpft ist. Die übergeordnete Freiraumverwaltung der

Dateien ist mit der Freiraumverwaltung innerhalb der Segmente gekoppelt. Diese lokale Freiraumverwaltung fordert bei Bedarf weitere Seiten für ein Segment an oder gibt auch Seiten wieder an die globale Verwaltung zurück. Zur Übersicht aller verfügbaren oder bekannten Daten einer Datenbankversion bedient sich die Speichermedienverwaltung der Versionsdaten. Anfragen nach und Änderungen von Freiraum- und Versionsdaten werden über die Mitbenutzung der SSML-Ebene ausgeführt. Das ist schneller als der Zugriff über die DML-Ebene und in diesem Fall unkritisch, da die Strukturen der systemeigenen Datenbank keinen Änderungen mehr unterworfen sind. Nur kommt es durch die Mitbenutzung des Systempuffers zu einer Verdrängung von Anwenderdaten durch die Beschaffung von freien Kacheln für Verwaltungsdaten. Der erste Wechsel zwischen zwei "Anwender"-Segmenten muß deshalb mit drei Seitenwechseln erkauft werden. Die Folgekosten bei einer weiteren Benutzung eines die Segmentgrenzen überschreitenden Zugriffspfades hängen dann stark davon ab, ob die geladenen Seiten weiterhin im Systempuffer verbleiben können.

Die Seitenwechsel werden von der I/O-Ebene veranlaßt; die Ausführung übernimmt das Betriebssystem. In den Aufrufen der Ebene wird nur gesagt, welche Seite einer Datei auf welche Kachel des Systempuffers geladen werden soll und umgekehrt. Die Berechnung einer freien Kachel übernimmt ein Verdrängungsalgorithmus nach folgenden globalen Regeln:

- Seiten, die durch die aktivierten Marken ACR, VCR und HIC festgehalten werden, dürfen grundsätzlich nicht ausgelagert werden. Damit soll das Auslagern von Seiten verhindert werden, die in einer nicht abgeschlossenen Folge von Operationen noch dringend gebraucht werden.
- Unter den verbleibenden Seiten werden zuerst die Seiten gesucht, die nicht geändert wurden, seit sie sich im Systempuffer befinden. Das Überschreiben spart den Seitentransfer des Auslagerns. Außerdem werden dadurch bevorzugt Hilfsdaten und nicht die der Änderung unterliegenden Bereiche der rechnerinternen Darstellung verdrängt.
- Überschrieben oder, wenn nur geänderte Seiten vorhanden sind, auch ausgelagert, wird die Seite mit der geringsten Anzahl an Zugriffen seit dem letzten Seitenfehler (page fault).
- Nach Befriedigung des Seitenfehlers werden alle Zugriffszähler der Kacheln auf n% ihres bisherigen Wertes heruntergesetzt. Der Prozentsatz, mit dem die Historie vergangener Seitenzugriffe berücksichtigt werden soll, kann bei der Installation des Systems festgelegt werden.

Diese Optimierungen des Verdrängungsalgorithmus müssen im Zusammenhang mit dem Verhalten der segmentinternen Freiraumverwaltung gesehen werden.

Die wiederholte Belegung von Freiräumen zur Laufzeit erfolgt in erster Näherung nach dem FIRST FIT-Algorithmus, damit sich die Daten am Anfang eines Segmentes konzentrieren und das nach hinten variable Segment nicht unnötig verlängert wird. Die beim FIRST FIT nachteiligen langen Suchzeiten nach einem ersten brauchbaren Freiraum werden dadurch verkürzt, daß jeder Seitenkopf einen Suchpfad startet, der nur Freiräume einer einstellbaren anwendungstypischen Mindestgröße verbindet. Kleinere Freiräume sind nur an ihrer Record-Kennung als solche auszumachen. Wird durch einen Löschvorgang aus einem physischen Record wieder ein Freiraum, kommt es zur Vereinigung mit benachbarten Freiräumen wie beim Pärchen-Algorithmus [Knu69]. Dieser allgemeine Algorithmus ist noch einmal durch globale Strategien modifiziert:

- Die Suche nach freien Plätzen beginnt immer zuerst in den Seiten des Segmentes, die sich bereits in den Kacheln des Systempuffers befinden, und erst danach wird die Suche hinter der letzten Seite im Systempuffer fortgesetzt. Davor ist meist wegen des FIRST FIT-Verhaltens sowieso kein Platz im Segment. Durch diese Regel wurde erreicht, daß eingegebene oder modifizierte Einzelheiten technischer Objekte auf zusammenhängenden Seiten abgelegt werden.
- Der Suchpfad einer Seite kann mit einer Record-Kennung für nachfolgende Record-Ausprägungen gesperrt werden. Das wird bei physischen Records von B*-Bäumen ausgenutzt und führt zu einer Packung von B*-Knoten auf reservierten Seiten. Die Anzahl der Seitenzugriffe ist dadurch geringer als die Baumhöhe.

5.3.2 Verwaltung und Zugriff auf Katalogdaten

Die gesamte Beschreibung einer Datenbank liegt in PHIDAS-Anwendungen in dreifacher Form vor:

- Als Quellentexte aller Schemata in den Sprachen DDL, Subschema-DDL und SSDL, inklusive der eingefügten Kommentare. Zusätzlich sollten die Dialogprotokolle der Definition und der Änderung der Versionsdatenbank aufbewahrt werden. Alles zusammen ist der Kern einer umfassenden Dokumentation integrierter CAD-Systeme.
- Als Objektform wird pro Schema und Subschema ein Satz von Tabellen in einer systemeigenen Tabellenbank abgelegt. Die Tabellen sind:

  AREA-Tabelle,
  RECORD-Tabelle, RECORD ITEM-Tabelle,
  SET-Tabelle,
  RECORD AREA-Tabelle, RECORD AREA-TYP (WITHIN-Klausel)-Tabelle

RECORD AREA-OWNER-Tabelle,
SHARED SET-Tabelle.

- Das Datenbankmanagementsystem bedient sich zur Laufzeit aber nicht der tabellierten Objektform des Datenkataloges, sondern der Zugriffsbeschreibungsblöcke, die an den INVOKE-Befehl und den Datenbank-Master gebunden werden. Natürlich wäre es auch möglich, alle Zugriffsdaten direkt aus den Tabellen des Datenkataloges zu beschaffen. Diese Lösung ist aus Effizienzgründen nicht praktikabel. Die Interpretation des Datenkataloges ist ein Preis, der bei universellen Lösungen gegenüber einer speziellen CAD-Datenverwaltung auf der Speicherungsstrukturebene bezahlt werden muß. Dieser Preis muß aus Gründen der Laufzeitkonkurrenz so gering wie möglich gehalten werden!

Bei der Realisierung der Zugriffsbeschreibungen sind in PHIDAS eigene Wege gegangen worden, die den Zeitpunkt der Bindung, die Dienste normaler Binder von Programmen und die in Maschinenbefehlssätzen üblichen Fähigkeiten der Adreßrechnung ausnutzen.

Die Speicherungsstrukturen der Zugriffsbeschreibungsblöcke sind in Bild 5.22 dargestellt. Von einem Kontrollblock SUBTAB, der sicherstellen soll, daß nicht mit falschen Zugriffsdaten gearbeitet wird, gelangt der Master-Modul zu der Tabelle aller Areas, Records und Sets. RECTAB und SETTAB sind Indexlisten auf die gewünschte Record- und Set-Typ-Beschreibung. Die Beschreibungen sind gegenseitig verkettet. Über die Record-Beschreibung sind die Beschreibungen der Item-Konversion zwischen Systempuffer und UWA und damit zwischen SCHEMA und SUBSCHEMA eingetragen. In den Beschreibungen sind ebenfalls die Beschränkungen des STORE, REMOVE und DELETE aufgrund der Unterschiede in Schema und Subschema notiert.

Die Operationen des Masters auf die Struktur sind:

DBSUBS Zentrale Einstiegsoperation mit folgenden weiteren Operationen:
DBWRSK Zum Bereitstellen einer CURRENT SET-Beschreibung.
DBWRRK Zum Bereitstellen einer CURRENT RECORD-Beschreibung.
DBWRMK Zum Bereitstellen einer Current Record-Beschreibung für den MEMBER-Record der Current Set-Beschreibung.
DBAKAT Bereitstellen der Area-Informationen.

Auf der Basis der current gehaltenen Beschreibungen gibt es eine Anzahl von KDB...-Funktionen, mit denen die Werte der Beschreibungen dem Master übergeben werden.

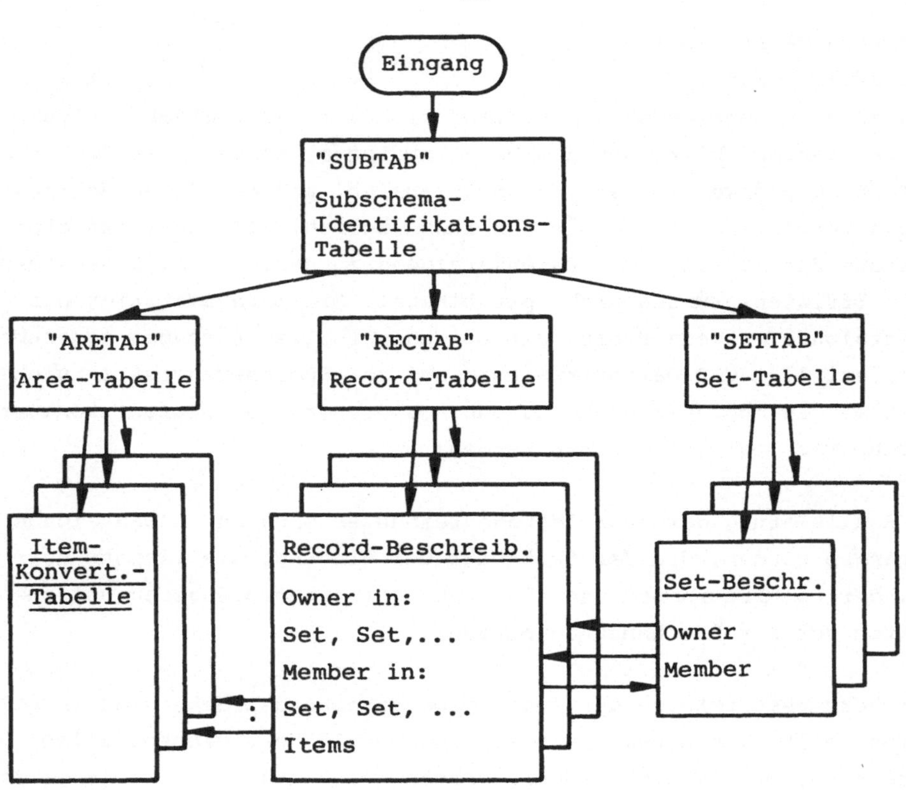

Bild 5.22: Die Speicherungsstruktur der Zugriffsbeschreibungsblöcke.

Das Besondere liegt weder in den Speicherungsstrukturen selbst noch in den Operationen, sondern in der Art der Realisierung. Anstatt eine Speicherungsstruktur aus physischen Records und Zeigern mit Aufrufen der SSML-Ebene zu bearbeiten, sind alle Daten als Programmcode der Maschinensprache realisiert. Die einzelnen Werte in den Datenteilen der "Records" sind als Wertvereinbarungen codiert, z.B.:

```
.WORD 3   CO   3 ist die Anzahl der Areas, in denen der
               Record-Typ definiert ist  OC   .
```

Die Zeiger von einem solchen "Maschinencode-Record" zu einem anderen sind Adreßcodierungen, z.B.:

```
SET 099 :     ---                  . ----> RECTEI : .WORD 31803
              ---                 /                  ---
          .ADDRESS RECTEI  --                       .WORD 3
              ---                                    ---
```

(In der Beschreibung des 99. Set-Typs zeigt ADDRESS RECTEI auf den Anfang der Record-Typ-Beschreibung, die mit der internen Kennung 31803 des physischen Records mit Kurznamen TEI beginnt.)

Durch die in den Schemata vergebenen Kurznamen und die von den DDL-Compilern vergebenen internen Namen besteht ein eindeutiges Referenzsystem, welches von den Generatoren von INVS und SUBS zur Spezifikation von Beziehungen zwischen Code-Records verwendet wird. Der Binder trägt dann in ADDRESS RECTEI die Adresse von RECTEI ein und stellt somit die Verkettung zwischen den Maschinencode-Records her. Die Navigation zur Laufzeit von einer Beschreibung zur anderen ist besonders schnell, weil mit Maschinenbefehlen wie

```
MOVL @#SETO99+8,R1        (VAX-Assembler)
```

eine hardwaremäßige Realisierung für die Navigation entlang dieser speziellen Zugriffspfade vorhanden ist!

Die Operationen auf die Struktur der Zugriffsbeschreibungsblöcke sind zwangsläufig in Assembler geschrieben und werden innerhalb des DB-Masters in FORTRAN aufgerufen. Die Zugriffsbeschreibungen der systemeigenen Datenbanken für die Versionsdaten- und Tabellenverwaltung sind einmal "von Hand" geschrieben worden. Alle anderen Zugriffsbeschreibungen werden aus den vom Compiler-System geprüften Tabellen des Datenkataloges generiert und als fertiges Implement an das Datenbankmanagementsystem gebunden. Bei einem Transfer auf einen anderen Rechner sind diese Teile des Datenbankmanagementsystems umzustellen. Das entspricht einem Anteil von 6% Maschinencode an den FORTRAN-Programmen von PHIDAS. Da die Zugriffsbeschreibungen der internen Datenbank nur rein schematisch umgestellt werden (z.B. NUM gegen .WORD und ADC gegen .ADDRESS), betrifft der relevante Portierungsaufwand nur noch die Operationen auf die Zugriffsstrukturen; das sind nur noch 2,5% der gesamten Programmzeilen von PHIDAS.

Durch die Entkopplung vom Laufzeitsystem unterliegen alle übrigen Komponenten des Compiler-Systems keinen harten Randbedingungen. Deshalb sind für diese Aufgaben vorhandene Standardbausteine, wie ein Compiler für contextfreie problemorientierte Sprachen POLPAC [POL77] und ein auf der Netzwerkstruktur von PHIDAS aufgesetztes flexibles Tabellenprogramm, als Bausteine eingesetzt worden. Die Grammatik der DDL, Subschema-DDL und SSDL wurde mit POLPAC Service-Programmen entwickelt, die das Prüfen und Ändern von Grammatiken und die vorherige Erprobung der kreierten Sprache ermöglichen. In der Grammatik folgt jedem Symbol eine Zahl, ein sog. Attribut. Stimmt ein Symbol der eingegebenen Sprache mit den erwarteten Symbolen überein, so werden in Abhängigkeit von den Attributen verschiedene, von den Programmierern bereitgestellte Operationen aufgerufen, die bei korrekter Syntax in diesem Fall die Tabellen des Datenkataloges auffüllen.

Nach der ersten Übersetzung liegt in den seltensten Fällen ein korrekter Datenbankentwurf vor. Kleine Fehler in der Namensgebung oder "echte" Verletzungen semantischer Randbedingungen des Netzwerkmodells, wie "der Owner eines Sets muß ein vorher deklarierter Record-Typ sein", lassen sich weder mit contextfreien Grammatiken noch durch die Verwendung von Tabellen (Relationen ohne Domänenkonzept) erkennen. Dazu müßten die Datenkonstrukte von PHIDAS sowie die zwischen ihnen zulässigen Beziehungen in einem Datenbankentwurf z.B. entsprechend Bild 5.23 ausgedrückt werden. Die Nebenbedingung von Set und Owner wird dann schon von den Integritätsregeln des Datenbanksystems überprüft, bevor ein Katalog angelegt wird.

Die Gründe, warum hier im Gegensatz zur Eingabe rechnerinterner Darstellungen auf eine sofortige Integritätskontrolle verzichtet wurde, sind folgende:

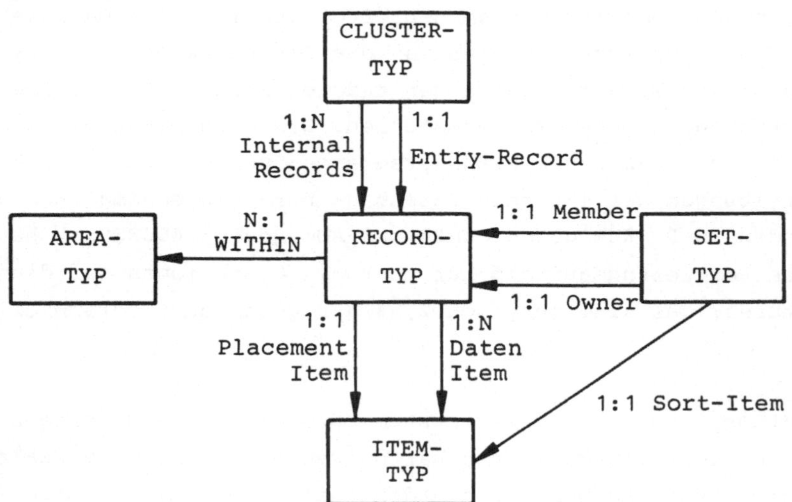

Bild 5.23: Ein Bachman-Diagramm der in PHIDAS eingesetzten Datenkonstrukte und deren Beziehungen untereinander.

- Das Programm läuft weitgehend im Stapelbetrieb.
- Es ist zu schwierig, die Schemabeschreibung einer komplexen Datenstruktur direkt und fehlerfrei im Dialog einzugeben.
- Sind die Rohdaten aber erst einmal in der Datenbank, können sie mit dem Datenbanksystem als Werkzeug untersucht werden.
- Neue Tabellen, die ausgewählte und aufbereitete Zusammenhänge für die Fehlersuche darstellen, sind mit relationalen Operationen auf Tabel-

len leichter zu generieren, wenn die Katalogdaten bereits in - wenn auch inkonsistenter - Tabellenform vorliegen.

- Die Speicherung und Bearbeitung von Tabellen muß nicht effizient sein, weil der Datenkatalog nicht zur Laufzeit interpretiert werden muß.

Die logische Struktur des Datenkataloges wurde in normalisierte Relationen zerlegt, die als Tabellen gespeichert sind. Nach dem ersten Füllen der Tabellen laufen mehrere Prüfprogramme über den Datenkatalog. Je nach Komplexität der Untersuchung sind die Routinen schnell (bei Überprüfung der Namen) oder auch recht langsam (bei Strukturuntersuchungen, die vielfach rekursiv ablaufen und das ganze Netz betreffen). Das Compiler-System berechnet auch die internen Namen und die Formate der physischen Records und ermittelt die Zulässigkeit der Löschbefehle aufgrund der Unterschiede zwischen SCHEMA und SUBSCHEMA.

Die Prüfprogramme sind so aufgebaut, daß jede einzelne Prüfregel von einer zusammenhängenden Folge von Programmzeilen auf den Datenkatalog ausgeführt wird; die Reihenfolge der Regeln ist begrenzt veränderlich. Mit dieser Vorgehensweise soll erreicht werden, daß nicht nur die Syntax der Beschreibungssprache, sondern auch die Semantik und im weiteren Sinn auch das in PHIDAS verwendete Datenmodell variiert werden kann. Die Regel Nr. 10 der DDL heißt z.B.:

$\forall S_{DDL_i} \in S_{DDL}$ mit ROWN von $S_{DDL_i} \neq$ 'SYSTEM'

$\exists R_{DDL_j} \in R_{DDL}$: ROWN von S_{DDL_i} = RNAM von RR_{DDL_j} .

(Für jede Set-Beschreibung muß der dort angegebene Owner-Record existieren.)

Es gibt auch einige Regeln für die SSDL, die verhindern sollen, daß ein Datenbankadministrator interne Schemata mit einem bereits vorher bekannten schlechten Laufzeitverhalten entwickelt. Eine solche Regel für das interne Schema lautet:

$\forall S_{DDL_i} \in S_{DDL}$ mit ROWN von S_{DDL_i} = 'SYSTEM'$\exists S_{SSDL_j} \in S_{SSDL}$:

SNAM von S_{DDL_i} = SNAM von S_{SSDL_j} und

MODE von S_{SSDL_j} = 'CHAIN LINKED TO PRIOR' [JeLa81] .

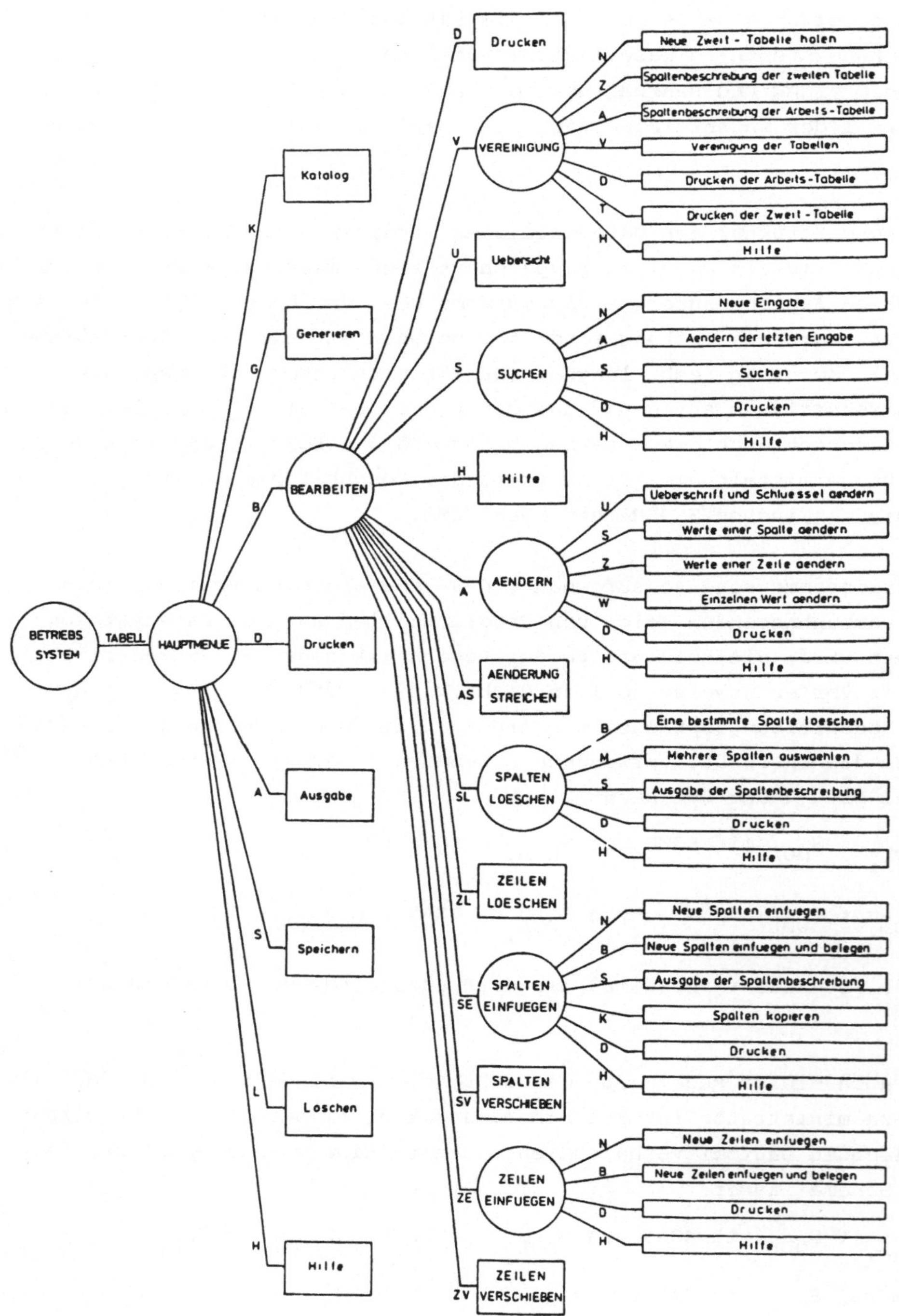

<u>Bild 5.24</u>: Dialogsystem für die Kreation und Verwaltung von Tabellen.

Der Datenbankadministrator wird bei einer Verletzung dieser Regel darauf hingewiesen, daß der SET MODE "CHAIN LINKED TO PRIOR" gewählt werden muß, um Laufzeitverzögerungen beim Einfügen neuer clusterbildender Records zu vermeiden. Diese Technik könnte zu einer Tuning-Beratung ausgebaut werden, sobald weitere praktische Erfahrungen in Regeln gefaßt werden können.

Für das Compiler-System wurden die Operationen auf den Datentyp Tabelle weiter ausgebaut. Die Kreation, Änderung und Zusammenstellung von Tabellen ist sowohl von Anwenderprogrammen aus als auch im Dialog (Bild 5.24) am Bildschirm möglich [MoTh82]. Die Programme benutzen Operationen semirelationaler Datenbanken (kein Domänenkonzept), die auf einer, für kleine Datenmengen noch geeigneten Tabellenstruktur, entsprechend Bild 5.25, mit wenig Aufwand realisiert sind.

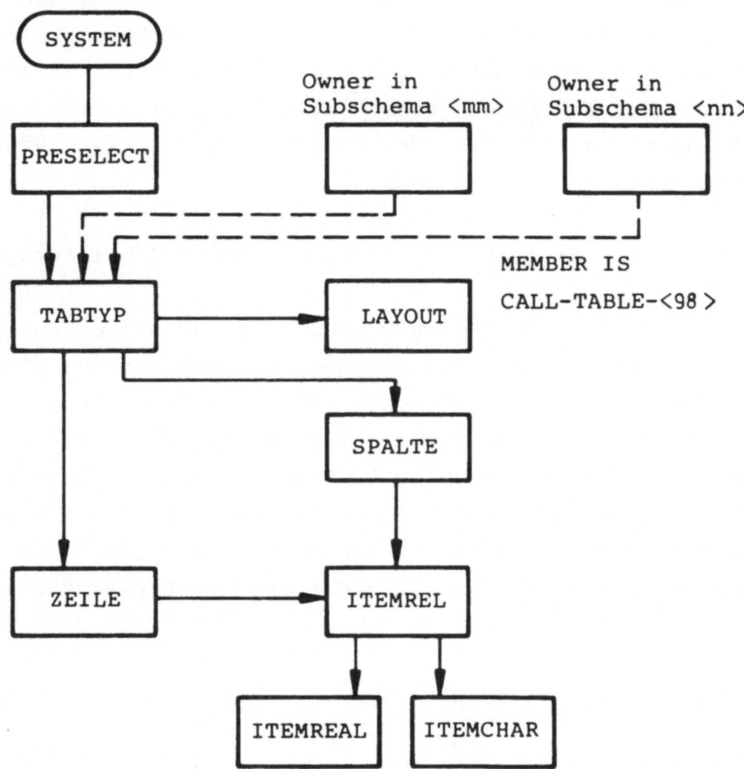

Bild 5.25: Das SUBSCHEMA 98, das in einem anderen Subschema eines Anwenders einmal an beliebiger Stelle aufgerufen werden kann.

Auf Wunsch der Anwendungsprogrammierung wurde die Subschema-DDL in jüngster Zeit dahingehend verändert, daß das Subschema der allgemeinen Tabelle als eine Einheit in jedes Subschema eines Anwenders integriert werden kann. Die dazu notwendige Angabe lautet:

```
SET NAME IS ANKER-TABELLE
    OWNER IS ANKER
    MEMBER IS CALL-TABLE-98 ;
```

Als Anker dient ein beliebiger Record-Typ des Subschemas.

CALL-TABLE-98 ist ein reservierter Name des DDL-Compilers. Da eine Tabelle erst zur Laufzeit kreiert werden muß, ist für einfache Tabellen die strenge Trennung zwischen DDL (Datenadministration) und DML (Anwenderprogrammierung) aufgehoben. Das ist ein Kompromiß zwischen Kontrolle und Flexibilität.

5.3.3 Zusammengesetzte Systemversionen

Bei den Unterschieden zwischen CAD-Arbeitsplätzen in Hardware, Basis-Software und Anwendungsgebiet ist es nicht verwunderlich, daß sich die jeweiligen Systementwickler aus den mit definierten Schnittstellen angebotenen PHIDAS-Modulen recht unterschiedliche Datenbankmanagementsysteme zusammengestellt haben. Eine Modularität, die diese Freiheit erst möglich macht, war ein Ziel der Entwicklung. Es existieren bisher folgende Systemversionen von PHIDAS:

a) Die gebundene Einbenutzerversion auf CDC 1700 Digigraphic.

Datenbanksystem und Anwenderprogramm sind zusammen mit einem graphischen Betriebssystem zu einem Task zusammengebunden. Das war nur möglich, weil der graphische Bildschirm einen eigenen Bildsegmentspeicher besitzt, und auch der Systempuffer aus dem 32k-Programmbereich ausgelagert werden konnte. Denn diese alte Maschine hatte Befehle, die das getrennte Adressieren von Programmen und Daten zuläßt. Sie benimmt sich aus der Sicht ihres einzigen Benutzers wie ein 17-Bit-Rechner und läßt sich deshalb nicht ohne Laufzeitnachteile durch "modernere" 16-Bit-Prozeßrechner ersetzen.

b) Die Task-Version auf PDP 11/60 mit Vector General VG 3400.

Dieses System wurde als Nachfolger der CDC für PHILIKON eingesetzt. Wegen des kurzen Adreßraumes müssen Datenbanksystem, Graphik und Anwenderprogramme in getrennten Tasks untergebracht werden. Das führt zu nicht ausreichenden System- und Bildsegmentpuffern und einer zusätzlichen Belastung von Datenbank- und Graphikbefehlen mit jeweils zwei Task-Wechseln, die das Mehrfache der Laufzeit eines DML- oder Graphikbefehls ausmachen. Die Ablösung dieser Systeme durch 32-Bit-Versionen ist deshalb schon angelaufen.

c) Eine Speicherungsstrukturversion auf Philips P 857 mit Tektronix Speicherbildschirm.

Auf diese Anlage wurde ein vorhandenes Programm zur Konstruktion von Drehteilen übertragen. Das Betriebssystem war ein einfaches Ein-Task-System. Um Anwenderprogramm, Datenbanksystem und Graphik (PLOT10) in 32k-Worten unterzubringen, wurde die vorhandene problemorientierte Schnittstelle zum alten Datenverwaltungssystem mit den Operationen der SSML-Ebene realisiert. Zum Entwurf der Speicherungsstruktur kann man sich der DDL- und SSDL-Compiler als Hilfe bedienen. Weggelassen wurden die DML-Ebene, große Teile des Datenbank-Masters und der Speichermedienverwaltung. Es konnte nur mit einer rechnerinternen Darstellung zur Zeit gearbeitet werden, die aber dafür 128k-Worte lang sein konnte (virtuell). Damit bot das Programm mehr an Speicherplatz und Geschwindigkeit (wegen der genutzten Freiheiten in der Auswahl geeigneter Speicherungsstrukturen) als die vorherige ASP-Realisierung. Aus wenigen Modulen gezielt zusammengesetzte Datenbanksysteme dieser Art werden für 16-Bit-Mikro-Prozessoren wieder interessant.

d) Multi-User-Versionen werden z.Z. auf PDP 11/70, VAX 11/... und PRIME750 mit unterschiedlichen Ausbaustufen graphischer Peripherie in verschiedenen CAD-Anwendungen eingesetzt.

Es hat sich gezeigt, daß die Abarbeitung einer gemeinsamen Warteschlange vor der UWA oder dem Systempuffer die schlechteste, weil langsamste Lösung ist. Jeder Anwender zerstört die Optimierung seines Vorgängers. Auf diese Weise läßt sich aber ein Mehrbenutzerbetrieb mit nur 64k-Worten Arbeitsspeicher auf einem 16-Bit-Rechner realisieren. Zu empfehlen ist diese Arbeitsweise jedoch nicht.

Versionen mit zufriedenstellenderen Geschwindigkeiten sehen für jeden Bildschirm einen eigenen Systempuffer und eigene Verwaltungsregister vor. Außerdem sind Anwenderprogramme, Datenbanksystem und Graphiksystem wieder zu einem Prozeß vereinigt. Wieweit unter diesen Randbedingungen Teile des Programm-codes sowohl der Anwendung als auch des Datenbankmanagementsystems gemeinsam benutzen können, hängt von der Flexibilität verwendeter Betriebssysteme ab. Die Anwender von PHIDAS sind in diesem Punkt ihre eigenen Wege gegangen. Die Synchronisation zwischen den konkurrierenden Anwendern erfolgt durch einen semaphorgesteuerten gemeinsamen Supervisor-Prozeß, der von den Operationen OPEN und CLOSE AREA angesprochen wird.

6 ERGEBNISSE UND FOLGERUNGEN AUS EINER PILOTANWENDUNG DES DATENBANKSYSTEMS

Die CAD-Systeme, in denen das Datenbanksystem PHIDAS heute eingesetzt wird, liefen zum Teil schon mit einer eigenen problemabhängigen Datenverwaltung, bevor sie in ihrem Leistungsumfang erweitert und auf das Datenbanksystem umgestellt wurden. Eines dieser CAD-Systeme ist das System PHILIKON (PHILips Integriertes KONstruktionssystem) [Blu76,Fi76, Bau77,BlBu77,BDD79,Blu79,FiDe79,Fi79c,Blu81]. Die Vorstellung der Pilotanwendung beschränkt sich auf:

- Die Datenstruktur des von allen PHILIKON-Programmen vorausgesetzten Werkstückmodells
- Die Abbildung zwischen rechnerinterner und graphischer Darstellung mechanischer Produkte
- Das in dieser Anwendung beobachtete Zeitverhalten des Datenbanksystems.

Zum Abschluß wird darauf eingegangen, wie sich die Existenz eines für CAD-Arbeitsplätze geeigneten Datenbanksystems auf die Konzeption zukünftiger CAD-Systeme auswirken kann.

6.1 Das Werkstückmodell von PHILIKON

Die Arbeiten an PHILIKON hatten u.a. das Ziel, Lösungswege für integrierte graphische CAD-Systeme des Maschinenbaues aufzuzeigen, mit denen es möglich sein soll, unternehmenseigene Programme mit Programmen anderer Entwickler und Hochschulen miteinander zu koppeln. Um die Integrierbarkeit aller PHILIKON-Anwenderprogramme zu gewährleisten, wurden für deren Programmierung die folgenden Richtlinien aufgestellt:

- Anwendungsabhängige und anwendungsunabhängige Module des Systems sind voneinander zu trennen.
- Die unabhängigen Module, zu denen die Graphikprogramme mit dem Dialogsystem und das Datenbanksystem gehören, bilden einen allen Anwenderprogrammen gemeinsamen Systemkern.
- Der Zugang zum Systemkern ist über Schnittstellen geregelt, die in ihren Funktionen an Normungsaktivitäten anschließen und als Rahmen für die Entwicklung weiterer Programme über das ganze Projekt beibehalten werden.
- Den Anwenderprogrammen ist jede Speicherung von Daten oder Kommunikation mit dem Benutzer des Systems außer über die genannten Schnittstellen verboten.

- Die Integration der Module erfolgt allein über den Datenaustausch mit einer allen gemeinsamen Datenbank entsprechend einem für das ganze Projekt verbindlichen Werkstückmodell.

Entsprechend diesen Richtlinien wurden bisher folgende Programmpakete entwickelt:

PHIPAD (Philips Part Design)
Ein Programm für die Detailkonstruktion sowie die Ausgabe und Änderung aller zu einem Zeichnungssatz gehörenden Dokumente [Blu81].

PHITOL (Philips Tool Design)
Ein Programm für die Variantenkonstruktion von Stanzwerkzeugen [FiDe79].

PHINUC (Philips Numerical Control)
Ein graphisches Dialogprogramm für die NC-Programmierung von Drahterodiermaschinen und von bahngesteuerten Revolverstanzen [BDD79].

Das Spektrum der miteinander gekoppelten Pakete wird durch Fremdbausteine wie z.B. einem geometrischen Modellierer und einem System zur Berechnung von frei gestalteten Flächen und Systemen für die NC-Programmierung von Dreh-, Bohr- und Fräsbearbeitungen erweitert. Eine Übersicht über das Gesamtsystem zeigt Bild 6.1.

Alle Module des Systems sind über vier Subschemata an das gemeinsame Datenbanksystem angeschlossen. Das Schema des CAD-Systems PHILIKON enthielt am 15.1.1982 die Definitionen für 15 Areas, 54 Record-Typen mit zusammen 204 Items und 72 CODASYL-Set-Typen.

Die gesamte Datenstruktur des Werkstückmodells läßt sich unterteilen in:

- Die Struktur des erfaßten Informationsgehaltes technischer Dokumente; im wesentlichen von Zeichnungen
- Die Datenstruktur zum Anschluß geometrischer Modellierer
- Eine organisatorische Struktur, die den Zusammenhang zwischen allen in einem CAD-Arbeitsplatz und außerhalb archivierten Produktinformationen aufrechterhält.

Diese logische Einteilung spiegelt sich dann auch direkt in den Clustern und Clusterbeziehungen wieder.

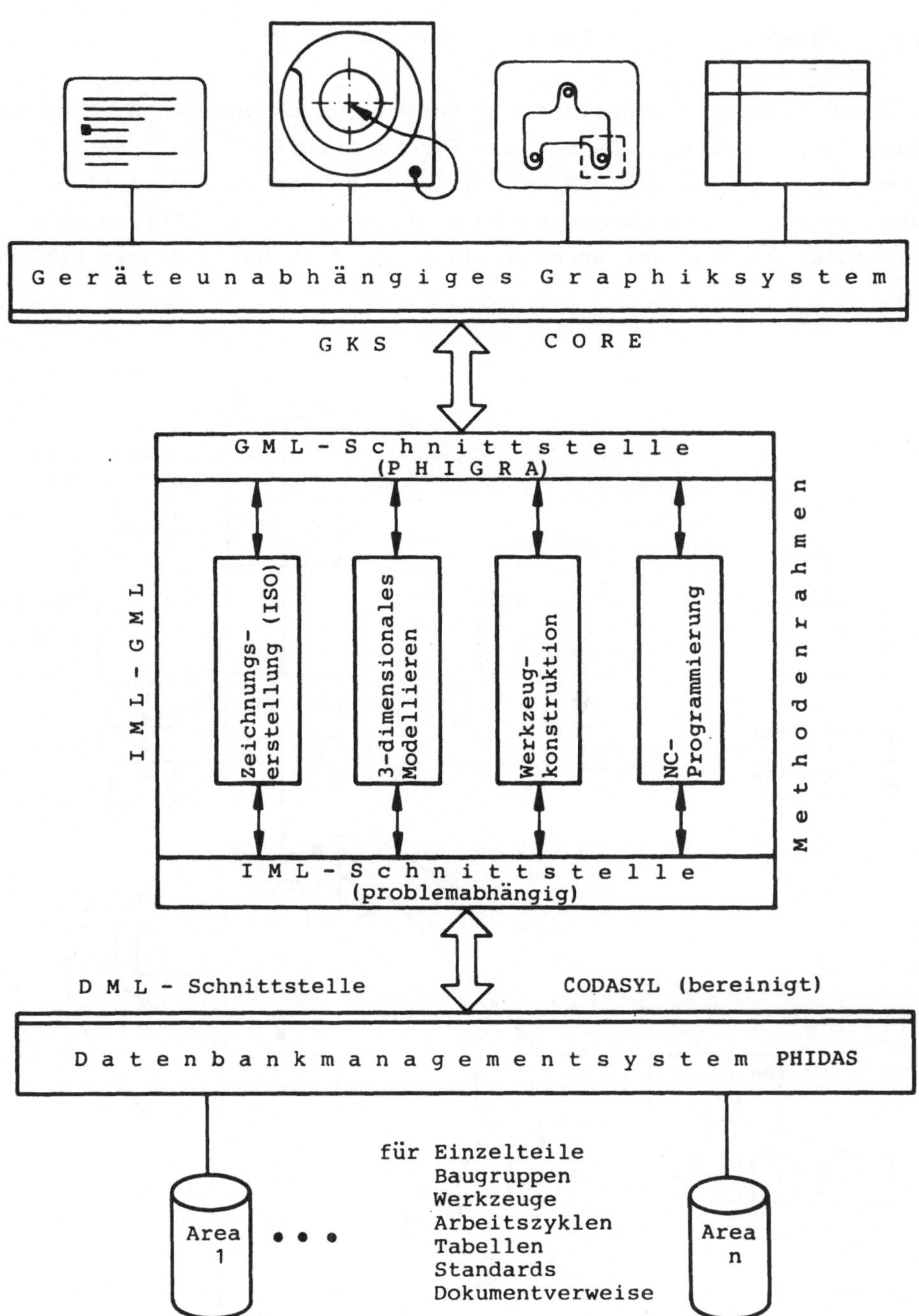

Bild 6.1: Die Schnittstellenarchitektur des CAD-Systems PHILIKON.

6.1.1 Datenstruktur technischer Zeichnungen

Die Datenstruktur rechnerinterner Darstellungen von technischen Zeichnungen zeigt Bild 6.2. Da mit dem System PHILIKON angestrebt wird, möglichst viel von der während des Dialoges bekannten Information über ein neues Produkt in der Datenbank festzuhalten, ist die Datenstruktur umfangreicher als das zur Ausgabe einfacher Strichzeichnungen notwendig wäre.

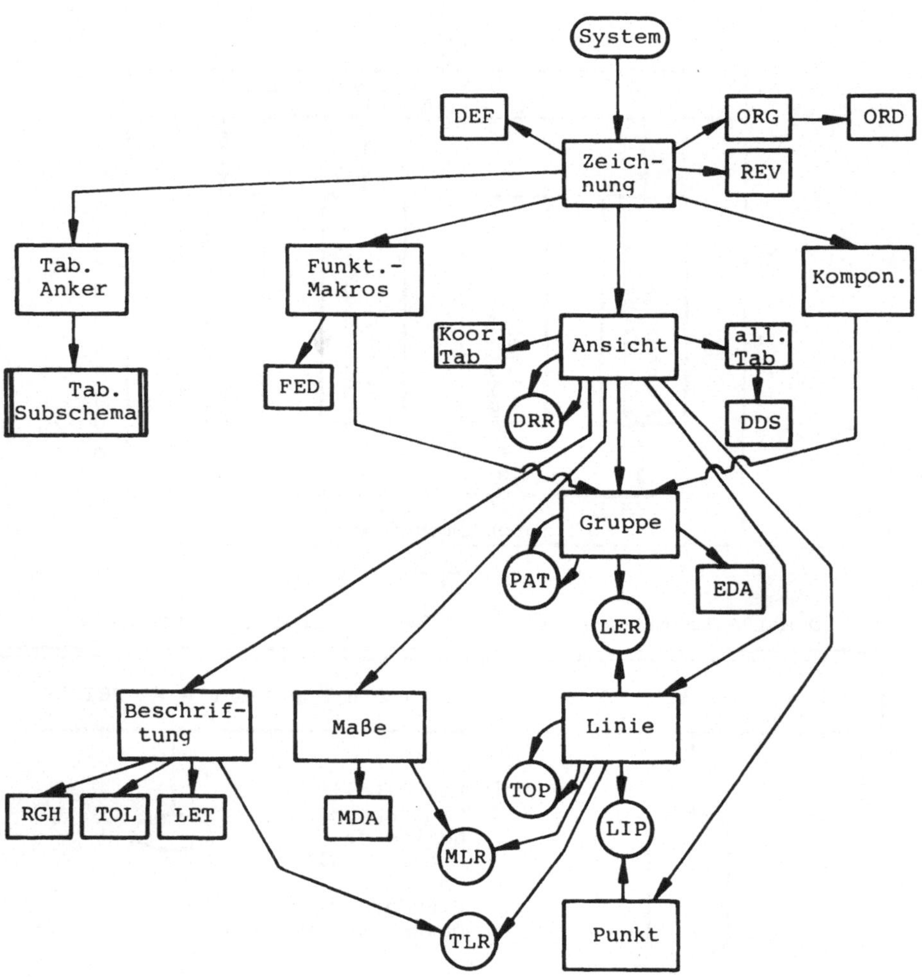

Bild 6.2: Datenstruktur technischer Zeichnungen.

In der Datenstruktur für technische Zeichnungen sind folgende Record-Typen definiert:

ANSICHTEN (views)

Ansichten sind in PHILIKON größere graphische und alphanumerische Einheiten, aus denen ein technisches Dokument besteht. Unter dem Begriff Ansicht sind Projektionen und Schnitte von Einzelteilen, Baugruppen oder Erzeugnisse genauso zusammengefaßt wie Tabellen und größere Beschriftungseinheiten, die innerhalb eines für technische Dokumente typischen Zeichnungsrahmens zueinander in normgerechte Positionen gebracht werden. Für einen Algorithmus müssen diese durch die Positionierung ausgedrückten Beziehungen in der rechnerinternen Darstellung gespeichert sein. Die Attribute der Beziehung stehen im DRR-Record. Attribute der Ansicht sind z.B. die Art der Ansicht (= Schnitt), die Position der Schnitt- oder Projektionsebene im Koordinatensystem des beschriebenen Werkstücks, Maßstab und lokaler Bezugspunkt der Ansichten.

LINIEN (lines)

Ansichten werden beschrieben durch eine Menge von Linien. Zu den Linien werden gerade Strecken, Kreise, Kreisbögen, Splines usw. gezählt. Weitere Attribute von Linien sind die Zeichnungsart, mit der die Bedeutung der Linie entsprechend den Zeichnungsnormen ausgedrückt wird (sichtbare oder unsichtbare Kanten, Silhouetten- oder Biegelinien, Schnitt-, Bruch-, Symmetrie- oder andere Hilfslinien der Konstruktion). Der Linien-Record steht - wie schon mehrfach beschrieben - in der typischen n:m-Beziehung zu den PUNKTEN. Die Koordinatenwerte stehen im Punkt-Record und die Angaben Anfangspunkt, Endpunkt und Mittelpunkt einer jeden Linie in dem Record LPR (Linien-Punkt-Relation). Wenn Linien zur geometrischen Konstruktion einer weiteren Linie - z.B. einer Tangente - herangezogen werden, kann die topologische Abhängigkeit zwischen den Linien über den Relationsrecord TOP hergestellt werden.

GRUPPEN (groups)

Linien, die als Einheit eine feste Bedeutung für den Konstrukteur haben, werden zu einer Gruppe zusammengefaßt oder vom Programm gleich als eine Gruppe generiert. Welche Bedeutung einer Liniengruppe zugesprochen wurde, steht entweder in dem FUNKTIONS-ELEMENT oder in der KOMPONENTE. Funktionselemente sind negative Formen zu Maschinenteilen wie Schrauben, Klemmringe oder Paßfedern. Komponenten sind Einzelteile, Maschinenteile oder Unterbaugruppen, deren Verwendungsart aus der Zeichnung zu entnehmen ist. Außerdem können Liniengruppen die Projektionen, Schnitte oder Silhouetten von Flächen sein oder Konstruktionsmakros, die sich ein Konstrukteur für eine Variantenkonstruktion selbst zusammengestellt oder

der Makro-Area der Datenbank entnommen hat. Auf Gruppen sind die Operationen Kopieren, Addieren, Subtrahieren und Verschmelzen definiert.

Da eine Linie zu mehr als einer Gruppe gehören kann, ist über den Relationsrecord ALR eine n:m-Beziehung zwischen Linien und Gruppen definiert. Außerdem gibt es eine Beziehung zwischen verschiedenen Gruppen über den Record PAT. Er dient zum Aufbau rekursiv angelegter Hierarchien von Gruppen, die mit zunehmender Hierarchiestufe Funktionselemente immer größerer Komplexität bilden können. Die Ausprägung einer solchen Patternstruktur zeigt Bild 6.3 und Bild 6.4.

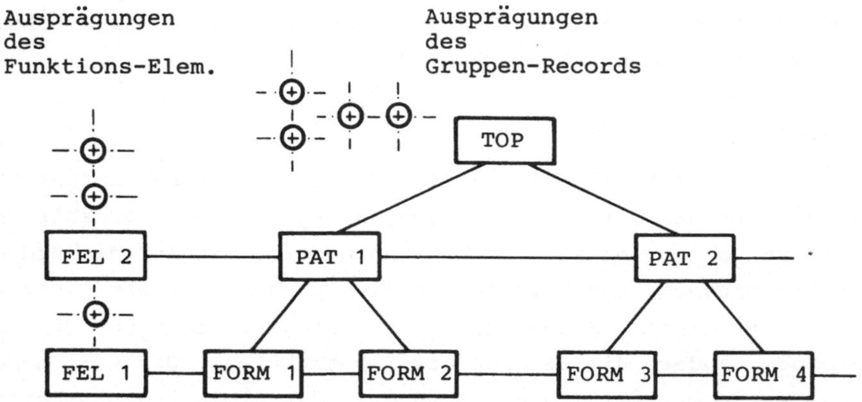

Bild 6.3: Zuordnungsgraph eines Bohrmusters.

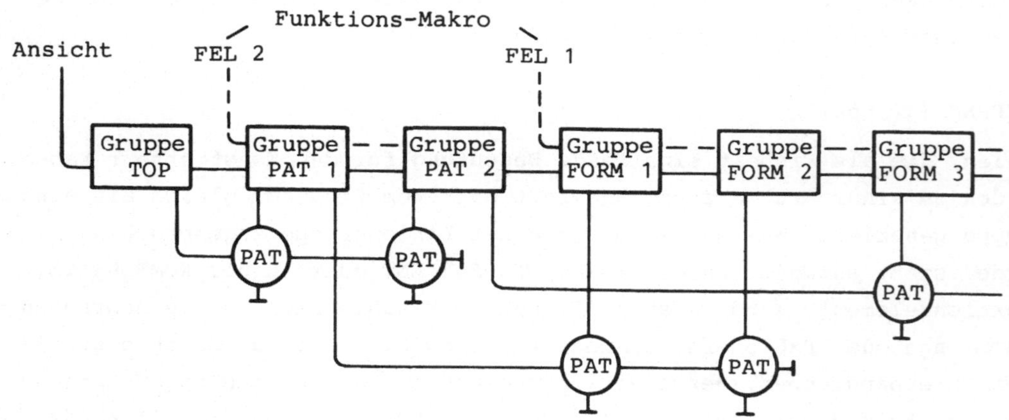

Bild 6.4: Die zum Bohrmuster gehörende Verkettung der Gruppen- und PAT-Records.

MASZE (dimensions)

Alle Maße müssen einer Ansicht zugeordnet sein und dürfen nur an Linien dieser einen Ansicht hängen. Der Maß-Record enthält z.Z. 21 Items, die in der Mehrzahl Schalter für die Berechnung eines gewünschten Maß-Layouts sind. In PHILIKON werden im Gegensatz zu anderen Systemen die Maße bei jeder Abbildung aus den Koordinaten der mit ihnen verbundenen Linien generiert. Es besteht aber auch die Möglichkeit, den Wert unabhängig von der aktuellen Geometrie einzutragen oder statt einer Maßzahl eine Variable mit Namen RADIUS, R, A, B oder WINK anzugeben. In dieser Form sind topologische Standards in einer gesonderten Area abgelegt. Ihnen sind benutzerdefinierte Regelsätze zugeordnet, die angeben, wie aus der Topologie z.B. einer Senkbohrung mit Gewinde nach Angabe der Parameterwerte das entsprechende Funktionselement vom Rechner zu generieren ist. Eine Kombination aus Parameter und Wert bildet einen FED (Funktionselementdaten)-Record, der als Member an das Funktionselement angehängt ist. Für diese Elemente sind Generatoren für das zugehörige NC-Programm vorhanden.

BESCHRIFTUNG (lettering)

Zur Beschriftung gehört die Positionierung von ISO-gerechten Symbolen für Toleranzen und Eigenschaften von Flächen, aber auch allgemeine Kommentare. Die Symbole werden relativ zu den gepickten Linien positioniert.

ORGANISATORISCHE DATEN

Organisatorische Daten werden ähnlich den Daten der Funktionselemente in einer Kette von Records mit Attributnamen, Attributwert, einer Formatbindung und der Zuordnung zu einem Feld im Zeichnungsrahmen gespeichert. Ein einheitlicher Datentyp für organisatorische Daten konnte weder in der Struktur noch in den darauf laufenden Operationen einvernehmlich von allen Anwendern des Systems PHILIKON definiert werden.

Die gleichen Schwierigkeiten bestehen bei der Vereinheitlichung tabellarischer Auflistungen. Deshalb wurden in PHILIKON Funktionen vorgesehen, mit denen sich jeder Organisator des CAD-Arbeitsplatzes seine eigenen Tabellen und Formulare kreieren kann. Möglich wird das durch den Aufruf eines Subschemas für Tabellen innerhalb des Subschemas für technische Zeichnungen. Auf dem Subschema für allgemeine Tabellen läuft der ursprünglich für die Tabellen des Datenkataloges entwickelte Dialog. Das immer wieder andere Layout der Tabellen wird in Zusatz-Records der ANSICHT festgehalten. Die Beziehungen zwischen den gezeichneten Teilen einer Tabelle werden über die Beziehung DDR geregelt. Das gilt auch für die Tabellierung der Referenzkoordinaten von Formelementen, die, wie andere Maße auch, aktuell zum Zeitpunkt der Abbildung aus der gespeicherten Geometrie errechnet werden. Die Verkettung zwischen den einzelnen Tabellenteilen zeigt Bild 6.5.

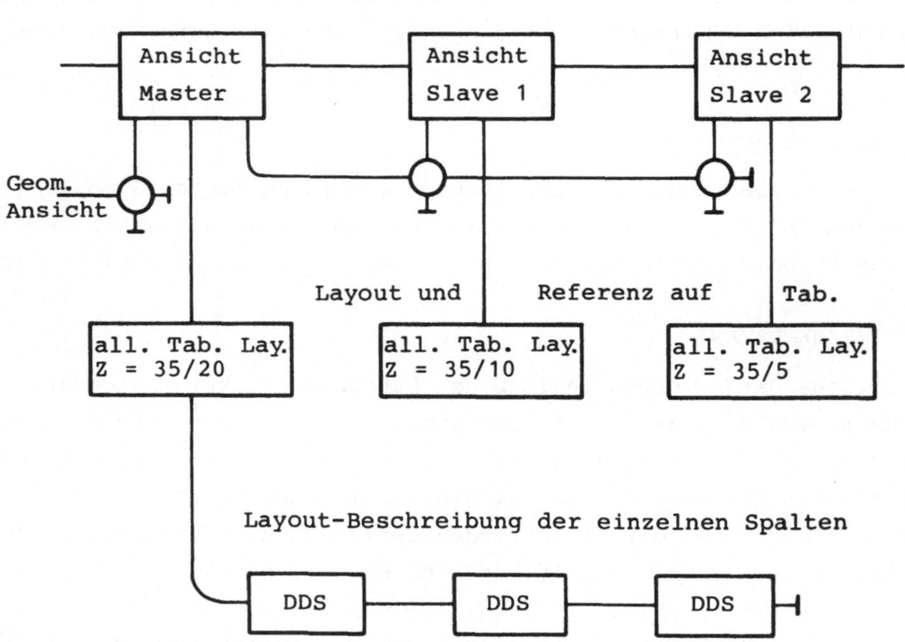

Bild 6.5: Rechnerinterne Darstellung des Layouts einer gespeicherten Tabelle, die auf der Zeichnung in drei Teilen dargestellt werden soll.

6.1.2 Datenstruktur dreidimensionaler Baugruppen

Mit der Datenstruktur für dreidimensionale Baugruppen wird zur Zeit noch auf der Datenbank experimentiert. Die rechnerinterne Darstellung der Baugruppen soll später sowohl die logischen Zusammenhänge zwischen dreidimensionalen Werkstücken einer Baugruppe beschreiben als auch die Verbindungen zu den Daten der zugeordneten Zeichnungen aufrechterhalten. Eine Übersicht über die Datenstruktur zeigt Bild 6.6.

Entsprechend dieser Datenstruktur besteht ein einzelnes OBJEKT aus mehreren Volumen, zwischen denen die typischen geometrischen Mengenoperationen (OPT) von Volumenmodellierern definiert sind. Volumen sind entweder die bekannten primitiven Körper wie Quader, Zylinder etc. oder Profile, die aus einer FLÄCHE mit ihren äußeren und inneren BERANDUNGEN und einer über die Volumen-Kanten-Relation VKR ausgewählten Leitkante (gerade für ein Profil und Kreis für einen Rotationskörper) ausreichend definiert sind. Der Umlaufsinn um die berandete Fläche - und damit die vom Material abgekehrte Seite - wird nach der Rechten-Hand-Regel von der Ordnung der LOOP-Records festgelegt. KANTEN und VEKTOREN (Punkte im Raum eines rechtwinkligen Koordinatensystems) bilden über eine n:m-Beziehung das Drahtmodell eines Volumens. Die gesonderte Beziehung zwischen einem Volumen und seinem eigenen Drahtmodell ermöglicht das Aufsuchen des Volumens jeder pickbaren Kante.

Der Begriff OBJEKT wird in diesem Produktmodell rekursiv benutzt. Auch Baugruppen sind Objekte, die aus anderen Objekten bestehen. Einzelobjekte der Baugruppe werden durch eine - wenn auch nicht immer vollständig gespeicherte - HÜLLE begrenzender Flächen beschrieben, die ein als untrennbar definiertes Objekt umschließen. Für die Zusammensetzung der Einzelteile zu Baugruppen haben die Kontaktflächen der verschiedenen Hüllen eine besondere Bedeutung. Sie müssen entsprechend einer für die Passung vorgegebenen Toleranz zueinander in geometrischer Beziehung stehen. Diese Toleranz ist in dem Record TOL abgelegt. Unter Ausnutzung derartiger Flächenbeziehungen müssen die geometrischen Bildungsgesetze (MATHEMATISCHE FLÄCHE) berandeter Flächen oder ihre technologische Beschaffenheit (TECHNOLOGIE) nur für die Flächen angegeben sein, auf die sich die anderen Flächen beziehen.

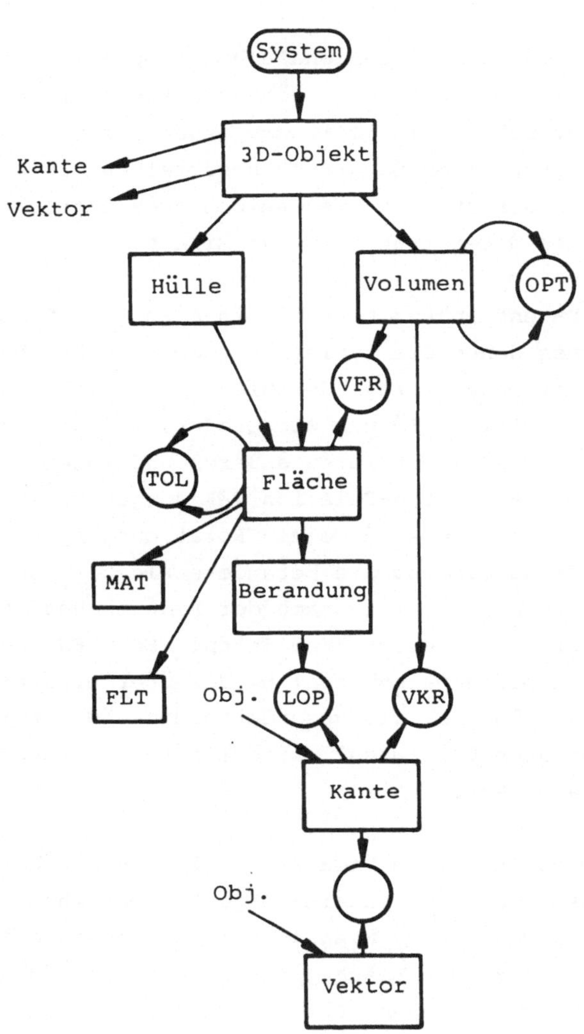

Bild 6.6: Experimentelle Datenstruktur für dreidimensionale Baugruppen.

6.1.3 Rekonstruktion dreidimensionaler Objekte aus Zeichnungen

Die Rekonstruktion ist eine Operation auf dem Werkstückmodell, die auf fast allen Record-Typen des Werkstückmodells definiert ist. Deshalb ist diese Operation geeignet, das Werkstückmodell noch einmal im Zusammenhang vorzustellen.

Die Rekonstruktion ist eine nicht einfache Umkehrung der Projektion, bei der die rechnerinterne Darstellung technischer Zeichnungen in eine rechnerinterne Darstellung desselben Objektes, aber nach einer anderen Datenstruktur, überführt werden muß. Diese Überführung von einer Datenstruktur in die andere erfolgt in PHILIKON zur Zeit noch im Dialog. Eine Übersicht der Rekonstruktionsschritte zeigt Bild 6.7.

Eine gelegentlich notwendige Vorarbeit ist die Normalisierung der Ansichten zueinander. In einigen Fällen müssen zusätzlich Trennungslinien zwischen tangential ineinander übergehende Flächen eingezeichnet werden, die aufgrund der Zeichnungsnormen weggelassen werden. Danach beginnt der Aufbau eines Baumes in der Datenbank, der die Volumen und die Folge der Operationen zwischen den Volumen festlegt. Mit dem Baum ist das Objekt für einen Volumenmodellierer ausreichend beschrieben. Die Dialogschritte zum Aufbau des Baumes sind:

- Auswahl der Profil- oder Halbschnittfläche einer Ansicht. Die Daten für die BERANDUNGEN der FLÄCHEN sind entweder schon als Linien-Gruppe in der Datenbank gespeichert oder müssen durch Picken anderer oder zusätzlich einzugebender LINIEN eingegeben werden. Die Koordinaten der VEKTOREN von KANTEN der BERANDUNG einer Profil-FLÄCHE können aus den Daten der PUNKTE und der Projektionsrichtung einer ANSICHT berechnet werden.
- Identifikation einer zur Profil- oder Halbschnittfläche gehörenden Generationslinie, eines Abstandes oder einer Rotationsachse (Kreis) aus einer anderen Ansicht. Auf dem Bildschirm erscheint ein weiterer Körper als Drahtmodell. Alle als Drahtmodell kontrollierbaren Einzelkörper befinden sich bereits in der endgültigen Lage im Raum.
- Auswahl der Verknüpfungsoperationen zwischen zwei Volumen, die durch Picken einer ihrer Kanten identifiziert werden.

Diese Schrittfolge wird solange wiederholt, bis der vollständige Baum aufgebaut ist. Bild 6.9 zeigt das am Ende so einer Schrittfolge vollständige Kontrollbild einer Radarantenne, die aus wenigen, in Bild 6.8 gezeigten Linien einer unvollständigen Zeichnung rekonstruiert worden ist. Aus den in der Datenbank gespeicherten Daten werden die Eingangsdaten für geometrische Modellierer per Programm generiert. Die Bilder 6.9 und 6.10 sind Ergebnisse, die auf diese Weise mit dem geometrischen Modellierer COMPAC erzielt wurden. Mit den Daten der projizierten Ansichten kann die begonnene Zeichnung vervollständigt werden. Diese Schleife aus der Rekonstruktion mit einer nachfolgenden Projektion läßt sich beliebig oft wiederholen.

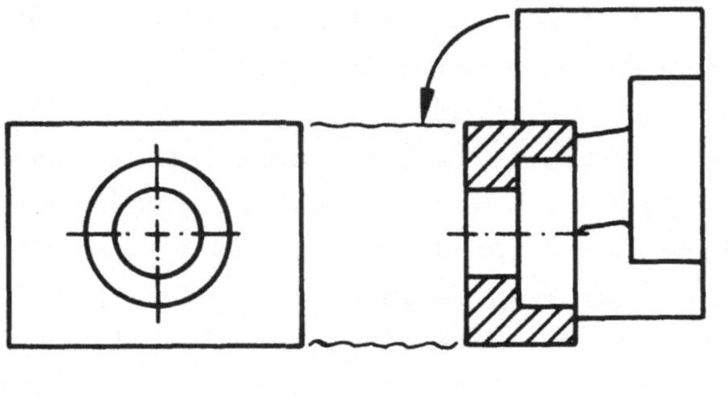

1. Normalisierung
Vorbereitung der Ansichten für die Rekonstruktion

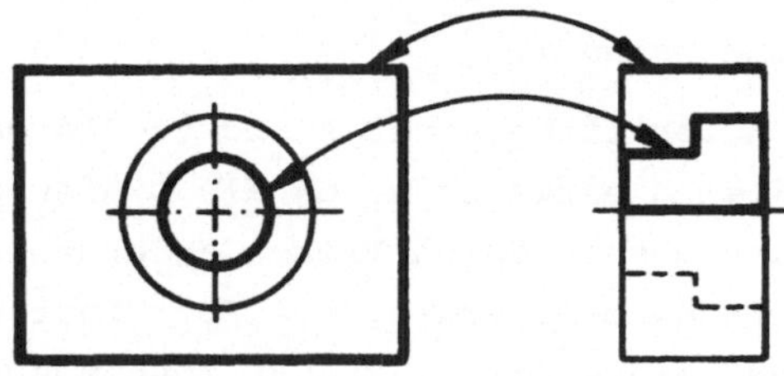

2. Zuordnung
von Berandung und Leitlinie

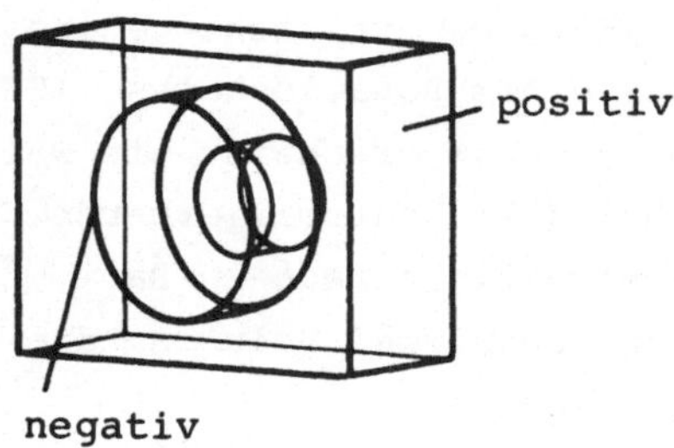

3. Angabe
der Volumen-Operation

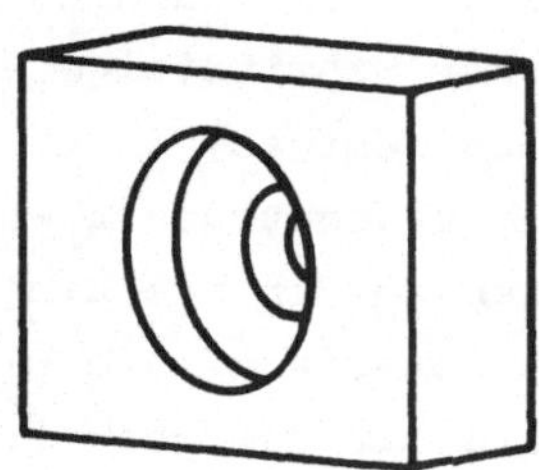

4. Ergebnis eines
geom. Modellierers

Bild 6.7: Die Schrittfolge bei der Rekonstruktion dreidimensionaler Objekte aus technischen Zeichnungen.

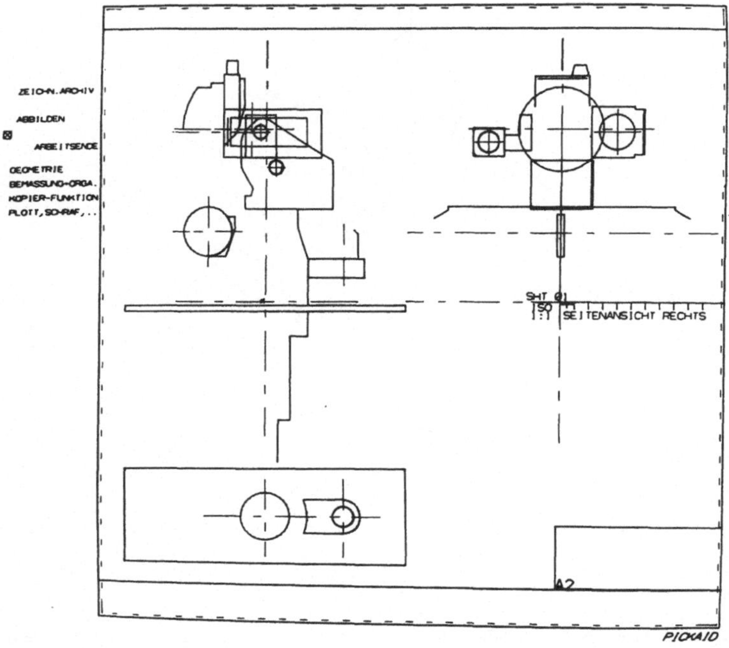

Bild 6.8: Eine unvollständige aber für die Rekonstruktion dreidimensionaler Objekte ausreichende Zeichnung.

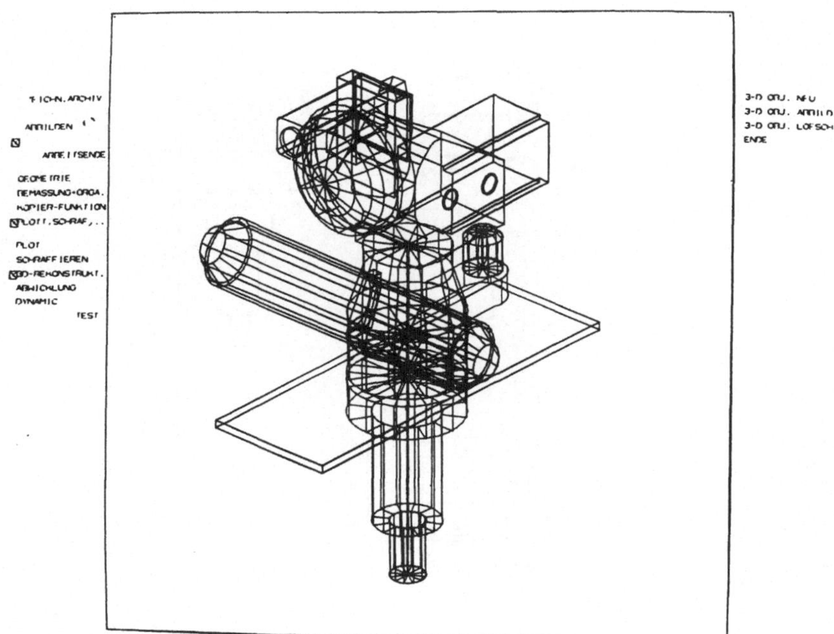

Bild 6.9: Das vollständige Kontrollbild am Ende des Rekonstruktionsdialoges vor Übergabe an COMPAC.

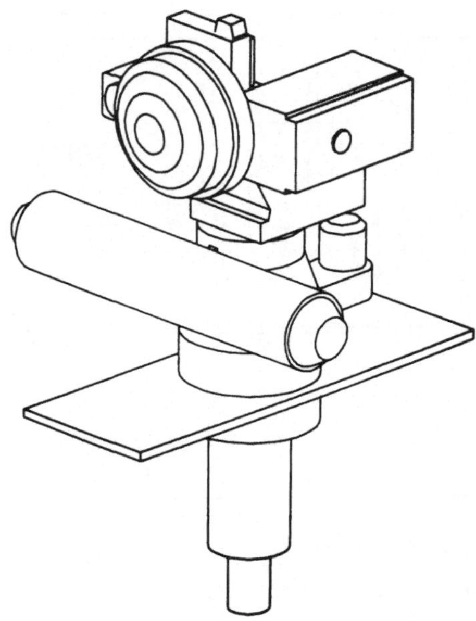

Bild 6.10: Die von COMPAC generierte perspektivische Zeichnung.

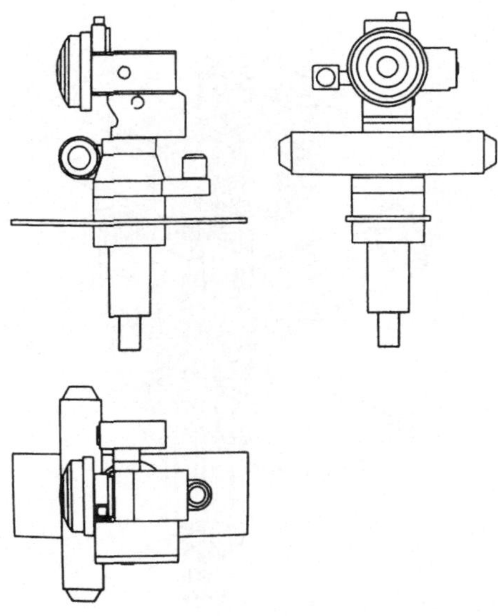

Bild 6.11: Vervollständigung der Zeichnung mit den Daten aus den orthogonalen Projektionen.

6.1.4 Die übergeordnete Organisation und Clusterung von Daten in der Datenbank

Um den Überblick über alle in einem CAD-Arbeitsplatz verwalteten rechnerinternen Darstellungen zu behalten, wurde in einer zentralen Area eine stücklistenartige Struktur aus einem DOKUMENT-Record und der Dokument-VERWENDUNG als Relationsrecord zwischen Dokumenten aufgebaut. Diese Übersicht wird bei Archivierungsoperationen rechnerinterner Darstellungen von einer Area in eine andere auf den jeweils neuen Stand gebracht. Jedem gespeicherten Dokument-Record ist außerdem in Tabellenform eine Liste all der Dokumente mitgegeben, die zu diesem Produkt als Dienstleistung anderer Systeme in einer anderen Datenbank des Unternehmens verwaltet werden. Diese Struktur übernimmt deshalb nur soweit die Aufgaben von Stücklistenprozessoren eines Fertigungsinformationssystems, wie es für den Eigenbedarf eines Benutzers des PHILIKON-Arbeitsplatzes relevant ist. Einen Überblick über das vollständige SCHEMA dieser Pilotanwendung von PHIDAS zeigt Bild 6.12.

In der Übersicht sind auch die clusterbildenden Records (CE = Cluster Entry) und die Anzahl (P = Population) der auf ein Segment abzubildenden Ausprägungen dieser Records angegeben. Die konzeptionelle Nähe zu den klassischen Datenbanken führt bei der Dokumentverwaltung zu einer ganz anderen Clusterung als im übrigen Werkstückmodell. Die Dokumentenstruktur wird zusammenhängend in einer zentralen Area gespeichert, die nur bei Archivierungsvorgängen kurzfristig für Änderungen gesperrt wird. Innerhalb der Area sind alle Dokument-Records, die Verwendungs-Records und alle Tabellen über extern verwaltete Datenbestände jeweils für sich auf gemeinsamen Segmenten abgelegt.

Zeichnungen und dreidimensionale Objekte können zwischen allen dafür vorgesehenen AREAS ausgetauscht werden. Für jede Zeichnung und jedes dreidimensionale Objekt wird ein eigenes Segment reserviert, sobald eine Ausprägung des clusterbildenden Record-Typs ZEICHNUNG oder OBJEKT gespeichert werden soll. Alle internen Records eines Zeichnungs- oder Objekt-Records werden im gleichen Segment gepackt abgelegt und können segmentweise ohne zeitaufwendiges Aufsuchen einzelner Records mit der Funktion COPY CLUSTER von einer AREA in die andere kopiert werden.

Diese Clusterung lehnt sich nicht nur an erkennbare natürliche Umfelder der Record-Typen an, die aufgrund der Anwendung eine besondere Rolle spielen; diese Clusterung ist der Grund für die Effizienz des Gesamtsystems. Das zeigen spätere Zeitmessungen.

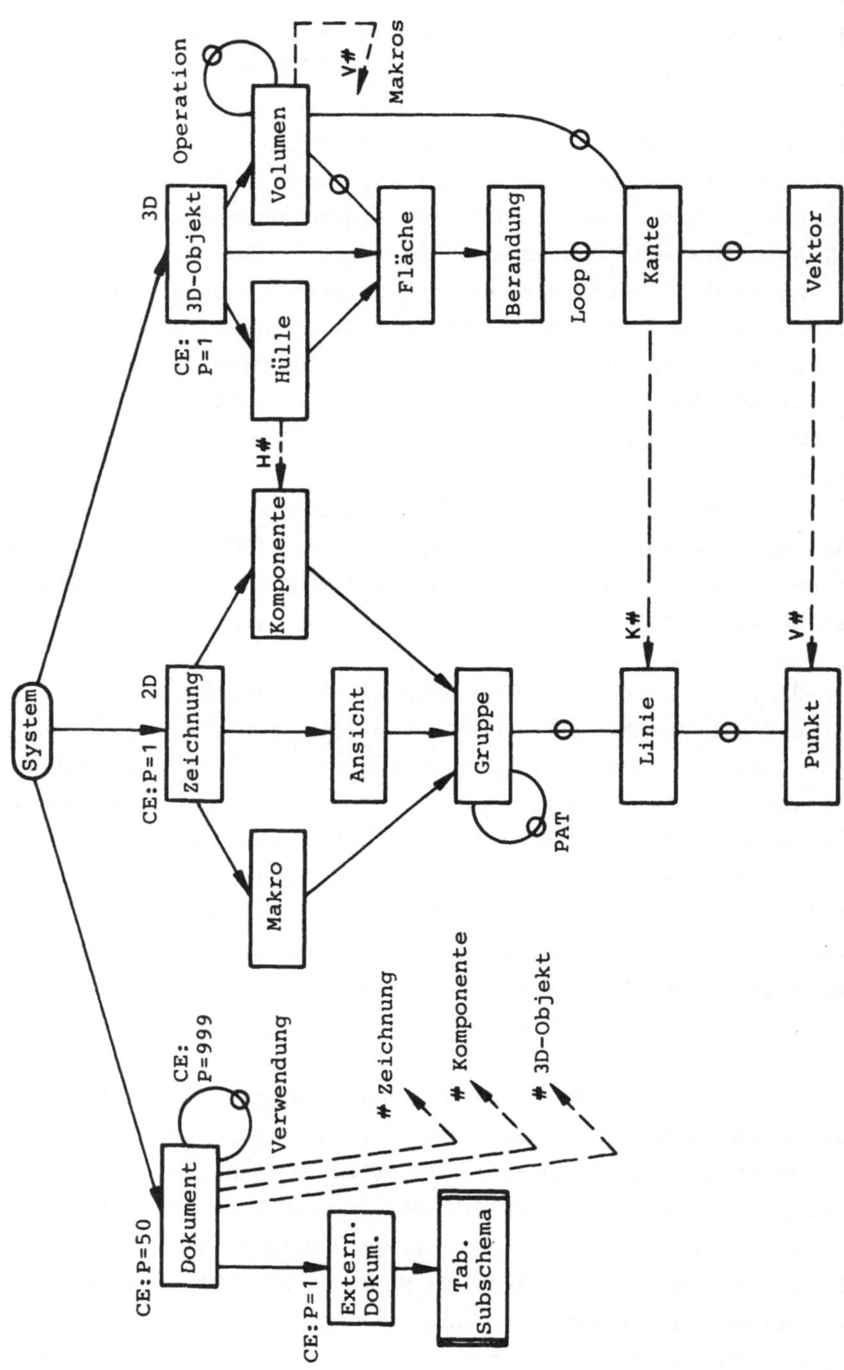

Bild 6.12: Das PHILIKON-Datenbankschema in der Übersicht.

Wie aus dem SCHEMA in Bild 6.12 zu ersehen ist, lassen sich die Grenzen zwischen den Clustern nicht so legen, daß außerhalb dieser Grenzen nur noch Beziehungen zwischen den clusterbildenden Records disjunkter Cluster bestehen bleiben. Die zusätzlichen Beziehungen zwischen den Clustern, die in gleichen aber auch verschiedenen AREAS gespeichert sein können, sind als CODASYL-Sets in der Übersicht gestrichelt eingezeichnet. Die einfachste Form der Realisierung bürdet ihre Verwaltung und Integritätserhaltung einem Algorithmus des Anwenderprogramms auf, der dann für die korrekte Wahl von Primär- und Fremdschlüsseln zuständig ist. Das entspricht Lösungen in semi-relationalen Datenbanken ohne Domänenkonzept. Der davon betroffene Modul in PHILIKON ist z.B. der Archivierungsdialog, dessen Programme die Struktur der Dokumentverwendungen warten und über die Lagerung der verschiedenen Dokumente in den einzelnen Areas Auskunft geben müssen. Soll die Erhaltung dieser Beziehungen zwischen den einzelnen Clustern ebenfalls vom Datenbanksystem kontrolliert werden, sind für eine Lösung mit PHIDAS zwei Fälle zu unterscheiden:

a) Beziehungen zwischen Clusterausprägungen in einer gemeinsamen Area

In diesem Fall handelt es sich nach den Erfahrungen aus bisherigen Datenbankentwürfen immer noch um sehr enge logische Beziehungen, die nach dem Wunsch der Anwender vom Datenbanksystem kontrolliert werden sollten. Das gilt selbst dann, wenn einer Entscheidung des Datenbankadministrators zufolge die beteiligten Records verschiedenen Clustern zugeordnet werden. Beispiele dafür sind die HÜLLE eines Einzelteils einer dreidimensionalen Baugruppe, die als KOMPONENTE in jeder Ansicht unterschiedlich sichtbar ist. Auch bestehen aufgrund der Projektionsgesetze für technische Zeichnungen enge Beziehungen zwischen den KANTEN eines Objektes und den LINIEN dieser Kanten in den Ansichten. Das gleiche gilt für die PUNKTE, die aus den VEKTOREN im Koordinatensystem des Objektes abgeleitet sind.

Die Realisierung dieser Beziehungen mit PHIDAS erfolgt nach dem gleichen Konzept, mit dem auch zyklische Strukturen zwischen Records gleichen Typs realisiert wurden. Dort wurde ein Relationsrecord eingeführt und hier in Analogie zum Relationsrecord ein Relations-Cluster.

Die Realisierung einer dieser Beziehungen sieht wie folgt aus. In der Beziehung zwischen Kanten und Linien kann eine Kante (3D) in verschiedenen Ansichten durch geometrisch verschiedene Linien (2D) dargestellt werden. Die Kante ist Owner dieser beiden Linien (Bild 6.13). Diese 1:n-Beziehung kann, wie in Bild 6.14 gezeigt, in eine 1:n- und eine 1:1-Beziehung zerlegt und über einen zusätzlichen Relations-Record hergestellt werden.

Die Cluster sind dann wie folgt anzugeben:

```
CLUSTER NAME IS ZEIC2D              CLUSTER NAME IS MOD3D
   .                                   .
POPULATION IS 1;                     POPULATION IS 1;

          CLUSTER NAME IS RELCLU
          ENTRY IS KANTEN-LINIEN-RELATION
          POPULATION IS 1000;
```

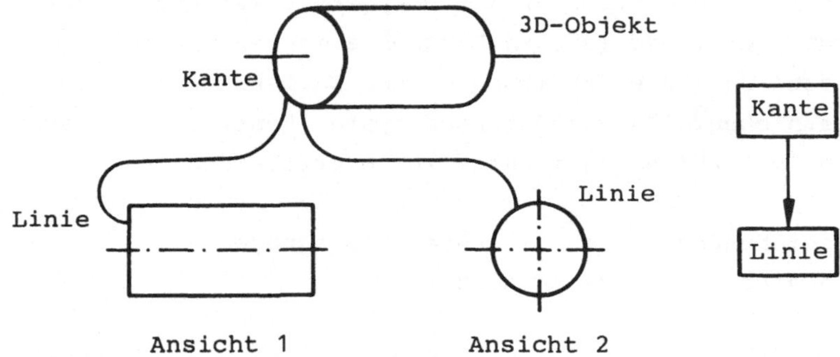

Bild 6.13: Die Beziehung zwischen den KANTEN der Objekte und den LINIEN in einer technischen Zeichnung.

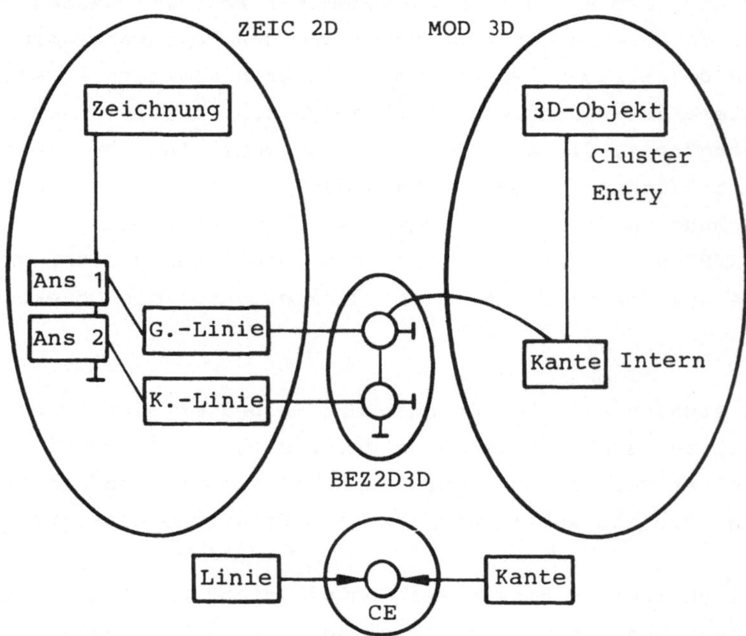

Bild 6.14: Verbindung clusterüberschreitender CODASYL-Sets mit Hilfe eines Relations-Clusters.

Angeregt durch diese Realisierung ist es bei einigen Anwendern von PHIDAS üblich geworden, Relationsrecords, die auch Beziehungen zu Records außerhalb des eigenen Clusters herstellen können, noch einmal durch Einzeichnen ihres kreisförmigen Umfeldes kenntlich zu machen.

b) Beziehungen zwischen Clusterausprägungen in verschiedenen Areas

Beispiele für Area-überschreitende Beziehungen zwischen Clustern sind die 1:1-Beziehungen, ausgehend von einem Dokument-Record zum Record der Zeichnung, der Zeichnung einer ihrer Komponenten und zu einem aus der Zeichnung rekonstruierten 3D-Objekt.

Für diese über die Grenzen einer Area hinausgehenden Beziehungen ist das Zugriffspfadsystem SET MODE IS PHANTOM vorgesehen. Mit dieser Speicherungsstruktur lassen sich in einem begrenzten Umfang Beziehungen auch dann wiederherstellen, wenn Fehler in einzelnen an der Beziehung beteiligten, aber unterschiedlich gesicherten Areas auftreten. Für die Realisierung interner Beziehungen der Area ist der mit dieser Speicherungsstruktur verbundene Aufwand jedoch zu hoch.

Die bestehenden Beschränkungen auf 1:n-Beziehungen zwischen Records wurden auch für die Beziehungen zwischen Clustern beibehalten. Der Vorteil dieser Beschränkung ist, daß Cluster - als Datenkonstrukte einer Abstraktionsebene oberhalb von Records - in ihren Beziehungen zueinander ähnlich den Records behandelt werden. Das ist ein erster Schritt in eine Richtung, an deren Ziel Hierarchien von Clustern auf einer bestimmten Ebene der Abstraktion wieder wie eine einfache Datenstruktur nach einem Netzwerkmodell behandelt werden können.

6.1.5 Die Korrelation zwischen rechnerinterner und graphischer Darstellung von Werkstücken

Die Unterschiede zwischen den verschiedenen Realisierungen graphischer Schnittstellen nach den Konzepten von GKS oder ACM-SIGGRAPH werden in PHILIKON vom Baustein PHIGRA [Bau77,Bau81] abgefangen. Die Schnittstelle, die der Baustein PHIGRA zu den Anwenderprogrammen und damit auch zur Datenbank bietet, ist in Analogie zur problemorientierten IML-Schnittstelle der Datenbank GML-Schnittstelle genannt worden (Graphic Manipulation Language). Die Schnittstelle dient der Definition und Ausführung von interaktiven graphischen Dialogprogrammen.

Auf der Ebene von PHIGRA besteht eine dreistufige Hierarchie identifizierbarer graphischer Elemente genannt Bildrahmen (picture box), Bildgruppe (picture assembly) und Bildsegment (picture segment).

Bildrahmen:

Der Bildrahmen ist eine Fläche für graphische Darstellungen. Die Bildfläche eines graphischen Gerätes kann in mehrere Bildrahmen unterteilt werden. Jeder Bildrahmen kann nach Wahl auch auf verschiedenen Geräten abgebildet werden.

Bildgruppe:

Eine Bildgruppe ist eine Anzahl von Bildsegmenten, die zu einem Bildsegment zweiter Stufe zusammengefaßt ist.

Bildsegment:

Ein Bildsegment ist die kleinste pickbare und modifizierbare Einheit einer graphischen Darstellung.

Durch die Abbildung von Kommandomenüs und graphischen Darstellungen innerhalb verschiedener Bildrahmen ist die zu Anfang geforderte logische Trennung zwischen den Funktionen PICK und CHOICE sichergestellt. Wenn es sich um einen PICK handelt, enthält die dem Anwenderprogramm zurückgegebene Identifikationsnummer des Bildsegmentes den Datenbankschlüssel eines Linien-, Kanten- oder Maß-Records und die Identifikationsnummer der Bildgruppe den Datenbankschlüssel einer übergeordneten Liniengruppe der gepickten Linie oder das Volumenelement einer gepickten Kante des dreidimensionalen Objektes. Je nachdem, auf welcher Stufe ein Anwenderprogramm in die rechnerinterne Darstellung einsteigen will, benutzt es die Identifikationsnummer des Bildsegmentes oder der Bildgruppe für einen direkten Einstieg in die Datenbank (GET). Dadurch wird eine vorausgehende Suche (FIND SEARCH) nach den gewünschten Elementen vermieden.

Die in einem der Datenbank zugeordneten Bildrahmen sichtbare graphische Darstellung eines Produktes wird durch diesen Zusammenhang zu einem benutzerfreundlichen Menü von Einstiegspunkten in eine Datenbank im Sinne des in Kapitel 4 vorangestellten deiktischen Zugriffs.

6.2 Meßbare Ergebnisse der Implementation

Das Zeitverhalten des Datenbanksystems wurde nach Fertigstellung jeder internen Schnittstelle erneut untersucht. Die Messungen erfolgten im Vergleich zu anderen Zeitmessungen an Datenbanksystemen [EHRS81] mit einfachsten Mitteln. Entsprechend vorsichtig interpretiert dienten sie während der Implementationsphase von PHIDAS der Absicherung getroffener Entwurfsentscheidungen. Die hier vorgestellten Zeiten stammen aus einigen der letzten Messungen an 16- und 32-Bit-Rechnern.

Tabelle 1 zeigt die Laufzeiten einzelner und kombinierter Befehle an der DML-Schnittstelle zwischen dem Datenbanksystem und den Anwenderprogrammen. Die Laufzeiten wurden auf einer VAX 11/780 mit 1-MByte-Hauptspeicher, nur einem UNIBUS und einer Kontrolleinheit für vier Datenplatten RK07 gemessen. Der Arbeitsbereich (working set) für das gesamte PHILIKON-System bestand aus 400 Seiten von 500 Byte. Die Größe des Systempuffers von PHIDAS betrug 100 KByte. Zum Zeitpunkt der Messung liefen 20 weitere Prozesse. Die Seitenfehler im Systempuffer und die des Betriebssystems sind getrennt angegeben. Die virtuelle Größe des Systempuffers war für eine rechnerinterne Darstellung meist ausreichend. Nach Beobachtungen in anderen Anwendungen, deren erwartetes Laufzeitverhalten aufgrund des Datenbankentwurfs vorab geschätzt wurde, kann gesagt werden, daß die gemessenen Zeiten für eine Voraussage des Zeitverhaltens im laufenden Dialogbetrieb mit einem Anwender geeignet sind. Aufgrund der hohen Belastungen des Rechners (CPU) durch graphische Systeme ist jedoch im Mehrbenutzerbetrieb eine deutliche Verschlechterung der Laufzeiten des CAD-Systems festzustellen.

Zum Vergleich sind in Tabelle 2 die Zeiten eines CODASYL-Systems für traditionelle Anwendungen zusammengestellt. Die Zeiten wurden in einem Forschungsprojekt der TH Darmstadt [EHRS81] an dem Datenbankmanagementsystem UDS auf einer Siemens 7.748 mit sieben Plattenlaufwerken 3465 an zwei Plattenkanälen und Zweikanalsteuerung gemessen.

Die Wirksamkeit, aber auch die Grenzen der Optimierungen mit Hilfe der Clusterung und die Feinabstimmung der Systempuffer- und Freiraumverwaltungen aufeinander, werden bei einer ersten oder wiederholten vollständigen graphischen Abbildung ganzer Zeichnungen aus der Datenbank deutlich. Das ist besonders dann der Fall, wenn auf 16-Bit-Rechnern mit Systempuffern gearbeitet werden muß, die zu klein sind. Aufgrund der Beschränkungen in der Adressierbarkeit reicht dann auch ein noch im Hauptspeicher untergebrachter Bildsegmentspeicher nicht aus, die vom

TABELLE 1a

PHIDAS-VAX Befehl(s-Folge)	Mittel aus [Durchl]	CPU-Zeit [ms]	Seitenfehler System-puffer	Seitenfehler Betriebs-system
INVOKE (Subschema-Wechsel)	1000	0,34-0,38	0	(kleiner 0,1=0) 0
(1 AREA-Name)	1000	0,038-0,048	0	0
(4 Record-Typ-Namen)	1000	0,028	0	0
OPEN+CLOSE AREA	100	77-94	6	6-39
PRIVA.	1000	0,30-0,33	0	0
STORE (SOS, Single Cluster)	10 (1)	50 (SORTED 165)	8 (SORTED 12)	12-18 (SORTED 106)
FINDM. (SOS, andere Seite)	10	14-17	1,2	6-10
FINDM. (SOS, gleiche Seite)	1000	1,1-1,3	0	0
FINDM.+DELET (SOS, andere Seite)	10	26-48	3-8	1,7-5
RPUN 30 (Zerlegen Datenteil in 5 items)	1000	0,27-0,3	0	0
RLIP 30 (1 Item)	1000	0,074-0,08	0	0
STORE "Punkt" (mit 5 Items)	100	3,2	0	0-0,1
FINDMF (Ansicht-Punkt)	1000	0,63-0,71	0	0
FIND MN, MP (Punkt-Punkt	MN 1000 MP 1000	0,61-0,64	0	0
FIND ML (Ansicht-Punkt)	1000	0,64-0,7	0	0

weiter Tabelle 1b

TABELLE 1b

Befehl(s-Folge)	Mittel aus [Durchl.]	CPU-Zeit [ms]	Seitenfehler	
			System-puffer	Betriebs-system
DBOOLV+VIABOL (using-list für Search)	1000	0,098	0	0
FINDSF (1.Rec.)	1000	2,2	0	0
FINDSF (10.Rec.) (bei Chain)	1000	6,0	0	0
GET (Punkt)	1000	0,87-0,9	0	0
MODIFY (Punkt)	1000	0,94-1,06	0	0
MODIFY-2 (Punkt umketten)	100	3,5-3,7	0	0-0,3
DELET (Punkt)	100	3,7-4,0	0	0-0,3
STORE+DELET (Linien-Punkt-Rel.)	1000	5,6	0	0
INSERT (LIP)	1000	2,3-3,1	0	0,4-1,6
REMOVE (LIP)	1000	1,4-2,6	0	1,6-3,8

Zeit pro Seitenfehler im Systempuffer:

CPU[ms]: 4,9-5,2 Verweilzeit [ms]: 50-61

Zeit über alle 16 430 Durchläufe in der angegebenen Reihenfolge:

CPU[s]: 80-320 Verweilzeit [s]: 200-438

Interne Zeiten des Datenbanksystems (Seitenfehler = 0):

Registeränderung bei Subschema-Wechsel CPU[ms]: 0,081

Kataloganfrage nach den Daten eines CODASYL-Sets CPU[ms]: 0,025

Zerlegen des Datenbankschlüssels CPU[ms]: 0,034

Datenbanksystem angebotenen Informationen zur Ansicht zu bringen. Die über alle Module des CAD-Systems gemessenen Zeiten sollten deshalb nicht auf sinnvoller konfigurierte Arbeitsplätze übertragen werden.

TABELLE 2

System UDS Mittelwerte aus 6 Transaktionen	Mindestzeiten [ms]	Mittelwerte [ms]
OPEN	73-122	73-122
FIND (SOS)	11-67	60-951
FIND NEXT,..	8	12
FIND SEARCH	20-40	52-58
FIND OWNER+GET	8	10-26
STORE	58-198	167-262
INSERT	37	147
DELETE	178	1.486
CLOSE	8-21.575	8-21.575

Die drei zum Test ausgewählten Zeichnungen beschreiben ein Biegeteil (Bild 6.15) und zwei Gehäuse unterschiedlicher Größe (Bild 6.16 und 6.17). Die rechnerinterne Darstellung des kleineren Gehäuses hat besonders viele Freiräume. Zur Herstellung der Zeichnung wurde Bild 3.1 vollständig kopiert und anschließend wurden alle nicht benötigten Einzelheiten gelöscht oder modifiziert, wodurch viele Maße in Freiräume passen, die sich in der Nähe der ihnen zugeordneten Linien befinden. In der Zeichnung des größeren Gehäuses ist besonders oft geändert worden, und sie wurde als Muster für diesen Fall bewußt nicht mehr reorganisiert.

Die bei der vollständigen ersten Abbildung dieser Zeichnungen gemessenen Zeiten und Seitenzugriffe sind in Tabelle 3 zusammengestellt. Zusammengefaßt zeigen alle Ergebnisse, daß die Packung der geometrischen Daten gut ist, während die Generation der Maße mit zunehmender Überschreitung der Systempuffergrenzen deutlich langsamer wird. Das liegt daran, daß in PHILIKON die Maße erst zur Generationszeit des Maßbildes aus den Layoutdaten und den aktuellen Abständen und Längen der Linien berechnet werden. Geometrie und Layoutdaten sind aber, wenn keine großen Lücken vorhanden sind, innerhalb des Segmentes - entsprechend ihrem Eintreffen in der Datenbank - auf getrennten Seiten untergebracht. Dazu kommt noch ein mit der Messung entdeckter "Fehler (?)" im Anwenderprogramm (einer der Anwendungsprogrammierer bevorzugt Anfragen an die

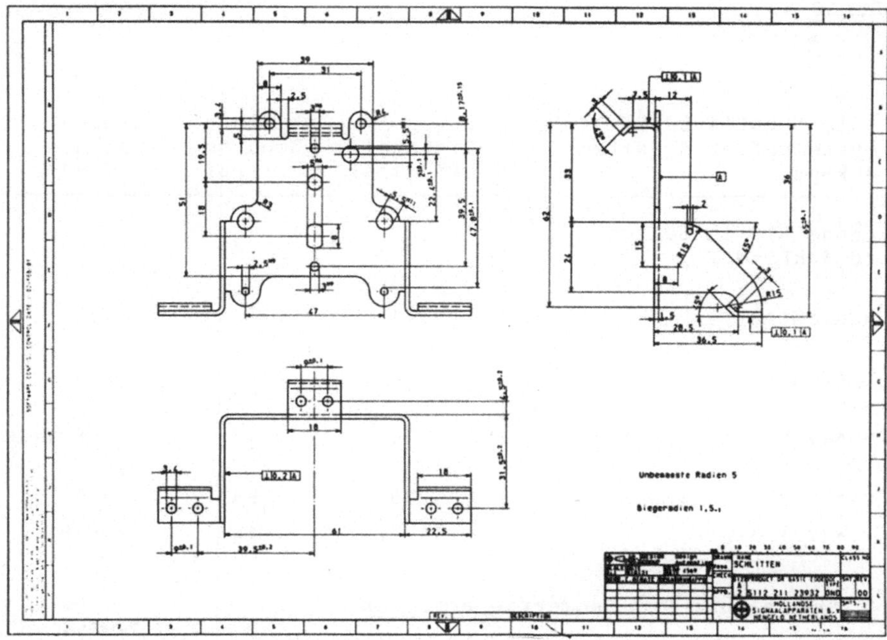

Bild 6.15: Zeichnung eines Biegeteils (Fa. Philips).

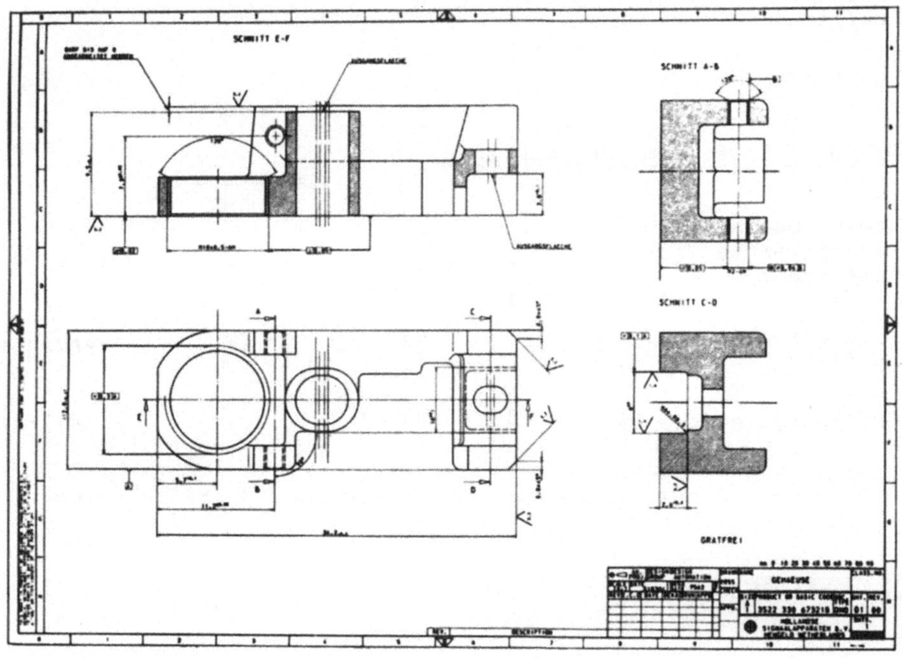

Bild 6.16: Zeichnung eines kleinen Gehäuses (Fa. MBB).

TABELLE 3

PHIDAS-PDP11/60-VG 3400 Systempuffer 4 Seiten/ 4 kByte	Biegeteil (Philips)	kleines Gehäuse (MBB)	großes Gehäuse (HSA)
Länge RID in Seiten zu 4 kByte	7	23	22
Ansichten	3+1	4+(3)	13
Linien	218	333	703
Maße(ohne NC-Tab.)	54	19	56 (+NC-Tab.)
Pickbare Bildsegmente 1.+(2.) Stufe	276 +(107)	384 +(116)	985 +(438)

1. Durchlauf: Nur Geometrie abbilden

			Überlauf Bild-speicher
Zeit über alles (DBMS, Anwend., Graphik)	7 s	11 s	26 s
Seitenfehler im System-puffer	10	36	122
Seitenfehler pro Linie	<0,05	<0,11	<0,18

2. Durchlauf: Bemaßung abbilden

		überlauf-Bild-speicher	
Zeit über alles (3 getrennte Task wie oben)	21 s	22 s	49 s (14)
Seitenfehler im System-puffer	21	66	780(~80)
Seitenfehler pro Maß	0,4	3,5	14(1-2)

3. Durchlauf zur dynamischen Generation der NC-Maßtabellen nicht durchgeführt.

Datenbank gegenüber der Weitergabe von Daten über Parameterlisten). Die Anzahl der Seitenfehler pro Maß ist deshalb bei dem größeren Gehäuse höher als die Anzahl der gespeicherten Records. Die Zahlen in Klammern geben das Verhalten des Datenbanksystems an, wenn alle Linien, Maßpfeile und Zahlen des Maßbildes vor der Generation der graphischen Darstellung in der Datenbank gespeichert wären.

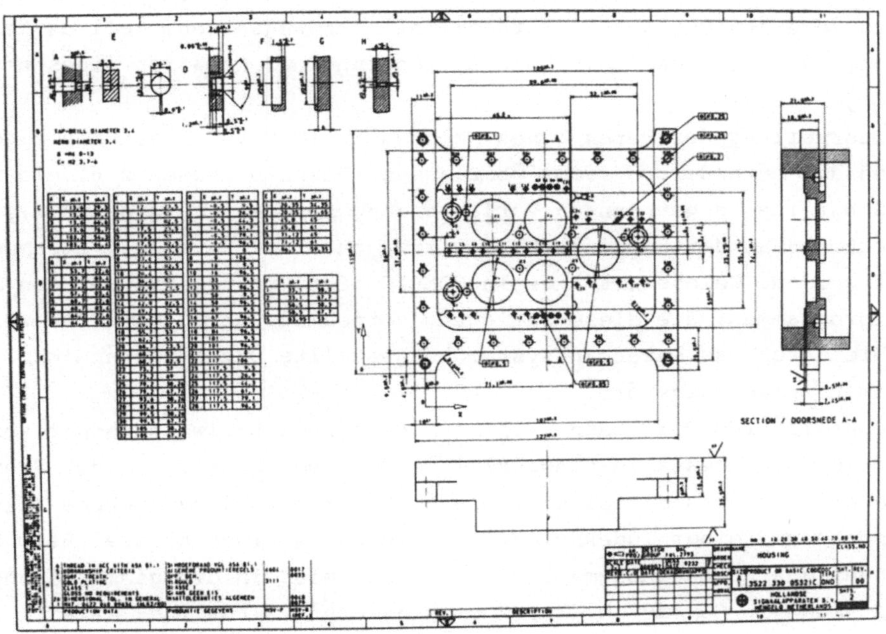

Bild 6.17: Zeichnung eines größeren Gehäuses (Fa. HSA).

Damit ist unter extremen Randbedingungen gezeigt, daß die Daten zusammenhängender Operationen vom Datenbanksystem zusammenhängend gespeichert werden. Die durch die CLUSTER-Klausel vorausdefinierte Packung der Daten sorgt dafür, daß die Laufzeiteffizienz nicht zu schlecht wird, wenn von den nachfolgenden Programmen eine andere Packung der Daten als die dynamisch entstandene vorteilhafter ist. Diese segmentinterne, bei Änderungen sich langsam an neue Anwendungen anpassende Optimierung ist unabhängig von der Größe der Datenbank und unabhängig von der sich lokal einstellenden Packung der Daten in einem anderen Segment.

Aufgrund des besseren Zeitverhaltens von PHIDAS kommt die Konkurrenz für dieses System nicht von den bisherigen universellen Datenbankmanagementsystemen, sondern weiterhin von den in Kapitel 3 vorgestellten Speziallösungen für bestimmte Produktmodelle. Um zu einer Abschätzung dieser Laufzeitunterschiede zu gelangen, wurde die Schnittstelle zur rechnerinternen Darstellung von COMPAC vom Fraunhofer Institut für Produktionsanlagen und Konstruktionstechnik in Berlin auf dem Datenbanksystem PHIDAS realisiert. Die hauptsächlichen Schwierigkeiten aus der Sicht der Datenadministration waren:

- Die Festschreibung eines verbindlichen Schemas. Ein Anwender der COMPAC-Schnittstelle kann sich über jede in einem Projekt getroffene Strukturvereinbarung des Werkstückmodells hinwegsetzen, weil es keine Trennung zwischen den Funktionen Speicherung und Kreation eines neuen Datenobjektes gibt.
- Die Unterteilung der Daten eines Records in ITEMS. Sie ist den Algorithmen des Anwenderprogramms überlassen. Deshalb müssen z.B. die von PHIDAS bereits in getrennten Variablen angebotenen Koordinaten x,y,z der Vektoren an der Schnittstelle wieder zu einem Datenfeld zusammengefaßt werden. Welche ITEMS es in COMPAC gibt, mußte erst aus den Anwenderprogrammen, die diese Zerlegung vornehmen, herausgefunden werden. Die durch das Datenbanksystem hergestellte Datenunabhängigkeit ist damit wieder zerstört.
- Der schnelle FIND NEXT kann nicht zum Aufsuchen teilweise sogar vorsortierter Datenbestände eingesetzt werden. Der Zugriff an der Schnittstelle erfolgt ausschließlich von außen über anwendervergebene Klassennummern und einer Indexnummer des Elementes einer Klasse. Beim Zugriff auf das nächste Element einer Klasse wird in den geometrischen Algorithmen von COMPAC der Index um eins erhöht (FORTRAN: I=I+1), und anschließend muß mit dem FIND SEARCH in der Datenbank gesucht werden, ob ein solches Element noch existiert. Der Zugriff auf alle Elemente einer Klasse muß deshalb über B*-Bäume (INDEXED) oder POINTER ARRAY realisiert werden. Ringstrukturen führen hier zu schlechten Ergebnissen.

Nach Versuchen mit verschiedenen internen Schemata ist es gelungen, bei größeren Objekten an die Laufzeiten der bisher in COMPAC eingesetzten ASP-Realisierung heranzukommen. Bei einer mehr anwendungsorientierten Schnittstelle (z.B. auf der Ebene der "Euler-Operatoren" [BHS80]) ist das Ergebnis noch einmal zu verbessern, da dann nicht eine untere Schnittstelle der Ebene der Speicherungsstrukturen auf der höheren Ebene der Datenmanipulationssprache simuliert werden muß. Weit größere Zeitgewinne können mit einer Optimierung der Algorithmen von COMPAC erzielt werden. Nach den Schätzungen anderer Entwickler [JoDe81] sind zweistellige Faktoren an Laufzeit allein dadurch zu gewinnen, daß die Daten der Zusammensetzung eines Objektes aus vielen Volumen zur Begrenzung erschöpfender Suchprozesse verwendet werden. Bisher mußte diese Information aus Speicherplatzgründen immer wieder aus der bisherigen rechnerinternen Darstellung von COMPAC herausgelöscht werden.

Aus diesem Vergleich von PHIDAS mit einer konkreten Implementation der Datenverwaltung eines geometrischen Modellierers ist noch einmal zu ersehen, daß das Datenbanksystem PHIDAS auch im Laufzeitvergleich gegen die bisherigen anwendungsabhängigen Speziallösungen einer Datenverwaltung auf der Ebene der Speicherungsstrukturen antreten kann.

6.3 Datenbankorientierte Konzepte zukünftiger CAD-Systeme

Dieser konzeptionelle Ausblick geht von zwei Voraussetzungen aus. Die erste Voraussetzung ist eine zukünftige hardwaremäßige Realisierung von CAD-Arbeitsplätzen entsprechend Bild 6.18, bei der die Leistungen heutiger 32-Bit-Prozeßrechner zusammen mit einem großen Teil der Peripherie in einem Kontrollpult neben dem Schreibtisch untergebracht werden können.

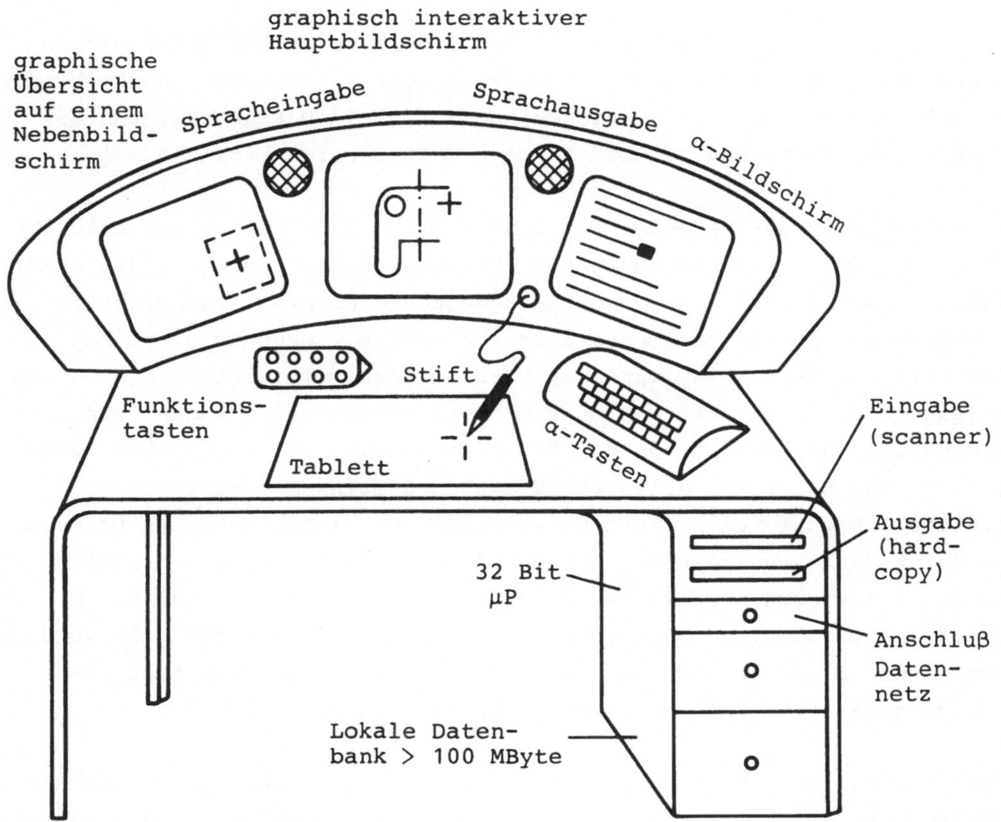

Bild 6.18: Ein zukünftiger CAD-Arbeitsplatz (umgezeichnet aus [ScWi80]).

Diese Systeme gibt es noch nicht, sie werden jedoch für die Zukunft erwartet [ScWi80,Sti78,Mar82]. Die zweite Voraussetzung ist die Existenz von universellen Datenbankmanagementsystemen wie PHIDAS, mit denen das Datenbanksystem eines CAD-Arbeitsplatzes für beliebige CAD-Anwendungen mit ausreichender Effizienz realisiert werden kann. Die Berechtigung dieser Annahme wurde hier gezeigt.

Auch bei den zukünftigen CAD-Arbeitsplätzen können drei Funktionskomplexe voneinander unterschieden werden:

- Ein Verwaltungssystem für die Daten der Produktmodelle in der Datenbank des Arbeitsplatzes.
- Programme zur schrittweisen Vervollständigung und Auswertung der Modelldaten entsprechend den algorithmisch faßbaren Methoden einer Ingenieurdisziplin.
- Ein Kommunikationsmedium zur graphischen Kontrolle des Zustandes eines Produktmodells und zur Aktivierung der verfügbaren Methoden der Modellgestaltung.

Es ist zu erwarten, daß mehrere CAD-Arbeitsplätze an den entstehenden Datennetzen größerer Unternehmen angeschlossen sein werden. Deshalb müssen auch Anfragen anderer Stationen an das lokale Datenbanksystem des CAD-Arbeitsplatzes (und umgekehrt) beantwortet werden (Bild 6.19).

Der Entwickler neuer Methoden für CAD-Arbeitsplätze darf seine Entwicklung nicht wie bisher auf bestehende Funktionen der Hardware, des Betriebssystems, des firmeneigenen Datennetzes oder nicht garantierter Schnittstellen eines Systemherstellers abstützen, wenn er nicht bei jedem Fortschritt der Hardware von vorn anfangen will. Einen Ausweg bieten langlebige, möglichst von mehr als einem Hersteller angebotene Programmschnittstellen zwischen den teureren anwendungsspezifischen Teilen der Programme und einem allen CAD-Systemen gemeinsamen Systemkern. Durch die konzeptionelle Trennung zwischen der rechnerinternen Darstellung der Produkte und einer graphischen Darstellung für den Benutzer kann der Systemkern noch einmal in ein graphisches System für Bilder und ein Datenbankverwaltungssystem für Produktmodelle unterteilt werden. Diese Unterteilung vereinfacht das Problem, geeignete Schnittstellen für eine größere Anzahl von Anwendungen zu finden.

Diese Trennung zwischen dem Bild und dem Modell ist bereits in die Entwurfsmethodik graphischer Bausteine eingeflossen [Eck80]. Dieser Ansatz wird auch in der Konstruktionswissenschaft des Maschinenbaues diskutiert [HeKo81,Herr1]. So nennt HERRIG die graphische Darstellung des Produktes "Szene" (image [BEH79]). Sie dient nur dem Menschen als Kontrollbild der anderen, vom Standpunkt des Bildschirmbenutzers rechnerinternen Darstellung [Kra74,Kra76] des Produktes, die von HERRIG "Daten" genannt wird (data representation [BEH79]). Die graphische Darstellung wird aus den Daten der rechnerinternen Darstellung generiert. Damit ist die rechnerinterne Darstellung das eigentliche Produktmodell und nicht mehr die Zeichnung oder das Holzmodell des Schreiners. Um von einer gestellten Aufgabe zur Lösung zu gelangen, muß das Produktmodell unter graphischer Kontrolle durch den Konstrukteur in vielen inkrementalen, zielorientierten Schritten ausgebaut und geändert werden. Dabei läuft immer wieder das folgende Protokoll eines Konstruktionsschrittes ab:

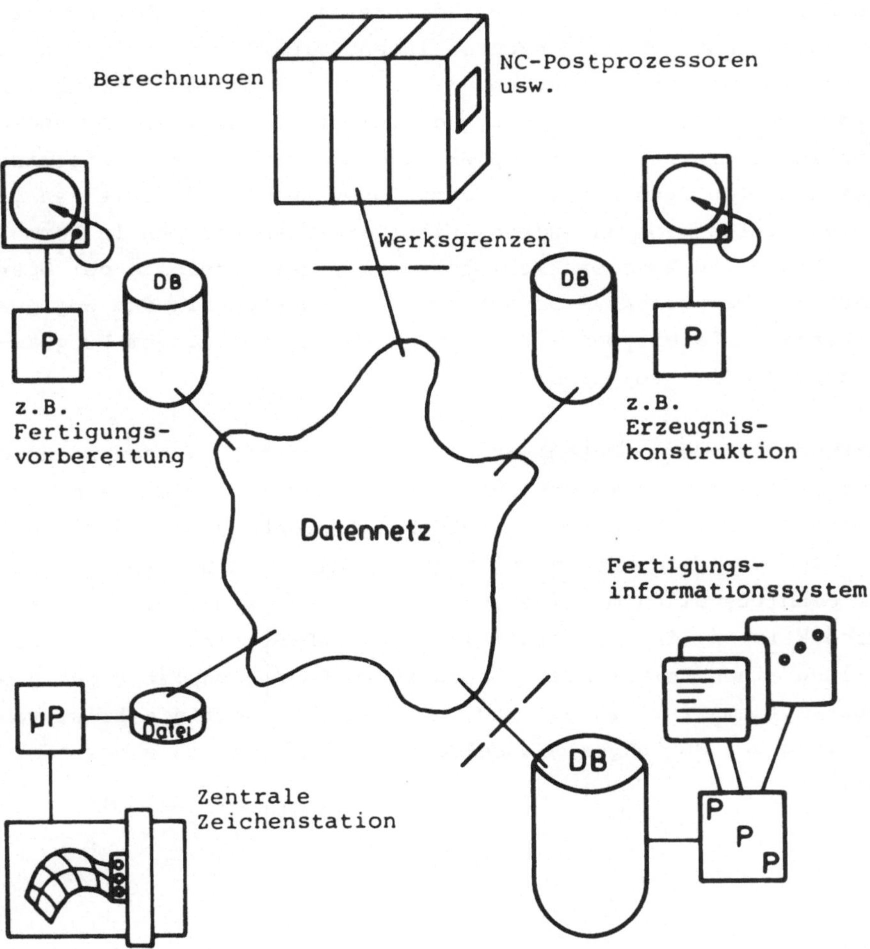

Bild 6.19: Integration autonomer CAD-Arbeitsplätze über ein Netz von Datenbanksystemen.

- Die konkrete Aufgabe wird in eine abstrakte Aufgabe überführt.
- Die abstrakte Aufgabe wird abstrakt gelöst. Dazu dienen Programme, die auf den Daten des Produktmodells ablaufen. Jede abstrakte Lösung wird durch einen neuen Zustand der Datenbank repräsentiert.
- Die aus den Daten der Datenbank generierte graphische Darstellung der abstrakten Lösung wird durch kognitive Interpretation durch den Menschen erkannt, mit der konkreten Aufgabe verglichen und in eine modifizierte Aufgabenstellung überführt.

Die Lösung der modifizierten Aufgabe erfolgt im nächsten Schritt. Auf diese Weise wird das Produktmodell so lange schrittweise in der Datenbank transformiert (Bild 6.20), bis eine Lösung gefunden ist.

Diese theoretischen Vorstellungen aus dem Bereich des Maschinenbaues finden ein Äquivalent in den Konzepten ingenieurmäßiger Entwicklung von Rechnerstrukturen und Programmsystemen [Pep82,Wed80,Gil81]. Stark vereinfacht wird ein abstrakter Datentyp definiert als eine Ansammlung unmißverständlich definierter Datenobjekte, die gekoppelt sind mit einer zweiten Sammlung von fundamentalen Operationen auf den definierten Datentypen. Mit der Definition anwendungsorientierter Datentypen in Form eines konzeptionellen Datenbankschemas und mit der Kontrolle der Operationen durch das Datenbanksystem hat die Datenbanktechnik den Weg gewiesen, wie abstrakte Datentypen mit wenig anwendungsabhängigem Programmieraufwand zu realisieren sind.

Für Produktmodelle, deren Datenbankschema bekannt ist, können ständig weitere Module entwickelt werden, die mit den bereits vorhandenen Modulen über bekannte Datenbankschnittstellen entsprechend Bild 6.21 zusammenarbeiten. Die Integration von Modulen, die aufgrund weniger wohlüberlegter Schnittstellen miteinander austauschbar sind, wird zu einer höheren Produktivität in der Entwicklung von CAD-Systemen führen. Die Bereitstellung eines universellen, auch für CAD-Arbeitsplätze geeigneten Datenbanksystems ist ein Beitrag, mit dem eine Software-Krise von der Entwicklung und Nutzung schlüsselfertiger CAD-Systeme abgewendet werden soll.

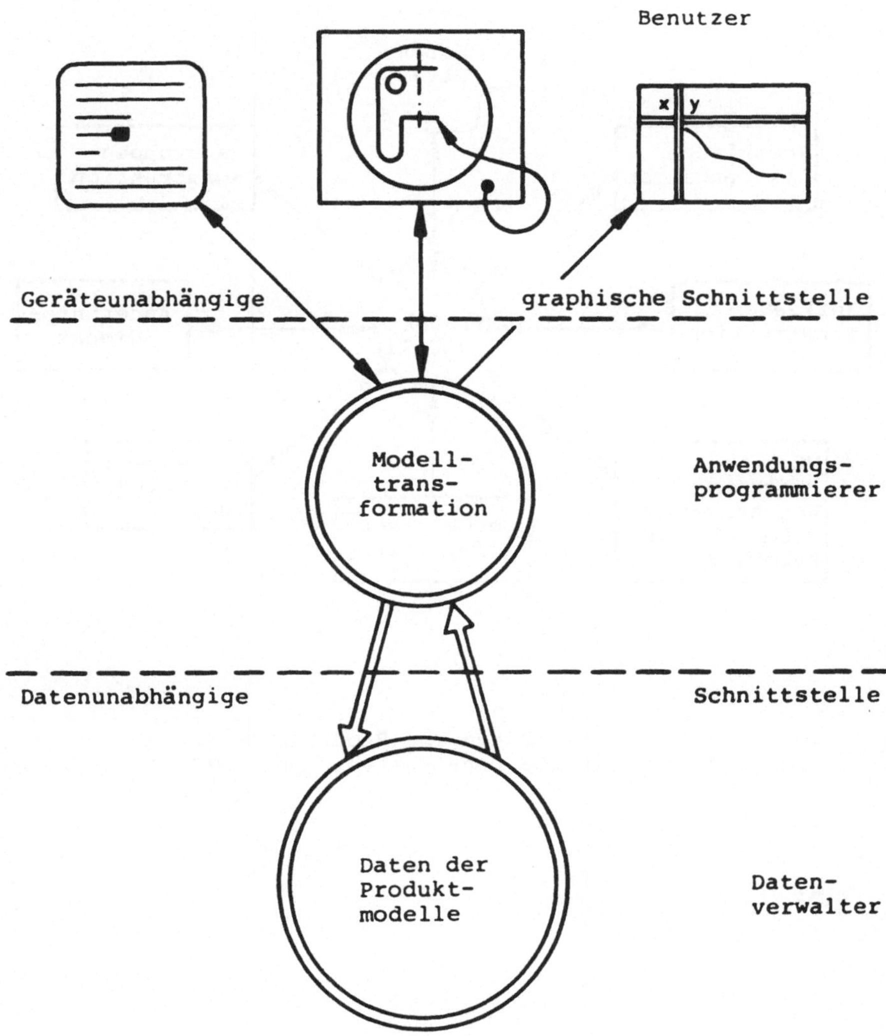

Bild 6.20: Die rechnerunterstützte Konstruktion, gesehen als eine schrittweise Transformation von Produktmodellen. Die Bausteine und Schnittstellen eines CAD-Systems sowie die Aufgabenverteilung lassen sich aus diesem Konzeptbild ersehen.

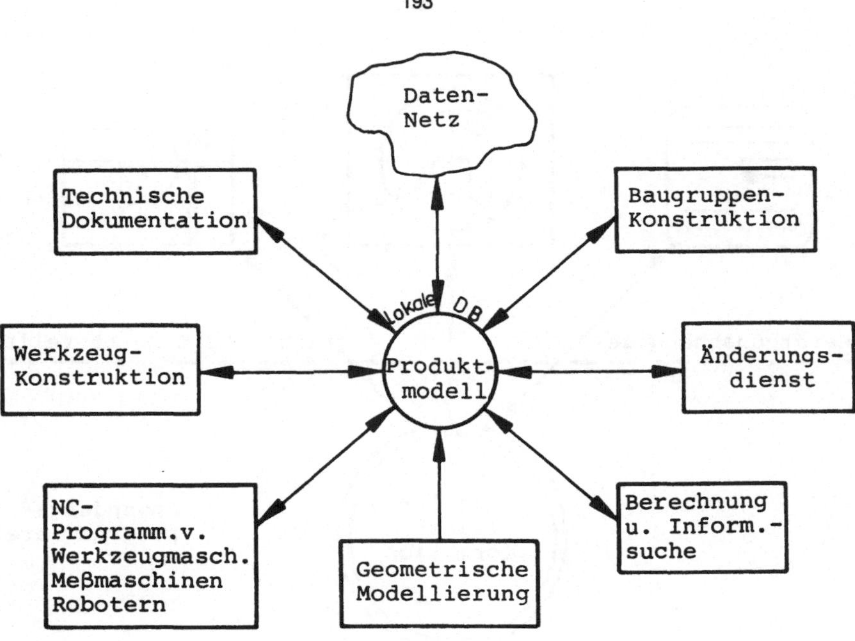

Bild 6.21: Die Verwendung der Daten von Produktmodellen in integrierten Systemen für die Konstruktion und Fertigungsvorbereitung.

7 ZUSAMMENFASSUNG

Die Anforderungen an universelle Datenbanksysteme werden bisher von ihrem Hauptanwendungsgebiet im zentralen kommerziell-administrativen Bereich bestimmt. Die Untersuchung der Anforderungen interaktiver CAD-Systeme an eine arbeitsplatzorientierte Datenverwaltung führte zu einer neuen Sicht dreier Konzepte der Datenbanktechnik und der graphischen Datenverarbeitung:

a) Die Clusterung von Daten

In CAD-Anwendungen ist man vorwiegend an den Beziehungen zwischen einzelnen Datenobjekten verschiedenen Typs eines komplexen technischen Gebildes interessiert, da es diese Beziehungen sind, die den wesentlichen Teil seiner Beschreibung ausmachen. Bei der Implementation universeller Datenbanksysteme wird jedoch vorausgesetzt, daß bevorzugt Datenobjekte des gleichen Typs aus der Datenbank gesucht werden sollen. Um beiden Anforderungen gerecht zu werden, müßten Datenbanksysteme eine größere Variabilität in der Bereitstellung zusammengehöriger Datenobjekte zulassen.

b) Der Deiktische (hinzeigende) Zugriff auf Daten

Die graphische Darstellung komplexer Gebilde auf dem Bildschirm ist ein Menü von Einstiegspunkten in die Datenbank. Für den Zugriff auf eine Einzelheit, z.B. eines Produktmodells, wird ein Einstiegspunkt mit der graphischen PICK-Funktion ausgewählt, indem der Benutzer darauf zeigt. Aufgrund der bestehenden Beziehungen aller Datenobjekte untereinander und der Bereitstellung nur relevanter Daten durch eine geeignete Clusterung läßt sich die Anzahl der aktuell benötigten Einstiegspunkte auf wenige wohlplazierte Datenobjekte der Datenstruktur beschränken.

c) Die Namensvergabe für Datenobjekte

Wegen des deiktischen Zugriffs auf die Datenbank werden keine vom Anwender vergebenen Namen oder andere Eigenheiten eines Datenobjektes benötigt, um es in der Datenbank wiederzufinden. Zur Vermeidung von Konflikten, zwischen anwendervergebenen und systemvergebenen Bezeichnungen der Objekte und ihrer Beziehungen untereinander, sollte in diesen Fällen die Namensvergabe dem Datenbanksystem überlassen werden.

Diese drei Konzepte wurden in das Konzept eines arbeitsplatzorientierten Datenbanksystems eingebracht. Dabei spielt die Wahl des Datenmodells eine vorerst untergeordnete Rolle. Die Forderungen lassen sich jedoch mit wenigen Eingriffen in das CODASYL-Netzwerkmodell realisieren, da aufgrund seiner Entstehung in der Vielfalt des Datenmodells ähnliche Konzepte bereits zu finden sind. Die Ansätze des CODASYL-Netzwerkmodells als auch des 3-SCHEMA-Konzeptes von ANSI mußten jedoch, aufgrund der Erfahrungen aus der Implementation von Speziallösungen für die mechanische Konstruktion sowie von Datenbankmanagementsystemen, wie folgt modifiziert werden:

d) Das CODASYL-Netzwerkmodell wurde für die Anwendung überarbeitet. Konzepte, die die physische Datenunabhängigkeit beeinträchtigen, wurden, wenn möglich, in ein logisches Konzept umgewandelt (Beispiel: AREA) oder ersatzlos fallengelassen (Beispiel: FIND OFFSET). Außerdem sind die Namensvergabe sowie die Plazierung und Auswahl von Datenobjekten und deren Beziehungen zueinander im Sinne einer größeren Entkopplung der Konzepte leicht geändert worden. Von diesen Änderungen sind die CODASYL-Konzepte des CURRENCY, LOCATION MODE, SET SELECTION und die Regeln für die Integrität der Datenbank bei STORE- und DELETE-Operationen betroffen. Obwohl die Konzeptänderungen im Rahmen der für dieses Datenmodell diskutierten Variationen blieben, führen sie zu einem gegenüber strengeren CODASYL-Implementationen einfacheren Datenbanksystem.

e) Für die Strukturierung der Datenbank in einzelne technische Objekte wie Produktmodelle, die wiederum untereinander in Beziehung stehen können, wurde eine neue CLUSTER-Klausel vorgestellt. Mit der Klausel können Daten, die aufgrund der Anwendung zusammengehören, zu einem Datenobjekt höherer Hierarchiestufe zusammengefaßt werden. Diese CLUSTER werden in ihren Beziehungen zueinander ähnlich den RECORDS behandelt. Auf diese Weise können komplexe Datenstrukturen noch weiter in disjunkte Cluster, Clusterbäume und auch Clusternetze zerlegt werden. Da es beabsichtigt war, das CODASYL-Netzwerkmodell möglichst wenig zu verändern, um die Integrierbarkeit mit anderen CODASYL-Datenbanken zu behalten, ist die CLUSTER-Klausel dem Internen Schema zugeordnet worden. Es wird jedoch empfohlen, für komplexe Datenbankanwendungen - von denen CAD eventuell nur eine ist - das CLUSTER zusätzlich zu den Datenkonstrukten RECORD, SET und ITEM in ein Netzwerkmodell aufzunehmen.

f) Die auf der Ebene der Speicherungsstrukturen angebotene Möglichkeit, die Daten wahlweise einer oder mehrerer Clusterausprägungen zusammenhängend in einem Adreßraum abzulegen, ist für die Effizienz eines arbeitsplatzorientierten Datenbanksystems ausschlaggebend. Andere Optimierungen im Zugriff auf den Datenkatalog, die Abstimmung der Systempuffer- und Freiraumverwaltung aufeinander und die dialogorientierte Art des Deiktischen Zugriffs und einer an der neuen Clusterung orientierten Datensicherung führen erst in der Summe der Implementationsentscheidungen zu einer vergleichbaren Laufzeitverbesserung.

Eine Umstellung des Relationenmodells auf systemvergebene Namen für die Datenobjekte würde dagegen größere Eingriffe in die fundamentalen Konzepte des Datenmodells erfordern, da alle Beziehungen zwischen Datentypen über anwenderdefinierte Namen realisiert werden. In jedem Fall müßte auch hier die Clusterung der Daten und damit ein wesentliches Konzept der Implementation dieser Datenbanksysteme geändert werden.

Die für das CODASYL-Netzwerkmodell aufgestellten Konzepte sind in dem Datenbanksystem PHIDAS realisiert worden und ihre Berechtigung konnte inzwischen an einigen Pilotanwendungen bestätigt werden. Mit der Bereitstellung eines Datenbanksystems für CAD-Arbeitsplätze steht technisch der Weg zu einer datenbankorientierten Architektur schlüsselfertiger CAD-Systeme offen, die sich aufgrund weitgehend akzeptierter Datenbankschnittstellen leichter als bisher erweitern und mit anderen CAD-Bausteinen und Systemen integrieren lassen. Das integrierte Konstruktionssystem PHILIKON ist ein erstes Beispiel dafür.

Bei den Pilotanwendungen des Datenbanksystems PHIDAS hat es sich gezeigt, daß, aufgrund der Definition aller Datenobjekte vor dem Beginn der Anwendungsprogrammierung, systematisch entworfene Produktmodelle und CAD-Systeme entstehen. Sobald mehrere bewährte Entwürfe in Form expliziter Schemadefinitionen vorliegen, könnte ein Normungsversuch einiger Produktmodelle - als Vorstufe für die Ablösung der Zeichnung und des Schreinermodells als Informationsträger und Dokument - Erfolg haben.

[Abr74] Abrial, J.R., Data Semantics, Proc. Modelling in Data Base Management, Klimbie, J.W., Koffeman, K.L. (eds.), North-Holland Publ. Co., S. 1 (1975)

[AcBo73] Achim, F., Bonne, P., SIBAS - An Implementation of the CODASYL-Data-Base Concept, Management Informatics, Vol. 2, No. 3 (1973)

[ACM78] ACM-Siggraph Committee: 'Final Report of the GSPC State of the Art Subcommittee' in Comp. Graphics, Vol. 12, No. 1/2 (1978)

[ANSI75] ANSI/X3/SPARC Study Group in Data Base Management Systems, Interim Report, 75-02-08, FDT, Bulletin of ACM-SIGMOD, Vol. 7, No. 2 (1975)

[ANSI81] ANSI STANDARD Y14.26.X, Proposed Standard for the Digital Representation of Physical Object Shapes (1981)

[AOS78] AOS User's Guide, Shape Data LTD., Oct. (1978)

[Ast76] Astrahan, M.M. et al., System R: Relational Approach to Database Management, ACM Trans. on Database Systems, Vol. 1, No. 2, S. 97 (1976)

[Atk78] Atkinson, M.P., Programming Language and Databases, VLDB 4, Berlin (1978)

[Atk80] Atkinson, M.P., Data Management for Interactive Graphics, Univ. of Edinburgh, Intern. Rep. CSR-51-80

[Baa71] Baatz, K., Bildschirmunterstütztes Konstruieren, Funktionsfindung, Prinzipienerarbeitung, Gestaltung und Detaillierung mit Hilfe graphischer Datenverarbeitungsanlagen, Diss. RWTH Aachen (1971)

[Bac69] Bachman, C.W., Data Structure Diagrams, Data Base 1,2, Quarterly Newsletter of ACM SIGBDP, S. 4 (1969)

[Bac73] Bachman, C.W., The Programmer as Navigator, Com. ACM, Vol. 16, No. 11, S. 653 (1973)

[Bac74] Bachman, C.W., Implementation Techniques for Data Structure Sets, Data Base Management Systems, Jardine, D.A. (ed.), North-Holland Publ. Co. (1974)

[Bar77] Bargele, N., PROREN2 - Eine Graphik-Software zur dreidimensionalen rechnerinternen Darstellung von Bauteilgeometrie, Diss. Univ. Bochum (1977)

[BaBu80] Barton, E.E., Buchanan, I., The Polygon Package, Computer-Aided Design, Vol. 12, No. 1, S. 3 (1980)

[Bau77] Bauböck, E., Konzept zur Beschreibung und Ausführung von hierarchisch strukturierten Bildschirmdialogen, in Gnatz, Samelson (eds.), Methoden der Informatik für rechnerunterstütztes Entwerfen und Konstruieren, GI-Fachtagung, München, Inform.-Fachber., Springer-Verlag Berlin, Heidelberg, New York (1977)

[Bau78] Bauböck, E., Dialogue Handling System for Graphics and CAD Applications, Proc. Internat. Conf. on Interactive Techniques in Computer-Aided Design, Bologna, S. 438 (1978)

[Bau81,Phi81] Bauböck, E., Graphik in PHILIKON, PHILIKON-Systemhandbuch, Philips Forschungslaboratorium Hamburg, Rev. 16-Oct-81

[BBCKM81] Baron, N., Bornkessel, E., Cullmann, N., Klos, W.F., Magelhaes, L.P., An Approach to the Integration of Geometrical Capabilities into a Data Base for CAD Applications, in [IFIP 81]

[BCS77] British Computer Society 77, Data Dictionary Systems, Working Party Rep., DATABASE, SIGBDP, Vol. 9, No. 7 (1977)

[BDD79] Burmester, J., Dahnken, H., Denker, A., Schneidwerkzeugkonstruktion und NC-Programmierung am interaktiven Bildschirm, VDI-Z 121, Nr. 15/16-Aug. (I/II) (1979)

[BEH79] Baer, A., Eastman, C. and Henrion, M., Geometric Modelling: A Survey, Computer-Aided Design, Vol. 11, No. 5, S. 253 (1979)

[BHS80] Braid, I.C., Hillyard, R.C., Stroud, I.A., Stepwise Construction of Polyhedra in Geometric Modelling, in: Brodie, K.W., Mathematical Methods in Computer Graphics and Design, Academic Press, London (1980)

[BlBu77] Blume, P., Burmester, J., Integriertes CAD/CAM-System für Stanzteile, in ZwF 72, Nr. 5, S. 219 (1978)

[BlFi78] Blume, P., Fischer, W.E., Datenbanksystem für CAD-Anwendungen, CAD-Bericht KfK-CAD 111 (1978)

[Blu74] Blume, P., Rechnerunterstütztes Entwickeln und Konstruieren in der Feinwerktechnik: Bildschirmgestütztes Erstellen von Fertigungsunterlagen, 2. Zwischenbericht, BMFT DV 5.422, FB 55/74 (1974)

[Blu76] Blume, P., Rechnergestütztes Konstruieren, Philips Technische Rundschau, Jahrg. 36, Nr. 5, S. 125 (1976/77)

[Blu79] Blume, P., Geometric Modelling of Mechanical Parts, Requirements of the Electric and Electronic Industry, S. 43, in [CAM-I79]

[Blu81] Blume, P., Interaktive Erzeugung von Werkstattzeichnungen mit dem System PHILIKON, VDI-Sem. (1981)

[BLScm75] Blaser, A., Schmutz, H., Data Base Research: A Survey. Proc. 5th Informatics Symp. IBM Germany, Bad Homburg (1975)

[Bor77] Borgmann, J.-D., 3D-Geometrie für die rechnerunterstützte Konstruktion von mechanischen Bauteilen und Werkzeugen, VDI-Z Bd. 119, Nr. 1/2, S. 17 (1977)

[Boy79] Boyse, J.W., Interference Detection Among Solids and Surfaces, Comm. ACM (1979)

[Brai73] Braid, J.C., Designing with Volumes, Diss., Cambridge (1973)

[Brai79] Braid, I.C., Geometric modelling - ten years on, in [CAM-I79]

[BrHi77] Braid, J.C., Hillyard, R.C., Geometric Modelling in ALGOL68, ACM - Sigplan Notices, Vol. 12, No. 6, S. 168 (1977)

[Bro74] Brown, P.J., Macro Processors and Techniques for Portable Software. Wiley Series in Computing (1974)

[Bub77] Bubenheim, H.J., MENOS - Eine Methode zur Neukonstruktion und Modifizierung technischer Objekte nach dem Baukastenprinzip, CAD-Ber. KfK-CAD 27 (1977)

[But77] Butlin, G.A., Techniques for Processing Interactions in FORTRAN, Proc. of IFIP Working Conf. on CAD Systems (1977)

[CaCu77] Caragua, C., Cugini, U., Data-Structures for the Handling of Engineering Drawings, Computer-Aided Design, Vol. 9, No. 1 (1977)

[CAM-I79] Carter, W.A. (ed.), Geometric Modelling Seminar, Bournemouth, England, P-80-GM-01, Computer-Aided Manufacturing International Inc. (1979)

[CGHDB77] Carnthers, L.C., Groot, D., Hermans, E., van Dam, A., van den Bos, J., GPGS - General Purpose Graphic System, E. Morlet and D. Ribbens (eds.), Internat. Comp. Symp. (1977)

[Che76] Chen, P.P.S., The Entity-Relationship Model - Towards a Unified View of Data, ACM Trans. on Database Systems, Vol. 1, No. 1, S. 77 (1976)

[Che77] Chen, P.P.S., The Entity-Relationship Model - A Basis for the Enterprise View of Data, Proc. AFIPS 1977 (Nat. Comp. Conf.), S. 77 (1977)

[CiNa76] Ciampi, P.L., Nash, J.D., Concepts in CAD Data Base Structures, Proc. 13th Design Automation Conf., San Francisco (1976)

[ClLi75] Van Cleemput, W.M., Linders, J.G. (eds.), Proc. of the Workshop on Data Bases for Interactive Design, Waterloo, Canada, ACM Sigda, Sigmod, Siggraph (1975)

[Cod70] Codd, E.F., A Relational Model of Data for Large Shared Data Banks, Comm. of the ACM, Vol. 13, No. 6, S. 377 (1970)

[Cod79] Codd, E.F., Extending the Data Base Relational Model to Capture More Meaning, IBM Res. Rep. RJ 2472 (1979)

[Cod82] Codd, E.F., Relational Database: A Practical Foundation for Productivity, Comm. ACM, Vol. 25, No. 2 (1982)

CODA71] CODASYL System Committee Technical Report, Feature Analysis of Generalized Data Base Management Systems, ACM, BCS, IFIP (1971)

[CODA73] CODASYL Data Description Language, J. of Dev., Nat. Bur. Stand. (U.S.), Handb. 113 (1974)

[CODA78] Loomis, M.E.S., The 78 CODASYL Database Model: A Comparison with Preceeding Specifications, Proc. ACM-SIGMOD 80, Santa Monica, Cal., P.P. Chen, R.C. Sprowls (eds.), ACM Order No. 472800 (1980)

[Dat77,Dat81] Date, C.J., An Introduction to Database Systems, The System Programming Series, Addison-Wesley Publ. Co., Second Edition (1977), Third Edition (1981)

[DBTG71] CODASYL Data Base Task Group (DBTG), Report (1971)

[Deg70] Denning, P.J., Virtual Memory, Comp. Surveys, Vol. 2, No. 3 (1970)

[Det77] Denert, E., Specification and Design of Dialogue Systems with State Diagrams, Proc. Internat. Computing Symp., S. 417 (1977)

[Det79] Denert, E., Software-Modularisierung, Informatik-Spektrum 2, S. 204 (1979)

[DHU80] Dokken, T., Hasund, K., Ulfsby, S., Data Model for the GPM Subsystem for Sculptured Surfaces, Pre-Conf. Tutorial EUROGRAPHICS '80, Geneva (1980)

[DMLC75,DMLC77, DMLC80] CODASYL-FORTRAN-DMLC, CODASYL-FORTRAN Data-Base Facility, J. of Dev., Spec. Board, Supply and Services, Canada (1975, 1977, 1980)

[Do66] Dodd, G.G. et al.: APL - a Language for Associative Data Handling in PL1, Proc. AFIPS 1966, Fall Joint Computer Conf., Vol. 29, Spartan Books, New York (1966)

[DoSt75] McDonald, N., Stonebraker, M.R., CUPID - The Friendly Query Language, Proc. ACM Pacific Conf., San Francisco (1975)

[Dro80] Drossmann, V., Steuerung der Kommunikation zwischen Benutzer und Rechner bei interaktiven Programmsystemen, CAD-Fachgespräche, GI - 10. Jahrestagung, Informatik-Fachb. Nr. 34 (1980)

[EaHe77] Eastman, C., Henriot, M., GLIDE: A Language for Design Information Systems, Proc. ACM Siggraph Conf., San Jose, Ca. (1977)

[EaLa81] Eastman, C.M., Lafue, G.M., Semantic Integrity Transactions in Design Data Bases, in [IFIP81]

[East76] Eastman, C., General Purpose Building Description Systems, Computer-Aided Design, Vol. 8, No. 1 (1976)

[East76b] Eastman, C., Data Bases for Physical System Design: A Survey of U.S. Efforts, Proc. of CAD 76, London, S. 1 (1976)

[East78] Eastman, C.M., The Representation of Design Problems and Maintenance of Their Structure, Artificial Intelligence and Pattern Recognition in Computer-Aided Design, Latombe ed., North-Holland Publ. Co. (1978)

[East81] Eastman, C.M., Database Facilities for Engineering Design, Invited Paper, Proc. of the IEEE, Vol. 69, No. 10 (1981)

[EbWe81] Eberlein, W., Wedekind, H., A Methodology for Embuilding Design Databases into Integrated Engineering Systems, [IFIP81]

[Eck80] Eckert, R., Entwurfsmethodik für graphische Systeme, Diss. TH Darmstadt (1980)

[EEKP79] Eckert, R., Enderle, G., Kansy, K., Prester, F.-J., GKS '79 Proposal of a Standard for a Graphical Kernel System, Proc. EUROGRAPHICS '79, Bologna (1979)

[Ef79] Effelsberger, W., Messung und Auswertung des Seitenreferenzverhaltens von Datenbanksystemen, in Angew. Inform., Bd. 21, Nr. 10, S. 434 (1979)

[EHR79] Effelsberger, W., Härder, T., Reuter, A., An Experiment in Learning Data Base Administration, Berichte der Informatik-Forschungsgruppen TH Darmstadt, DVI 79-3

[EHRS81] Effelsberger, W., Härder, T., Reuter, A., Schulze-Bohl, J., Leistungsanalyse und Vorhersage des Betriebsverhaltens beim Datenbanksystem UDS. Abschlußber. zum Forschungsvorh. an der TH Darmstadt, Int. Ber. der Univ. Kaiserslautern, Fachb. Informatik 41/81

[Eig80] Eigner, M.C., Semantische Datenmodelle als Hilfsmittel der Informationshandhabung in CAD-Systemen und deren programmtechnische Realisierung auf Kleinrechnern, Forsch.-Ber. VDI-Z, Reihe 10, Nr. 9 (1980)

[Enc75] Encarnacao, J.L., Computer Graphics, Programmierung und Anwendung von graphischen Systemen, Verfahren der Datenverarbeitung, R. Oldenbourg Verlag, München, Wien (1975)

[End75] Enders, H.-H. (ed.), Software und Satzaufbau für Daten- und Speicherungsstrukturen feinwerktechnischer Teile, Beschluß Nr. 11 der CEFE-CAD/CAM Entwicklungsges. (1975)

[Eng71] Engles, R.W., An analysis of the April 1971 Data Base Task Group Report, ACM-SIGFIDET Workshop on Data Description, Access and Control, S. 69 (1971)

[ErNi75] Ero, J.W., Niessen, C., PHILDIG, N.V. Philips' Gloelampenfabrieken, UDP-DSA-SCA/75/001/JE/CN (1975)

[Fal75,Fal76] Falkenberg, E., Concepts for Modelling Information at the Interface between Data Base Users and Data Base Management Systems, Diss., Univ. Stuttgart (Deutsch und Englisch) (1975/1976)

[Faux80] Faux, I.D., Report on Study of the Proposed ANSI Standard S. 14.26.1 on Behalf of CAM-I Geometric Modelling Project, Math. Dept. Craifield Inst. of Technology, Bedford (1980)

[FGP78] Fischer, W.E., Gappisch, H., Pohlmann, G., Abbildung der IML-Routinen des Bausteins Geometrie auf die DML-Schnittstelle des Datenbanksystems für CAD-Anwendungen PHIDAS, Forschungsb. Philips GmbH Forschungslab. Hamburg, in Zusammenarbeit mit Inst. für Werkzeugmaschinen und Fertigungstechnik, TU Berlin, FB 171/78

[Fi76] Fischer, W.E., Application of an Interactive Graphic Display in a CAD/CAM System for Mechanical Parts, 3rd European Electro-Optics Conf., Genf (SPIE, Vol. 99), S. 304 (1976)

[Fi79a] Fischer, W.E., Einführung in die "Technische Datenbank", KfK-CAD Ber. 128 (1979)

[Fi79b] Fischer, W.E., PHIDAS - A Data Base Management System for CAD/CAM Application Software, Computer-Aided Design 11, S. 146 (1979)

[Fi79c] Fischer, W.E., Rechnerinterne Werkstückdarstellung und ihre Speicherung in der Technischen Datenbank, VDI-Z 121, S. 673 (1979)

[Fi79d] Fischer, W.E., The Interface between CAD/CAM-Software and CODASYL-Data Base Management Systems, Proc. EUROGRAPHICS '79, Bologna, S. 178 (1979)

[Fi80] Fischer, W.E., Die Technische Datenbank, Philips "Unsere Forschung in Deutschland", Bd. III (1980)

[Fi82] Fischer, W.E., Een system voor het beheer van gegevensbestanden ten behoeve van CAD en CAM, Philips techn. T. 40, S. 184, Nr. 6/7 (1981/82)

[FiDe79] Fischer, W.E., Denker, A., Bildschirmgestütztes Konstruieren von Gesamtschneidwerkzeugen, KONSTRUKTION 31, S. 67 (1979)

[FiGa77] Fischer, W.E., Gappisch, H., Datenbank zur Speicherung von Konstruktions- und AV-Daten, KfK-CAD Ber. Nr. 30, S. 251 (1977)

[Fol76] Foley, J.D., A Tutorial on Satellite Graphics Systems, Computer, Aug. (1976)

[Fol76b] Foley, J.D., Picture Naming and Modification in an Overview, Proc. ACM Symp. on Graphic Languages, Computer Graphics, Vol. 10, No. 1 (1976)

[FoVa81] Foisseau, F., Valette, F.R., A Computer-Aided Design Data Model: FOREAL, in [IFIP 81]

[FrSi76] Fry, J.P., Sibley, E.H., Evolution of Data-Base Management Systems, ACM Computing Surveys; Spec. Iss.: Data-Base Management Systems, Vol. 8, No. 1, S. 7 (1976)

[Fry81] Fry, J.P. (chairman), Convertion Technology, An Assessment, Data Base, Vol. 12+13, No. 4+1 (1981)

[Gau77] Gausemeier, B.J., Eine Methode zur rechnerorientierten Darstellung technischer Objekte im Maschinenbau, Diss., TU Berlin (1977)

[GER78] Grabowski, H., Eigner, M., Rausch, W., CAD Data Structure for Minicomputers, Proc. CAD '78, S. 530, Brighton (1978)

[Gil81] Giloi, W.K., Abstract Data Type Based Programming Style and Computer Graphics, EUROGRAPHICS '81, Encarnacao, J.L. (ed.), North-Holland Publ. Co. (1981)

[GKS82,ISO80] Draft International Standard ISO/DS, Information Processing, Graphical Kernel System (GKS), Functional Description GKS, Version 7.0 (1982)

[GlEn72] Glatzer, V., Encarnacao, J.L., DATAS-Datenstrukturen in Assoziativer Speicherung, Angew. Inform. 9/72

[GoTo70] Gotlieb, C.C., Tompa, F.W., Choosing a Storage Schema, Acta Informatica 3, S. 297 (1974)

[Gra77] Grabowski, H., Entwicklung und Integration von Verarbeitungsbausteinen in CAD-Systemen, Gnatz, L., und Samelson, K. (eds.), GI-Konf. München, S. 52 (1977)

[GrEi81] Grabowski, H., Eigner, M., A Data Model for a Design Data Base, in [IFIP 81]

[Gri81] Griethuysen, J.J. van (ed.), Concepts and Terminology for the Conceptional Schema, Prelim. Rep. ISO TC97/ SC5/WG3 (1981)

[GrMe82] Grenzing, A., Menzel, W., Data-Exchange between CAD-Systems Based on Meta-File (DEBOM), Studienarbeit Univ. Hamburg, Philips GmbH Forschungslab. Hamburg, LB 524/82

[Grt78] Gerritsen, R., SEED Reference Manual, Draft, International Data Base Systems INC. (1978)

[HaMcL80] Hammer, M., McLeod, D., Database Description with SDM: A Semantic Database Model, to appear in ACM TODS (1980)

[Här78] Härder, T., Implementation von Datenbanksystemen, Carl-Hanser Verl. München, Wien (1978)

[Här79] Härder, T., Die Einbettung eines Datenbanksystems in eine Betriebssystemumgebung, TH Darmstadt, Fachber. Informatik, DVI 79-2 (1979)

[Hao81] Hoar, C.A.R., The emperor's old clothes (ACM Turing Award Lecture) Comm. ACM, S. 75 (1981)

[Herr1] Herrig, D., Gibt es eine Konstruktionsalgebra? Sonderdruck, Wissenschaftliche Zeitschrift der Pädagogischen Hochschule "Dr. Theodor Neubauer", Erfurt/Mühl

[HeKo81] Herrig, D., Kolbe, W., Optimierung bei der Strukturkonkretisierung technischer Gebilde, Konstruktion 33, H. 1, S. 25 (1981)

[Hero79] Herot, C.F., Spatial Management of Data, Proc. VLDB 5, Rio de Janeiro (1979)

[HWY79] Housel, B.C., Waddle, V., Yao, S.B., The Functional Dependency Model for Logical Data Base Design, Proc. VLDB 5 (1979)

[IFIP81] IFIP Working Conf. Preprints, File Structures and Data Bases for CAD, Seeheim (1981)

[Jar76] Jardine, D.A. (ed.), The ANSI/SPARC Model, North-Holland Publ. Co. (1977)

[JeLa81] Jens, P., Lange, B., Konzeption und Implementation von Generatoren für die Datenbank-Katalogeintragung und Subschema-Aktivierung im Datenbank-Management-System PHIDAS, Diplomarbeit Univ. Hamburg, Philips GmbH Forschungslab. Hamburg, FB 291/81

[JoDe81] Johnson, R.H., Dewhirst, D.L., The Product Structure Data Base: A Schema for Design of Mechanical Systems, in [IFIP81]

[KaLo73] Kamlah, W., Lorenzen, P., Logische Propädeutik, Vorschule des vernünftigen Redens, B.I. Hochschultaschenbücher, Bd. 227 (1973)

[KaWo80] Katz, R.H., Wong, E., An Access Path Model for Physical Database Design, Proc. ACM-SIGMOD '80, ACM Order No. 472 800 (1980)

[Kin80] King, W.F., III. Relational Database Systems: Where We Stand Today, GI - 10. Jahrestagung, Informatik-Fachber. 33, Springer-Verlag (1980)

[Knu69] Knuth, D.E., The Art of Computer Programming, Vol. 1, Chapter 2, Addison Wesley Publ. Co. (1969)

[KoTe75] Kormjak, A.J., Teger, A.H., An Integrated CAD Data Base System, Proc. 12th DA Conf. (1975)

[Kra74] Krause, F.-L., Ein Beitrag zur Behandlung rechnerinterner Darstellungen in CAD-Prozessen, ZwF, Heft 5, S. 228 (1974)

[Kra76] Krause, F.-L., Methoden zur Gestaltung von CAD-Systemen, Diss. TU Berlin (1976)

[Kra79] Krause, F.-L., COMPAC, in [CAM-I79]

[Kur71] Kurth, J., Rechnerorientierte Werkstückbeschreibung - ein Beitrag zur Rationalisierung produktbezogener Planungsprozesse, Diss. TU Berlin (1971)

[Lac72] Lacoste, J.-P., Eine rechnerangepaßte Werkstückdarstellung für den automatischen Produktionsprozeß, Diss. RWTH Aachen (1972)

[LaGr68] Lang, C.A., Gray, J.C., A Ring-Implemented Associative Structure Package, Comm. ACM, No. 8, S. 550 (1968)

[LaPi80] Lacroix, M., Pirotte, A., User Interface for Data Base Application Programming, MBLE, Rep. R442 (1980)

[LaPi81] Lacroix, M., Pirotte, A., Data Structures for CAD Object Description, 19th DA Conf., Nashville (1981)

[L-L76] Lang-Lehndorff, G., CAD-Richtlinien, CAD-Ber., KfK-CAD 6 (1976)

[L-L79] Lang-Lehndorff, G., Mit der Datenverarbeitung konstruieren, berechnen, fertigen, VDI-Z 121, Nr. 7 I (1979)

[Lei80] Leinemann, K., GRIMBI - Ein CAD-System für das funktionale Modellieren, CAD-Fachgespr., GI - 10. Jahrestagung, Informatik-Fachber. 34, Springer-Verlag (1980)

[Les79] Leesley, M., Databases for CAD, Computer-Aided Design, Vol. 11, No. 3, S. 115 (1979)

[Lew79] Lewandowski, S., Programmsystem zur Automatisierung des technischen Zeichnens, Forschungsber. für die Praxis, Spur, G. (Hrsg.), Carl Hanser Verlag, München, Wien (1979)

[log80] logica, RAPPORT User Manual (1980)

[LoMa78] Lockemann, P.C., Mayr, H.C., Rechnerunterstützte Informationssysteme, Springer-Verlag (1978)

[Lor81] Lorie, R.A., Issues in Databases for Design Application, in [IFIP81]

[MaMä81] Martti Mäntylä, Methodological Background of the Geometric Workbench, Rep.-HTKK-TKO-B30, TU Helsinki (1981)

[MaTa81] Mäntylä, M., Tabaka, T., The Geometric Workbench (GWB) - An Experimental Geometric Modelling System, EUROGRAPHICS '81, J.L. Encarnacao (ed.), North-Holland Publ. Co. (1981)

[Merc79,Merc80] Merc, L.I., Data Base - The Next Five Years, Niederreichholz (Hrsg.), Datenbanktechnologie, Tagung II/1979, Bad Nauheim, Teubner Verlag Stuttgart (1979)

[MoTh82] Molzahn, W., Thelen, H., Ein Dialog zur Tabellen-Manipulation, Studienarbeit Univ. Hamburg, Philips Forschungslab. Hamburg (1982)

[NBK80] Nagel, R.N., Braithwaite, W.W., Kennicott, P.R., Initial Graphics Exchange Specifications IGES Version 1.0, U.S. Depart. of Commerce, National Bureau of Standards (1980)

[NeSp79] Newman, W.M., Sproul, R.F., Principles of Inreractive Computer Graphics, 2nd Edition, McGraw-Hill (1979)

[Nij75] Nijssen, G.M., Set and CODASYL SET or COSET, Data Base Description, B.C.M. Douque and Nijssen (eds.), North-Holland Publ. Co. (1975)

[Oll75] Olle, T.W., An Analysis of the Flaws in the Schema DDL and Proposed Improvements, B.C.M. Douque and G.M. Nijssen (eds.), North-Holland Publ. Co. (1975)

[OtSch76] Otto, D., Schulze, G., Erweiterung der rechnerinternen Darstellung im CAD-System Feinwerktechnik zur Durchführung von Toleranzanalysen, ZwF 71, No. 5 (1976)

[Pal78] Palmer, I.R., Record Subtype Facilities in Database Systems, Proc. VLDB 4, Berlin (1978)

[Pao78] Paolini, P., An Alternative Structure for Database Management Systems, VLDB 4, Berlin (1978)

[Pep82] Pepper, P. et al., Abstrakte Datentypen: Die algebraische Spezifikation von Rechnerstrukturen, Informatik-Spektrum 5, S. 107 (1982)

[Phi74a] PHOLAS System and Operations, Philips Electrologica B.V., Publ. No. 5122 991 26071 (1974)

[Phi74b] PHOLAS Schema DDL und SSDL, Philips Electrologica B.V., Publ. No. 5122 991 25841 (1974)

[POL77] POLPAC User Guide 1977, Philips-interner Bericht

[RaKu82] Rasdorf, W.J., Kutay, A.R., Maintenance of Interity During Concurrent Access in a Building Design Data Base, Computer-Aided Design, Vol. 14, No. 4 (1982)

[Reu81] Reuter, A., Fehlerbehandlung in Datenbanksystemen, Carl Hanser Verlag, München, Wien (1981)

[RoAd76] Rogers, D.F., Adams, J.A., Mathematical Elements for Computer Graphics, McGraw-Hill (1976)

[RoFe68] Rover, P.D., Feldman, J.A., The LEAP Language and Data Structure, IFIP 1968, North-Holland Publ. Co. (1968)

[Ros61] Ross, D.T., A Generalized Technique for Symbol Manipulation and Numerical Calculation, Comm. of the ACM, Vol. 4 (1961)

[Rus74] Rustin, R. (ed.), Data Models: Data-Structure-Set versus Relational, ACM SIGMOD Workshop on Data Description Access and Control (1974)

[Sa81] Sandberg, G., A Primer on Relational Data Base Concepts, IBM SYST. J., Vol. 20, No. 1 (1981)

[SAAF73] Senko, M.E., Altman, E.B., Astrahan, M.M., Fehder, P.L., Data Structures and Accessing in Data Base Systems, IBM SYST. J., No. 1 (1973)

[SAAFW73] Senko, M.E., Altman, E.B., Astrahan, M.M., Fehder, P.L., Wang, C.P., A Data-Independent Architecture. Model 1: Four Levels of Description from Logical Structure to Physical Search Structures, IBM Research RJ 982 (1973)

[SAGKLM77] Spur, G., Arndt, W., Gausemeier, J., Krause, F.-L., Lewandowski, S., Müller, G., Behandlung technischer Objekte in CAD-Systemen, CAD-Bericht KfK-CAD 31 (1977)

[Sch77] Schmidt, J.W., Some High Level Constructs for Data of Type Relation, ACM TODS, Vol. 2, No. 3, S. 247 (1977)

[Sche74] Schenk, H., Implementation Aspects of the CODASYL DBTG Proposal, Data Base Management, J.W. Klimbie and K.L. Koffeman (eds.), North-Holland Publ. Co. (1974)

[Schu76] Schuster, R., System und Sprache zur Behandlung graphischer Informationen im rechnergestützten Entwurf, Diss. Univ. Karlsruhe (1976)

[ScSt77] Schlageter, G., Stucky, W., Datenbanksysteme: Konzepte und Modelle, Teubner Studienbücher Informatik, Stuttgart (1977)

[ScSw75] Schmid, H.A., Swenson, J.R., On the Semantics of the Relational Data Model, Proc. ACM SIGMOD 1975, San Francisco (1975)

[ScWi80] Schütt, D., Wildgrube, E., SDM - Spatial Data Management, Das aktuelle Schlagwort, Informatik-Spektrum 3 (1980)

[Sd76] Schmid, H.A., Architektur und Implementierung von Datenbanksystemen, GMD-Spiegel 3, S. 78 (1976)

[SeAl74] Senko, M.E., Altman, E.B., DIAM NOTE 1: A 'Framework' Mode for Implementing a Record Storing Facility, IBM Res. IR 1365 (1974)

[Seer80] Scheer, A.-W., Datenverwaltung im Fertigungsbereich, Informatik-Spektrum 3, S. 143 (1980)

[Sen75] Senko, M.E., Information Systems: Record, Relations, Sets, Entities and Things, Information Systems, Vol. 1, No. 1, S. 3 (1975)

[Sen76] Senko, M.E., DIAM II: The Binary Infological Level and its Data Base Language FORAL, ACM SIGPLAN Notices, Vol. II, Special Issue, S. 121 (1976)

[Sen77] Senko, M.E., Data Description Language in the Concept of a Multilevel Structured Description: DIAM II with FORAL, Proc. Data Base Description, North-Holland Publ. Co., S. 43 (1977)

[Sen78] Senko, M.E., FORAL LP: Design and Implementation, Proc. VLDB 4, Berlin (1978)

[SHL75] Shu, N.C., Housel, B.C., Lum, V.Y., CONVERT: A High Level Translation Definition Language for Data Conversion, Comm. ACM, Vol. 18, No. 10 (1975)

[Shu79] Shu, H., Boundary Representation for Solid Objects in CAM-I Experimental Systems, S. 256 in [CAM-I79]

[SKM79] Spur, G., Krause, F.-L., Müller, G., Capabilities of the Geometric Modelling System COMPAC, in [CAM-I79]

[Skl81] Schinkel, H.P., B*-Bäume und -Operationen für das Datenbanksystem PHIDAS, Diplomarbeit FHS Wedel, Philips GmbH Forschungslab. Hamburg, LB 497/81

[Sti78] Stein, K.U., Grenzen der Großintegration durch deterministische und stochastische Prozesse, GI - 8. Jahrestagung, Informatik-Fachber., Springer-Verlag (1978)

[Sun75] Sundgren, B., Using the Infological Approach in the Design of Data Bases, Systemering 75, eds. Lundeberg, M., Bubenko, J.A., Studentlit., Lund (1975)

[TKB78] Tanenbaum, A.S., Klint, P., Bohn, W., Guidelines for Software Portability, Software Practice and Experience, Vol. 8, S. 681-698 (1978)

[UMO81] Ulfsby, S., Meen, S., Oian, J., TORNADO - A DBMS for CAD/CAM Systems, in [IFIP 81]

[Vli81] Vlietstra, J., The Impact of Computer Graphics on Industrial Product Development, EUROGRAPHICS '81, Encarnacao, J.L. (ed.), North-Holland Publ. Co. (1981)

[Wal76] Wallace, V.L., The Semantics of Graphic Input Devices, Proc. ACM Symp. on Graphic Languages, Miami Beach (1976)

[WaWe75] Wang, C.P., Wedekind, H.H., Segment Synthesis in Logical Data Base Design, IBM J. RES. DEV. (1975)

[Web78] Weber, H., A Software Engineering View of Data Base Systems, Proc. VLDB 4, Berlin (1978)

[Wed74a] Wedekind, H., Datenbanksysteme I, B.I., Wissenschaftsverl. Mannheim, Wien, Zürich, Reihe Informatik, Bd. 16 (1974)

[Wed74b] Wedekind, H., On the Selection of Access Pathes in a Data Base System, Data Base Management, Klimbie, Koffeman (eds.), North-Holland Publ. Co. (1974)

[Wed79] Wedekind, H., Eine Methode zur Konstruktion des konzeptionellen Schemas, S. 65, in [Nie79]

[Wed80] Wedekind, H., Konstruktive abstrakte Datentypen, GI - 10. Jahrestagung, Informatik-Fachber., Springer-Verlag (1980)

[Wel80] Weller, D.L., Carlson, E.D., Giddings, G.M., Palermo, F.P., Williams, R., Zilles, S.N., Software Architecture for Graphical Interaction, IBM SYST. J., Vol. 19, No. 3 (1980)

[WiGi75] Williams, R., Giddings, G.M., A Picture-Building System, Proc. IEEE Conf. on Computer Graphics, Pattern Recognition, and Data Structures, S. 304 (1975)

[Wil71] Williams, R., A Survey of Data Structures for Computer Graphics, Computing Surv. 3(1):1 (1971)

[Wil74,Wil77] Williams, R., On the Application of Relational Data Structures in Computer Graphics, Proc. Information Processing (IFIP), Stockholm 1974, Rosenfeld, J. (ed.), S. 722 (1977)

[Woo71] Woodsford, P.A., The Design and Implementation of the GINO 3D Graphics Software Package, J. Software-Practice and Experience, Vol. 1, No. 4 (1971)

[Yas80] Yasky, Y., Transforming a Set of Buildings into a Consistent Database, Proc. 4th Intern. Conf. and Exh. on Computers in Design Engineering (CAD 80), Sussex (1980)

ANHÄNGE

Anhang 1.

Auszug aus dem PHIDAS-Benutzerhandbuch für den Datenbankadministrator

```
***********************************************************
****  KURZBESCHREIBUNG DER DEFINITIONSSPRACHE  **********
****  DDL, SSDL UND SUBSCHEMA-DDL              **********
***********************************************************
```

A)
VORBEMERKUNG ZUR SYNTAX

DIE DEFINITIONSSPRACHEN FUER DIE DATENBANKSCHEMATA SIND IN DER NOTATION DER POLPAC-META-SPRACHE FESTGELEGT. DIESE SPRACH-DEFINITION BESTEHT AUS EINER ANFANGSREGEL UND EINER ENDLICHEN ZAHL VON NACHFOLGENDEN REGELN. JEDE REGEL BESITZT EINE LINKE SEITE UND EINE RECHTE SEITE. DIE LINKE SEITE ENTHAELT DEN NAMEN DER REGEL IN SPITZEN KLAMMERN. DIE RECHTE SEITE ENTHAELT DIE MENGE DER GUELTIGEN SAETZE, DIE FUER DIE LINKE SEITE EINGESETZT WERDEN KOENNEN. DIE SAETZE BESTEHEN AUS FOLGENDEN ELEMENTEN:

N!"ZEICHENKETTE"
SCHREIBT DIE ZEICHEN INNERHALB DER ANFUEHRUNGSZEICHEN ALS EINGABE VOR, MINDESTENS JEDOCH DIE ERSTEN N ZEICHEN.

STRING("   ")
ERWARTET EINE BELIEBIGE ZEICHENKETTE (DIE LAENGE WIRD MEIST DURCH EINE NEBENBEDINGUNG EINGESCHRAENKT), DEREN ENDE DURCH EIN LEERZEICHEN ANGEGEBEN WIRD.

NATURAL
STEHT FUER EINE NATUERLICHE ZAHL.

INTEGER
STEHT FUER EINE GANZE ZAHL.

(STATEMENT 1 ! STATEMENT 2 ! STATEMENT 3 ! ... ! STATEMENT N)
ZEIGT DIE ALTERNATIVEN EINER VON N AUSSAGEN AN.

(...)(A,B)
BEDEUTET DIE WIEDERHOLUNG DES VORHERGEHENDEN KLAMMERAUSDRUCKS MINDESTENS A- UND HOECHSTENS B-MAL.

...<X>...
SCHREIBT VOR, DASS ZUNAECHST DER TEIL, DEN REGEL <X> BESCHREIBT, ABGEARBEITET WIRD UND ERST DANN MIT DER AKTUELLEN REGEL WEITERGEARBEITET WIRD.

EOS
BEDEUTET DAS ENDE EINES EINGABESATZES, DAS MIT DEM SOG. STATEMENT DELIMITER KENNTLICH GEMACHT WERDEN MUSS.

*
KOMMENTARZEILE

EINIGE ZUSAETZLICHE BESTANDTEILE DIENEN LEDIGLICH DAZU, DEN EINLESEVORGANG ZU STEUERN:

BLANK=DELIMITER
BEDEUTET, DASS EIN ODER MEHRERE LEERZEICHEN WIE EIN LEERZEICHEN BEHANDELT WERDEN SOLLEN.

STATEMENT DELIMITER = ;
SCHREIBT EIN SEMIKOLON ALS ABSCHLUSSZEICHEN EINES EINGABESATZES VOR.

B)
DATEN-DEFINITIONSSPRACHE DDL

```
*   SCHEMA - D D L   I N   P O L P A C   M E T A   L A N G U A G E
*
*
*   BLANK MODE
BLANK = DELIMITER
*
*   DELIMITER
STATEMENT DELIMITER =";"
*
*   COMMENT
<C>="*" STRING
*
*   TOP DEFINITION
<DD>=<DP><AP><RP><SP>
*
*
*-----------------------------------------------------------------
*
*   D E C L A R A T I O N   P A R T
<DP>="SCHEMA NAME IS"" " STRING(" ")"DATE WRITTEN" NATURAL
*
*-----------------------------------------------------------------
*
*
*
*   AREA PART
<AP>=(<A>) (1,999)
*
*   RECORD PART
<RP>=(<R>) (1,1999)
*
*   SET PART
<SP>=(<S>) (1,899)
*

*
*-----------------------------------------------------------------
*   A R E A
<A>="AREA NAME IS"" " STRING(" ") (<L>)(0,2)<SA> EOS
*
*   AREA LOCK
<L>="PRIVACY LOCK FOR" ("UPDATE"!"RETRIEVAL") "IS"" " STRING(" ")
*
```

```
*   AREA SHORTNAME
<SA>="SHORTNAME IS"" "STRING(" ")
*
*-----------------------------------------------------------------
*
*
*------------------------------------------------------------------

*
*   R E C O R D
<R>="RECORD NAME IS"" " STRING(" ") <SR>(<RI>) (0,99) (<WI>) (0,1) EOS
*
*   RECORD SHORTNAME
<SR>="SHORTNAME IS"" " STRING(" ")
*
*   RECORD ITEM
<RI>=(" ")STRING(" ")"TYPE IS"("DOUBLE PRECISION")(0,1) -
(3"INTEGER"!"REAL"!"BIT"!4"CHARACTER"!4"COMPLEX") (INTEGER)
(0,1)
*
*   WITHIN
<WI>="WITHIN" ( "AREA OF ANY OWNERS"!"ANY AREA" -
!"AREA OF OWNER"" " STRING(" ")!"AREA"" "<H>)
<H>=(STRING(" ")" ")(0,99)
*
*------------------------------------------------------------------


*
*
*------------------------------------------------------------------

*   S E T
<S>="SET NAME IS"" " STRING(" ")  <SS>"OWNER IS"" " -
(3"SYSTEM"!STRING(" "))"MEMBER IS"" "STRING(" ")(<OR>)(0,1) EOS
*
*   SET SHORTNAME
<SS>="SHORTNAME IS"" " STRING(" ")
*
*   ORDER
<OR>="ORDER IS"("FIRST"!"LAST"!"NEXT"!"PRIOR"!"SORTED"<SO>)
<SO>=("ASCENDING" ! "DESCENDING") "KEY IS"" " STRING(" ") <DU>
*
*   DUPLICATES
<DU>="DUPLICATES ARE" ("NOT" "ALLOWED" ! "ALLOWED" <PO>)
*
*   POSITION
<PO>="POSITION IS" ("FIRST" ! "LAST" ! "NEXT" ! "PRIOR")
*
*------------------------------------------------------------------
```

C)
DEFINITIONSSPRACHE FUER DIE SPEICHERUNGS-STRUKTUR

```
*   S S D L   I N   P O L P A C   M E T A   L A N G U A G E
*
*
*   BLANK MODE
BLANK = DELIMITER
*
*   DELIMITER
STATEMENT DELIMITER =";"
*
*   COMMENT
<C>="*" STRING
*
*   TOP DEFINITION
<SS>=<DP><RP><SP>
*
*   S C H E M A   N A M E
<DP>="STORAGE STRUCTURE OF"" " STRING(" ")"DATE WRITTEN" NATURAL
EOS
*
*   R E C O R D - P A R T
<RP>=(<R>)(1,1999)
*
*  R E C O R D
<R>=<C><E>(<I>)(0,1)<P> EOS
*
*   C L U S T E R
<C>="CLUSTER NAME IS"" "  STRING(" ")
*
*   E N T R Y
<E>="ENTRY IS"" "  STRING(" ")
*
*   I N T E R N A L   R E C O R D S
<I>="INTERNAL RECORDS"" "  (STRING(" "))(0,99)
*
*   P O P U L A T I O N
<P>="POPULATION IS" ("MULTIPLE"!NATURAL) (<PL>)(0,1) EOS
*
*   P L A C E M E N T   I T E M
<PL>="PLACEMENT-ITEM IS"" "  STRING(" ")

*
*   S E T   P A R T
<SP>=(<S>)(1,899)
*
*   S E T
<S>="SET"" " STRING(" ")"MODE IS"<M> EOS
*
*   M O D E
<M>=(<CH>!<PA>!<CDO>!<CDM>!<CL>!<SH>)
*
*  C H A I N
*
*   P O I N T E R   A R R A Y
<PA>="POINTER ARRAY"
```

```
*
*   C H A I N   D Y N A M I C   O W N E R
<CDO>=("CHAIN DYNAMIC OWNER DYNAMIC MEMBER LINKED TO OWNER LINKED
TO PRIOR"!-
"CHAIN DYNAMIC OWNER DYNAMIC MEMBER"!-
"CHAIN DYNAMIC OWNER LINKED TO OWNER LINKED TO PRIOR"!-
"CHAIN DYNAMIC OWNER")
*
*   C H A I N   D Y N A M I C   M E M B E R
<CDM>=("CHAIN DYNAMIC MEMBER LINKED TO OWNER LINKED TO PRIOR"!-
"CHAIN DYNAMIC MEMBER")
*
*   C H A I N   L I N K E D
<CL>=("CHAIN LINKED TO OWNER LINKED TO PRIOR INDEXED"!-
"CHAIN LINKED TO OWNER LINKED TO PRIOR"!-
"CHAIN LINKED TO PRIOR INDEXED"!-
"CHAIN LINKED TO PRIOR"!-
"CHAIN LINKED TO OWNER")
*
*   S H A R E D
<SH>="SHARED WITH"" "(STRING(" "))(1,99)
*
```

D)
DATEN-DEFINITIONSSPRACHE FUER EIN SUBSCHEMA

```
*  SUBSCHEMA - D D L  IN  P O L P A C   M E T A   LANGUAGE
*
*
*   BLANK MODE
BLANK = DELIMITER
*
*   DELIMITER
STATEMENT DELIMITER =";"
*
*   COMMENT
<C>="*" STRING
*
*   TOP DEFINITION
<DD>=<DP><AP><RP><SP>
*
*
*-------------------------------------------------------------
*
*   D E C L A R A T I O N   P A R T
<DP>="SUBSCHEMA NAME IS" NATURAL "OF SCHEMA"" " STRING(" ")-
"DATE WRITTEN" NATURAL EOS
*
*-------------------------------------------------------------
*
*
*
*   AREA PART
<AP>=(<A>) (1,999)
*
*   RECORD PART
<RP>=(<R>) (1,1999)
```

```
*
*   SET PART
<SP>=(<S>) (1,899)
*

*
*-----------------------------------------------------------------------
*   A R E A
<A>="AREA NAME IS"" " STRING(" ") -
"SHORTNAME IS"" "STRING(" ") EOS
*
*
*-----------------------------------------------------------------------
*
*   R E C O R D
<R>="RECORD NAME IS"" " STRING(" ")<SR> (<RI>)(0,99) (<WI>)(0,1)
EOS
*
*   RECORD SHORTNAME
<SR>="SHORTNAME IS"" " STRING(" ")
*
*   RECORD ITEM
<RI>=(" ")STRING(" ")"TYPE IS"("DOUBLE PRECISION")(0,1) -
(3"INTEGER"!"REAL"!"BIT"!4"CHARACTER"!4"COMPLEX")(INTEGER)
(0,1)
*
*   WITHIN
<WI>="WITHIN" ( "AREA OF ANY OWNERS"!"ANY AREA" -
!"AREA OF OWNER"" " STRING(" ")!"AREA"" "<H>)
<H>=(STRING(" ")" ")(0,99)
*
*
*-----------------------------------------------------------------------
*   S E T
<S>="SET NAME IS"" " STRING(" ")  <SS>"OWNER IS"" " -
(3"SYSTEM"!STRING(" "))"MEMBER IS"" "STRING(" ")(<OR>)(0,1) EOS
*
*   SET SHORTNAME
<SS>="SHORTNAME IS"" " STRING(" ")
*
*   ORDER
<OR>="ORDER IS"("FIRST"!"LAST"!"NEXT"!"PRIOR"!"SORTED"<SO>)
<SO>=("ASCENDING" ! "DESCENDING") "KEY IS"" " STRING(" ") <DU>
*
*   DUPLICATES
<DU>="DUPLICATES ARE" ("NOT" "ALLOWED" ! "ALLOWED" <PO>)
*
*   POSITION
<PO>="POSITION IS" ("FIRST" ! "LAST" ! "NEXT" ! "PRIOR")
*
```

Anhang 2.

Auszug aus dem PHIDAS-Benutzerhandbuch für den Anwendungsprogrammierer

```
*****************************************************************
*** KURZBESCHREIBUNG DER  D M L  -  BEFEHLE *******************
*****************************************************************


DIE DML-BEFEHLE UNTERTEILEN SICH IN 2 GRUPPEN:


ORGANISATIONS-BEFEHLE ZUM VORBEREITEN DES ZUGRIFFS WIE
DEN AUFRUFEN EINES ANWENDER-SUBSCHEMAS UND
DEM BEREITSTELLEN DER AREAS


MANIPULATIONS-BEFEHLE ZUM EINFUEGEN, HOLEN, AENDERN UND LOESCHEN
VON GEGENSTAENDEN (RECORDS) UND BEZIEHUNGEN (SETS)


*** LISTE DER  D M L  -  ORGANISATIONS-BEFEHLE    **************
*****************************************************************


------- AUFRUFE ZUR DEKLARATION EINES SUBSCHEMAS ----------------

INVSXX ( IDSUB )                                ) AUFRUF DER SUB-
                                                ) SCHEMA-VERWALTUNG

AREAXX ( AREA-NAMEN )                           ) SETZEN DER AREA-
                                                ) NAMEN

STYPXX ( SETTYP-NAMEN )                         ) SETZEN DER
                                                ) SETTYP-NAMEN

RTYPXX ( RECORDTYP-NAMEN )                      ) SETZEN DER
                                                ) RECORDTYP-NAMEN

IERR = IDBERR ( IDSUB )                         ) ZUM ABFRAGEN DES
ICOD = IDBCOD ( IDSUB )                         ) FEHLER-ZUSTANDS

RYYYXX ( RECORDTYP-SPEZIFISCHE PARAM,LISTE )    ) DEFINIEREN DER
                                                ) USER ITEM-NAMEN

VIAREL ( IDSUB, WINLOW, WINHIG, ITEMNR )        ) DEFINIEREN EINER
VIABOL ( IDSUB, IOPBOL, ITEMNR )                ) SUCH-BEDINGUNG
DBOOLV ( IEQ, IGT, ILT, INE, IGE, ILE )         ) BOOL'SCH/WINDOW

NIX  = IDBFCW ( IBUF, LIMBUF, LBUF )            ) BEARBEITEN VON
LCHA = IDBLCW ( IBUF, LIMBUF, LBUF )            ) ZEICHENSTRINGS
```

```
------- EROEFFNEN UND BEENDEN DER AREA-ZUGRIFFE -----------------

OPENSR (IDSUB,NMAREA)                          ) EROEFFNE ZUGRIFFS-
OPENSU (IDSUB,NMAREA)                          ) MOEGLICHKEIT ZUM
OPENAR (IDSUB,0)                               ) HOLEN ODER AENDERN
OPENAU (IDSUB,0)                               ) IN AREAS

CLOSES (IDSUB,NMAREA)                          ) BEENDE ZUGRIFFS-
CLOSEA (IDSUB,0)                               ) MOEGLICKEIT AUF
                                               ) AREAS

PRIVAR (IDSUB,NMAREA,KEY)                      ) BENENNUNG DER
PRIVAU (IDSUB,NMAREA,KEY)                      ) SCHLUESSELWORTE
                                               ) ZUM AREA-ZUGRIFF


*** LISTE DER  D M L  - MANIPULATIONS-BEFEHLE  ****************
***************************************************************


------- EINFUEGEN VON RECORDS UND BEZIEHUNGEN ZU RECORDS --------

STORE  (IDSUB,NAMBEZ,NAMSET,KENREC,**NAMREC**) ZUFUEGEN RECORD

INSERT (IDSUB,NAMBEZ,NAMSET,NAMREC)           ) EINFUEGEN IN EINE
                                              ) SET-AUSPRAEGUNG


------ HOLEN VON RECORDS VON EINEM BEZUGSRECORD AUSGEHEND --------

FINDOW (IDSUB,NAMBEZ,NAMSET,**NAMREC**)       ) HOLE DEN OWNER-
FINDMF (IDSUB,NAMBEZ,NAMSET,**NAMREC**)       ) ODER EINEN MEMBER-
FINDMN (IDSUB,NAMBEZ,NAMSET,**NAMREC**)       ) RECORD, AUSGEHEND
FINDMP (IDSUB,NAMBEZ,NAMSET,**NAMREC**)       ) VOM BEZUGS-RECORD
FINDML (IDSUB,NAMBEZ,NAMSET,**NAMREC**)       ) DER SET-AUSPRAEGUNG

------- HOLEN VON RECORDS UEBER ITEM-INHALTE --------------------

FINDSF (IDSUB,NAMBEZ,NAMSET,**NAMREC**)       ) SUCHE MEMBER-RECORD
FINDSD (IDSUB,NAMBEZ,NAMSET,**NAMREC**)       ) MIT VORGEGEBENEN
                                              ) ITEM-WERTEN

------- HOLEN VON DATEN -----------------------------------------

GET    (IDSUB,NAMREC,KENREC)                  ) HOLEN DER DATEN
                                              ) EINES RECORDS


------- AENDERN VON DATEN UND BEZIEHUNGEN -----------------------

MODIFY (IDSUB,NAMREC,KENREC)                  ) AENDERN VON DATEN

MOD2FY (IDSUB,NAMBEZ,KENREC,NAMREC)           ) AENDERN VON
                                              ) BEZIEHUNGEN
```

```
------- LOESCHEN VON RECORDS UND BEZIEHUNGEN ZU RECORDS ----------

REMOVE (IDSUB,NAMBEZ,NAMSET)               ) LOESCHE AUS EINER
                                           ) SET-AUSPRAEGUNG

DELET  (IDSUB,NAMREC,KENREC)               ) LOESCHE RECORD

DELETS (IDSUB,NAMREC,KENREC)               ) LOESCHEN VON
                                           ) TEILEN EINER
DELETA (IDSUB,NAMREC,KENREC)               ) DATENSTRUKTUR




EINGABE-PARAMETER SIND :

IDSUB    = SUBSCHEMA - KOMMUNIKATIONS-FELD
NAMBEZ   = TDBK EINES BEZUGS-RECORDS ODER                  )*
NAME EINER AREA BEI 'SYSTEM-OWNED' SETTYPEN
NAMSET   = NAME EINER SETTYPE
KENREC   = NAME EINER RECORDTYPE
KEY      = ZUGRIFF-SICHERUNGS-SCHLUESSEL DES ANWENDERS

UWA      = ANWENDER-ARBEITSBEREICH

AUSGABE-PARAMETER SIND :
(GEKENNZEICHNET **PARAM**)

NAMREC   = TDBK EINES GENERIERTEN ODER GESUCHTEN RECORDS )*

UWA      = ANWENDER-ARBEITSBEREICH


)* TDBK  = TEMPORARY DATABASE KEY
```

```
C          S   U   B   S   C   H   E   M   A   "0 5"
C
C               DATENSTRUKTUR      ANWENDER-ITEMDEKLARATION
C
C                 ---------          A R E A:
C                ( SYSTEM  )              PUBLIC      --IARPU--
C                 ----+----               NC-PROGR.   --IARNC--
C                     I                   EINZELTEIL  --IARET--
C               ISYSTE I
C                     V
C                +----------+       TEILE-RECORD       ===TEI===
C                I   TEIL   I        ITEM :  ZEICHNUNGS-NR      20 CHAR
C                ++-+--+----+                TEILETYPE              INT
C                 I I  I
C          +------+ I  I ITEIFL
C          I  +-----+  I
C          I  I        V
C          I  I  +----------+       FLAECHEN-RECORD    ===FLA===
C          I  I  I FLAECHE  I        ITEM :  FLAECHEN-TYP           INT
C          I  I  +-----+----+                FLAECHEN-NR            INT
C          I  I        I IFLAKO
C          I  I        V
C          I  I  +----------+       KONTUR-RECORD      ===KON===
C          I  I  I  KONTUR  I        ITEM :  KONTUR-NR              INT
C          I  I  +-----+----+
C          I  I        I
C          I  I        V  IKOLIR
C          I  I       ---           KON-LIN-RELATION   ===KOL===
C          I  I      (KOL)           ITEM :  KONTUR-NR              INT
C          I  +---+   ---
C          I ITEILI    A  ILIKOR
C          I      V    I            LINIEN-RECORD      ===LIN===
C          I     +-----+----+        ITEM :  LINIEN-TYP             INT
C          I     I  LINIE   I                RADIUS                 REAL
C          I     +-----+----+
C          I           I
C          I           V  ILIPUR
C          I          ---           LIN-PUN-RELATION   ===LIP===
C          I         (LIP)           ITEM :  PUNKTART               INT
C          +------+   ---
C                 I    A  IPULIR
C          ITEIPU V    I
C                +-----+----+       PUNKT-RECORD       ===PUN===
C                I  PUNKT   I        ITEM :  X-KOORDINATE           REAL
C                +----------+                Y-KOORDINATE           REAL
C                                            PUNKT-NR               INT
```

```
**********************************************************************
*** A N W E N D U N G S  -  B E I S P I E L  *************************
**********************************************************************


C       SUBROUTINE HOLKAN(NAMKAN,IKATYP,IP1,IP2,IP3,RADIUS,IERR)
C C
C C*    I M L -  ROUTINE ZUM HOLEN DER DATEN EINER KANTE UND DER
C C*    ================     NAMEN DER ZUGEHOERIGEN PUNKTE
C C
C C
C C  E  NAMKAN = NAME (TDBK) DER KANTE
C C
C C   A IKATYP = TYPE DER KANTE
C C            = 1X : GERADE
C C            = 2X : KREIS
C C            = 3X : KREISBOGEN
C C              X = AUSFUEHRUNG DER KANTE (VOLL, GESTRICHELT USW.)
C C   A IP1    = NAME (TDBK) DES ANFANGSPUNKTES (GERADE / KREISBOGEN)
C C   A IP2    = NAME (TDBK) DES MITTELPUNKTES  (KREIS  / KREISBOGEN)
C C   A IP3    = NAME (TDBK) DES ENDPUNKTES     (GERADE / KREISBOGEN)
C C   A RADIUS = RADIUS (KREIS / KREISBOGEN)
C C   A IERR   = FEHLERSCHALTER
C C            = 0 : DATEN I.O.
C C            = 1 : AUSGABEPARAMETER NICHT DEFINIERT
C C
C C+
C       DIMENSION MASKE(9), NAMPUN(3)
C       DATA MASKE/ 1,0,1,   0,1,0,   1,1,1/
C C
C C---------- S   U   B   S   C   H   E   M   A    " 0 5 " -----------------
C C
C       DIMENSION IDSUB(10)
C       DIMENSION IAREPU(2),IARENC(2),IAREET(2)
C C
C       CALL INVS05 ( IDSUB )
C       CALL AREA05 ( IAREPU,IARENC,IAREET )
C       CALL STYP05 ( ISYSTE,ITEIFL,ITEILI,ITEIPU,IFLAKO,
C     +               IKOLIR,ILIKOR,ILIPUR,IPULIR )
C       CALL RTYP05 ( IRCTEI,IRCFLA,IRCKON,IRCKOL,IRCLIN,IRCLIP,IRCPUN)
C C
C CC    LINIEN-RECORD : CALL RLIN05 ( IDSUB, LINTYP, RADIUS )
C CC    LINPUN-RELREC : CALL RLIP05 ( IDSUB, IPUART )
C CC    PUNKTE-RECORD : CALL RPUN05 ( IDSUB, X, Y, IPUTYP )
C CC    STATUS-ABFRAGE: IF (IDBERR(IDSUB))  COND.O.K., ABS.O.K., ERROR
C C
C C---------- E N D - O F - S U B S C H E M A ---------------------
C C
C$
C       DO 100 I=1,3
C       NAMPUN(I)=0
C   100 CONTINUE
C C
C C
```

```
C C*     LESEN DER KANTENDATEN AUF DIE VARIABLEN IKATYP, KANR U. RADIUS
C C
C        CALL GET(IDSUB,NAMKAN,IRCLIN)
C        CALL RLIN05(IDSUB,IKATYP,RADIUS)
C        IF (IDBERR(IDSUB))  900,150,900
C    150 ITYP=IKATYP/10
C C
C C
C C*     SCHLEIFE UEBER MAX. 3 RELATIONS-RECORDS IM SET "KANTE-RELATION"
C C
C        DO 600 I=1,3
C        GOTO(200,300,300),I
C C
C C*     HOLEN DES 1. RELATIONS-RECORDS
C C
C    200 CALL FINDMF(IDSUB,NAMKAN,ILIPUR,NAMREL)
C        GOTO 400
C C
C C*     HOLEN DES NAECHSTEN RELATIONS-RECORDS
C C
C    300 NAMALT=NAMREL
C        CALL FINDMN(IDSUB,NAMALT,ILIPUR,NAMREL)
C    400 IF (IDBERR(IDSUB)) 700,500,900
C C
C C*     LESEN DER DATEN DES RELATIONS-RECORDS
C C
C    500 CALL GET(IDSUB,NAMREL,IRCLIP)
C        CALL RLIP05(IDSUB,IPUART)
C        IF (IDBERR(IDSUB))  900,530,900
C C
C C*     HOLEN DES ZUGEHOERIGEN PUNKTES IM SET "PUNKT-RELATION"
C C*     PUNKTNAME IM ZWISCHENSPEICHER EINTRAGEN, INDIZIERT MIT PUNKTART
C C
C    530 CALL FINDOW(IDSUB,NAMREL,IPULIR,NAMPUK)
C        IF (IDBERR(IDSUB))  900,570,900
C    570 ITYP=AND(IPUART,3)
C        NAMPUN(ITYP)=NAMPUK
C C
C    600 CONTINUE
C C
C C*     FEHLER
C C
C    900 IERR=1
C    999 RETURN
C        END
```

Band 44: Organisation informationstechnik-gestützter öffentlicher Verwaltungen. Fachtagung, Speyer, Oktober 1980. Herausgegeben von H. Reinermann, H. Fiedler, K. Grimmer und K. Lenk. 1981.

Band 45: R. Marty, PISA – A Programming System for Interactive Production of Application Software. VII, 297 Seiten. 1981.

Band 46: F. Wolf, Organisation und Betrieb von Rechenzentren. Fachgespräch der GI, Erlangen, März 1981. VII, 244 Seiten. 1981.

Band 47: GWAI – 81 German Workshop on Artificial Intelligence. Bad Honnef, January 1981. Herausgegeben von J. H. Siekmann. XII, 317 Seiten. 1981.

Band 48: W. Wahlster, Natürlichsprachliche Argumentation in Dialogsystemen. KI-Verfahren zur Rekonstruktion und Erklärung approximativer Inferenzprozesse. XI, 194 Seiten. 1981.

Band 49: Modelle und Strukturen. DAG 11 Symposium, Hamburg, Oktober 1981. Herausgegeben von B. Radig. XII, 404 Seiten. 1981.

Band 50: GI – 11. Jahrestagung. Herausgegeben von W. Brauer. XIV, 617 Seiten. 1981.

Band 51: G. Pfeiffer, Erzeugung interaktiver Bildverarbeitungssysteme im Dialog. X, 154 Seiten. 1982.

Band 52: Application and Theory of Petri Nets. Proceedings, Strasbourg 1980, Bad Honnef 1981. Edited by C. Girault and W. Reisig. X, 337 pages. 1982.

Band 53: Programmiersprachen und Programmentwicklung. Fachtagung der GI, München, März 1982. Herausgegeben von H. Wössner. VIII, 237 Seiten. 1982.

Band 54: Fehlertolerierende Rechnersysteme. GI-Fachtagung, München, März 1982. Herausgegeben von E. Nett und H. Schwärtzel. VII, 322 Seiten. 1982.

Band 55: W. Kowalk, Verkehrsanalyse in endlichen Zeiträumen. VI, 181 Seiten. 1982.

Band 56: Simulationstechnik. Proceedings, 1982. Herausgegeben von M. Goller. VIII, 544 Seiten. 1982.

Band 57: GI – 12. Jahrestagung. Proceedings, 1982. Herausgegeben von J. Nehmer. IX, 732 Seiten. 1982.

Band 58: GWAI-82. 6th German Workshop on Artificial Intelligence. Bad Honnef, September 1982. Edited by W. Wahlster. VI, 246 pages. 1982.

Band 59: Künstliche Intelligenz. Frühjahrsschule Teisendorf, März 1982. Herausgegeben von W. Bibel und J. H. Siekmann. XIII, 383 Seiten. 1982.

Band 60: Kommunikation in Verteilten Systemen. Anwendungen und Betrieb. Proceedings, 1983. Herausgegeben von Sigram Schindler und Otto Spaniol. IX, 738 Seiten. 1983.

Band 61: Messung, Modellierung und Bewertung von Rechensystemen. 2. GI/NTG-Fachtagung, Stuttgart, Februar 1983. Herausgegeben von P. J. Kühn und K. M. Schulz. VII, 421 Seiten. 1983.

Band 62: Ein inhaltsadressierbares Speichersystem zur Unterstützung zeitkritischer Prozesse der Informationswiedergewinnung in Datenbanksystemen. Michael Malms. XII, 228 Seiten. 1983.

Band 63: H. Bender, Korrekte Zugriffe zu Verteilten Daten. VIII, 203 Seiten. 1983.

Band 64: F. Hoßfeld, Parallele Algorithmen. VIII, 232 Seiten. 1983.

Band 65: Geometrisches Modellieren. Proceedings, 1982. Herausgegeben von H. Nowacki und R. Gnatz. VII, 399 Seiten. 1983.

Band 66: Applications and Theory of Petri Nets. Proceedings, 1982. Edited by G. Rozenberg. VI, 315 pages. 1983.

Band 67: Data Networks with Satellites. GI/NTG Working Conference, Cologne, September 1982. Edited by J. Majus and O. Spaniol. VI, 251 pages. 1983.

Band 68: B. Kutzler, F. Lichtenberger, Bibliography on Abstract Data Types. V, 194 Seiten. 1983.

Band 69: Betrieb von DN-Systemen in der Zukunft. GI-Fachgespräch, Tübingen, März 1983. Herausgegeben von M. A. Graef. VIII, 343 Seiten. 1983.

Band 70: W. E. Fischer, Datenbanksystem für CAD-Arbeitsplätze. VII, 222 Seiten. 1983.